Pour Antoine
TEDRALL 2009

Ted Rall

L'Asie centrale
est-elle
le nouveau
Moyen-Orient ?

La boîte à bulles

Du même Auteur :

Passage Afghan
La Boîte à Bulles

La boîte à bulles
5 villa du petit valet 92160 Antony

*Conception graphique : Karim Talbi & Vincent Rioult
Adaptation graphique et lettrage : Patrice Guillon
Traduction : Carole Couque & Pierre Géhenne*

*Merci à Françoise Bazille & Viviane Charpentier-Harvey
pour leur enthousiasme et leur dévouement.*

Titre original : Silk road to ruin
© Ted Rall représenté par NBM Publishing, USA

Photos © Ted Rall & Judy Chansauf mention contraire

© 2008 La Boîte à Bulles pour l'édition française

Tous droits de reproduction réservés

Dépôt légal : janvier 2009
isbn : 978-2-84953-055-9

www.la-boite-a-bulles.com
vincent@la-boite-a-bulles.com

Table des matières

INTRODUCTION par Ahmed Rashid..VII

AVANT-PROPOS de l'auteur...IX

I. LÉNINE EST VIVANT !...21
L'histoire nous raconte que l'Union soviétique s'est effondrée en 1991, mais ne le dites pas aux habitants d'Asie centrale ! L'héritage de l'influence russe et de l'étatisme socialiste perdure dans ces républiques qui ne déclarent leur indépendance qu'après être exclues de l'Union soviétique. Ces anciens citoyens d'une superpuissance enragent de voir les revenus provenant des gisements de gaz et de pétrole nouvellement exploités, se déverser dans les poches de leurs dirigeants corrompus.

II. LA GLOIRE QUE REPRÉSENTAIT TURKMENBACHI..37
Dans une région où les Etats policiers autocratiques représentent la norme, Saparmourat Niazov dirige une dictature des plus absolues, en imposant un culte de la personnalité parfaitement extravagant. Analyse exhaustive de l'ordre édicté par ce tout petit bonhomme qui se qualifie alors lui-même de Treizième Prophète.

III. BARRAGES DE POLICE EN FOLIE..59
Qu'il s'agisse d'aller au marché ou de traverser le continent, les milices corrompues d'Asie centrale rendent le voyage si difficile et si cher, que très peu de citoyens osent l'entreprendre. Résultat : pots-de-vin et extorsion remplacent les formes plus traditionnelles de l'activité économique.

    ROMAN GRAPHIQUE : De Pékin à Istanbul, 1997..71

IV. LES TADJIKS NE VIVENT PAS AU TADJIKISTAN...99
Près d'un siècle après que Staline a découpé arbitrairement une immense étendue de montagnes et de steppes en Etats-Nations, les pays d'Asie centrale luttent pour déterminer identités et caractères ethniques.

V. BONNE BOUFFE 111
Comment perdre 20 kg en six semaines, méthode connue sous le nom de régime shashlyk, ou comment la nourriture peut devenir, sur la Route de la Soie, un adversaire plus redoutable encore que la milice.

    ROMAN GRAPHIQUE : La Route du Karakorum 1999....................................119

VI. RADICALISATION, RÉPRESSION ET RÉVOLUTION.......................................141
En 2002, la tentative d'assassinat du président de l'Ouzbékistan, suivie de mesures répressives à l'encontre des musulmans, démontre bien la menace croissante que représente l'Islamisme en Asie centrale. Comment les tentatives gouvernementales pour contrer les mouvements radicaux ne font que les renforcer. Pendant ce temps, les États-Unis et l'Occident sabotent une démocratie naissante au Kirghizistan, et entraînent rapidement le pays vers l'anarchie.

    ROMAN GRAPHIQUE : Stan Trek 2000...165

VII. GROSSE FRAYEUR..193
La route du Karakorum, reliant le Cachemire sous occupation pakistanaise, à l'ouest de la Chine à majorité musulmane, est la route la plus élevée et la plus dangereuse du monde. Cette zone de chocs culturels et tectoniques, présente un portrait abrupt d'une région au bord de la récession.

VIII. UN BEAU JOUR POUR MOURIR...207
Dans une plaine poussiéreuse des abords de la capitale du Tadjikistan, pays ravagé par la guerre et la famine, des centaines de cavaliers, ayant souvent parcouru des centaines de kilomètres, s'affrontent dans le sport le plus violent et le plus anarchique qui soit pratiqué par la race humaine. La vie ou la mort ? Tes chances sont faibles quand tu t'inscris au buzkachi.

ROMAN GRAPHIQUE : TURKMÉNISTAN 2000............................223

IX. LE CHOC DES TITANS..
La découverte d'un nouveau gisement de pétrole absolument gigantesque, risque de transformer un Kazakhstan balayé par les vents, en l'une des Nations les plus riches au monde. Le « Nouveau Grand Jeu », pour gagner l'accès aux ressources d'énergie inexploitées les plus vastes au monde, vient de commencer entre la Russie, la Chine et les États-Unis, pays dont les gouvernements négocient de nouveaux contrats avec les dictateurs, tout en ignorant la colère des peuples.

X. UN CAUCHEMAR ÉCOLOGIQUE..247
Le réchauffement de la planète qui affecte l'Asie centrale plus encore que toute autre région du globe, est tout à fait dévastateur. Entre la destruction de la grande mer d'Aral et de l'île infernale de Vozrozhdeniye, contaminée par les tests d'armes biologiques, et la menace imminente d'une inondation de l'intérieur des terres, qui pourrait bien être la pire catastrophe naturelle de l'histoire, cette région présente le plus grand défi environnemental de notre planète, mais personne ne lève le petit doigt.

ROMAN GRAPHIQUE : TADJIKISTAN 2002...................................259

XI. QUE FAIRE ?..281
Les États-Unis sont économiquement et politiquement profondément engagés en Asie centrale. Les conséquences des décisions prises actuellement peuvent conduire à de futurs actes terroristes et même à la guerre. Les États-Unis peuvent-ils flirter avec des autocrates méprisés, sans se retrouver confrontés à des conséquences désastreuses dans l'avenir ?

XII. SI VOUS Y ALLEZ..300

CARTES ET DONNÉES STATISTIQUES DES PAYS.
    Asie centrale...17
    Turkménistan..55
    Afghanistan...65
    Région autonome du Xinjiang Ouïgour.............................108
    Kirghizistan...159
    Tadjikistan...213
    Itinéraire des oléoducs..234
    Kazakhstan..237

Qui a perdu l'Asie centrale?
Introduction d' Ahmed Rashid

Après le 11 septembre 2001, l'Asie centrale se rapproche de l'Amérique. Cependant, les raisons du rapprochement avec les États-Unis des régimes des cinq républiques d'Asie centrale (le Kazakhstan, le Kirghizistan, l'Ouzbékistan, le Tadjikistan et le Turkménistan), sont tout à fait différentes de celles des populations d'Asie Centrale. Après une décennie de stagnation et d'isolement international, les régimes autoritaires accueillent la présence de bases et de troupes américaines sur leur sol, en pensant que cela renforcerait la légitimité de leur mainmise sur le pouvoir et leur permettrait de continuer à truquer les élections, à bafouer les droits de l'homme, et à disposer d'un espace de négociations avec les superpuissances voisines, la Russie et la Chine.

Les populations se jettent dans les bras de l'Amérique, persuadés que la présence américaine forcerait leurs régimes à effectuer les réformes politiques et économiques vraiment indispensables, et les inciterait à être plus responsables et plus démocratiques. Pour les 50 millions d'habitants de l'Asie centrale, dont la majorité est musulmane, l'Amérique est jusqu'alors un territoire inconnu. La plupart n'ont jamais rencontré d'Américains, nationalité à laquelle ils associent l'idée de plus grande liberté et de démocratie. Pendant les campagnes militaires contre Al-Qaïda et plus tard contre l'Irak, l'Asie centrale est alors la seule région musulmane au monde où l'Amérique conserve une image positive.

Malheureusement, les Etats-Unis gâchent cette opportunité. En effet, l'administration du président Georges W. Bush décide, dans son infinie sagesse, de s'allier au pouvoir plutôt qu'aux peuples. Le président ouzbek Islam Karimov est tellement confiant de son invincibilité, qu'il aurait acquise en rendant de petits services au département de la défense des Etats-Unis et à la CIA, l'une des faveurs n'étant rien de moins que l'installation de 'prisons secrètes' destinées aux détenus d'Al-Qaïda, qu'il pense pouvoir massacrer en toute impunité entre 700 et 1 000 manifestants à Andijan, en mai 2005. Les États-Unis tolèrent les cruelles excentricités du président Saparmourat Niazov (ou Turkmenbachi) du Turkménistan, tant qu'il offre l'accès aux installations nécessaires aux avions militaires américains survolant le pays pour atteindre les zones de guerre en Afghanistan.

Lorsque les États-Unis doivent se ranger du côté de l'opinion publique mondiale, scandalisée après le massacre d'Andijan, et condamner l'Ouzbékistan, Karimov demande aux Américains de plier bagages, de quitter leurs bases avant de chercher un soutien auprès de la Russie et la Chine.

A Washington, personne ne pense à poser la question évidente à l'administration Bush : qui a perdu l'Ouzbékistan ?

Aujourd'hui, au moment où j'écris, il semble plus que probable que le régime kirghiz est sur le point d'expulser les Américains hors de ses bases, ou de leur demander une contrepartie financière beaucoup plus importante.

Accueillis à bras ouverts, il y a encore cinq ans à peine, les États-Unis semblent aujourd'hui dans l'obligation d'abandonner l'Asie centrale. À Washington, on devrait très prochainement se demander qui a perdu l'Asie centrale, mais jusqu'à présent, personne ne dit quoi que ce soit, et l'administration Bush ne rend aucun compte de ses actions dans la région.

Pourtant un « Nouveau Grand Jeu » se prépare en Asie centrale opposant les États-Unis, la Chine et la Russie, et des puissances régionales telles que la Turquie, l'Iran, le Pakistan et l'Inde : un jeu politique de pouvoir et d'influence, un prétendu combat contre l'extrémisme islamique. En fait, il s'agit surtout de pétrole, de gaz, et d'un accès à ce qui pourrait constituer les dernières réserves d'énergie importantes et encore inexploitées du monde entier.

Ce qui se produira en Asie centrale s'avérera tout à fait déterminant pour l'avenir de tous les pays voisins, et par la suite des États-Unis.

Tout cela, et bien plus encore, Ted Rall l'a retranscrit dans un livre désopilant, profondément sérieux et sincère. Rall n'a aucun scrupule à aller chercher l'absurde au fin fond des choses : c'est assurément ce qui distingue un grand écrivain et dessinateur de BD. Néanmoins, il ne fait aucun doute qu'il est personnellement impliqué, qu'il aime ces gens et les steppes immenses, les déserts balayés par le vent et les montagnes enneigées où ils vivent. L'Asie centrale est un mélange spectaculaire de toutes sortes de visages et d'une multitude de décors naturels. Sa politique évoque à la fois la misère, la brutalité et le charme, quelque chose que seul Rall, avec son exquis, et parfois cruel, talent est capable de restituer.

Si la vérité doit être dite, chaque lieu de conflit de notre monde a besoin d'un interprète tel que Ted Rall, pour nous transcrire les événements et les lieux. Il devrait y avoir un Ted Rall du Moyen-Orient et un Ted Rall de l'Amérique Latine, ainsi les Américains et chacun d'entre nous comprendraient mieux le monde dans lequel nous vivons et essaieraient de le rendre meilleur.

Ahmed Rashid
Lahore, avril 2006

Ahmed Rashid, journaliste pakistanais, est l'auteur de best-sellers tels que *"Taliban: Militant Islam, Oil and Fundamentalism in Central Asia"* et *"Jihad: The Rise of Militant Islam in Central Asia."* Il est correspondant au Pakistan, en Afghanistan et en Asie centrale pour le *Daily Telegraph* à Londres, et le *Far Eastern Economic Review*.

Avant-propos

Randall est beurré, plein d'espoir et par conséquent exubérant, quand il m'accueille à la soirée du Nouvel An 1997 du magazine *P.O.V.* J'ai atterri à la rédaction de ce dernier après la fermeture de *Might*, revue contestataire de San Francisco persuadée que la Génération X* hériterait de la Terre à son grand regret, au titre d'un accord dont Hunter S. Thompson** aurait usé et abusé : je dois écrire chaque année deux longs articles, plus deux autres plus courts en ouverture du journal, en échange d'une avance mensuelle.

Freedom Communications aurait, selon les sources, investi entre 10 et 15 millions de dollars dans *P.O.V.*, magazine pour ados avant que n'existent des revues destinées à ce lectorat. Quelle que soit la situation financière, ils donnent l'impression d'avoir les moyens. « Hé, mec ! » Randall passe son bras autour de mes épaules. « Quelle est l'histoire la plus délirante, la plus folle, la plus sensationnelle que t'aies jamais voulu raconter mais que tu n'as pas pu écrire par manque d'argent ? Ecris-la et on la publiera ! » me promet-il.

D'une chiquenaude, je retire le sel de ma Margarita et je me remémore l'été 1975, ou est-ce celui de 1976, ou encore de 77 ? Je suis au collège, c'est l'été et je suis allongé dans le jardin de ma mère en train de lire le *National Geographic*. J'arrache la photo pliée représentant deux cavaliers traversant la steppe. Des montagnes dentelées dessinent l'horizon. La photo a été prise dans la République socialiste soviétique kazakhe, que le magazine décrit, si ma mémoire est bonne, comme l'endroit « le plus isolé au monde ». L'endroit le plus isolé au monde ! Si quelqu'un sait où ça se trouve, c'est bien *National Geographic*. Ils vont partout. Ils se rendent même en Antarctique.

Je me revois assis sur la chaise de jardin blanche de ma mère, c'est une de ces chaises aux larges bandes de caoutchouc, qui vous laissent des marques sur la peau, et vous pincent. Je regarde le ciel de l'Ohio. « Je n'irai jamais, mais jamais, dans le lieu le plus isolé au monde », pensé-je.

Randall, je le sais, est un peu « tête brûlée ». Il aime se mettre à l'épreuve en se jetant dans des situations stressantes : parachutisme en chute libre, plongée sous-marine, ou encore la traversée des Etats du sud-ouest, au volant d'une voiture de course rugissante et lancée à pleine vitesse. Je lui suggère alors quelque chose qui, à n'en pas douter, lui plaira : une plongée insensée et vertigineuse dans le ventre de l'Asie centrale postsoviétique. « Je vais remonter la Route de la Soie de Pékin à Istanbul en voiture » proposé-je, « En passant par le Kazakhstan, le Kirghizistan, l'Ouzbékistan, le Turkménistan, l'Iran et la Turquie. Je ne ferai aucune recherche. Je me pointerai juste pour voir ce qu'il s'y passe ».

---

*Generation X est un terme utilisé pour décrire les générations nées entre 1959 et 1982.
**Hunter Stockton Thompson, reporter et écrivain américain (1939-2005) a inventé et développé le principe de journalisme gonzo.

Bien entendu, j'effectue quelques recherches. Je lis le *Lonely Planet* sur l'Asie centrale, parle aux consuls des bureaux des visas des différents pays que j'ai l'intention de visiter. Je lis même consciencieusement *The Great Game* de Peter Hopkirk, qui retrace histoire de l'Asie centrale. Quoi qu'il en soit, l'idée générale du projet est de ne pas en avoir. J'improviserai. J'achèterai une voiture ou, encore mieux, une moto avec un side-car à Pékin, et je traverserai le plus grand espace continental du monde jusqu'à Istanbul. Et si je tombe en panne ? Je devrai trouver quelqu'un pour réparer, ou j'achèterai un autre véhicule. Les choses iront de travers ; ce serait décevant si ce n'était pas le cas.

Révélation

Les choses vont effectivement de travers. D'abord, acheter une voiture en Chine en étant étranger n'est pas une mince affaire, quant à lui faire passer la frontière kazakhe, c'est là mission impossible. J'appelle Randall de Pékin, pour lui dire que j'irai aussi loin que possible vers l'ouest en train. Il n'est pas content. « Mais il s'agit de remonter la Route de la Soie en voiture. Pas de prendre le train comme n'importe quel touriste ». Il prononce le mot « touriste » avec le ton méprisant qu'on utilise pour désigner une « mauviette ». Je lui dis de ne pas s'inquiéter. « J'achèterai la voiture au Kazakhstan », lui expliqué-je, « Il y a un autobazaar à Almaty où on peut acheter une voiture cash. Ou bien une moto avec un side-car. »

Il paraît soulagé. « Une moto ? OK, c'est cool. Tiens-moi au courant ».

A Ürümqi, capitale administrative de la région autonome ouïgour du Xinjiang, et à l'époque, terminus du train, je casque près de dix fois le prix normal pour un billet de bus « avec couchette », pour traverser les montagnes et rallier Almaty, où ma voiture, ou ma moto avec side-car, m'attend. Estimation du temps de trajet : 30 heures. En effet, en montant dans le bus, je vois deux lits vers l'avant. Bien évidemment, il s'agit de paillasses miteuses avec des couvertures tachées, mais elles paraissent nettement plus confortables que les dures banquettes en bois sur lesquelles les autres pauvres bougres vont être trimballés pendant le voyage à travers la chaîne du Tian Shan. Je perds cependant toute culpabilité, lorsqu'on me fait comprendre que mon billet « avec couchette », si cher, ne me procure qu'une place identique à celle des autres. Les lits de camp sont pour les chauffeurs de remplacement. Mais pourquoi, me demandé-je, ont-ils besoin de chauffeurs supplémentaires pour un voyage de cette durée ?

Tout devient rapidement limpide. Les chauffeurs s'arrêtent tous les vingt ou trente kilomètres, pour ramasser ou déposer des marchandises de contrebande. Trente heures ? Disons plutôt trois jours. C'est une expérience éreintante, mais au moins je peux penser à l'hôtel Ala Too, un quatre étoiles luxueux, qui m'attend à Almaty. Ou plutôt, qui aurait dû m'attendre, si la boîte de nuit n'avait pas été en travaux, car des mécréants inconnus l'ont attaquée au mortier la veille (une chance que je n'ai pas pris le bus « express » de trois jours).

L'autobazaar d'Almaty, comme presque tout le reste en ville, est fermé en raison du long week-end célébrant le jour de la Constitution. Alors que je m'éloigne en traînant les pieds, je m'arrête pour admirer une magnifique Volga sedan GAZ-21, des années 60, garée dans la rue. Elle est volumineuse mais élégante, comme un vieux taxi américain à damier. « Hé ! », s'écrie son propriétaire de la fenêtre ouverte d'un appartement situé au 1er étage. « Vous voulez acheter ma voiture ? ». Je m'imagine, l'espace d'un instant, arrivé devant l'Aya Sofia d'Istanbul, couvert de poussière mais triomphant, quelques semaines plus tard dans mon merveilleux véhicule de fabrication soviétique.

AVANT-PROPOS

Dessin humoristique de "Matt et Jeff" durant la 1ère Guerre mondiale.

« Skolke stoit ? », lui demandé-je.

« L'argent m'est égal », me répond-il, « Allons faire un tour ». Le vieil homme est un escroc. Une fois au volant il embraye, tourne la clef, et rien. Il rembraye et toujours rien. Il a l'air contrarié. « Pourtant, elle marche toujours. », jure-t-il. Je ne dis rien.

« Que pensez-vous de 2 000 dollars ? » me demande-t-il.

« Elle ne démarre pas », lui fais-je remarquer.

« C'est 4 000 dollars si elle démarre ! » Je descends de la voiture.

Perdu, pensé-je. D'après le *Lonely Planet*, il y a un autobazar à Bichkek, à moins de 180 km à l'est. Bon, il aurait dû y en avoir un. Je me pointe en ville le jour de l'Indépendance kirghiz. « Revenez dans deux semaines », me conseille un gars vendant des pièces détachées d'un moteur de Lada sur une couverture en tissu écossais. Voilà tout ce que je peux dire sur mon projet de remonter la route de la soie en voiture.

Un troupeau de dromadaires près des ruines de Merv (aujourd'hui Mary) au Turkménistan.

Les fêtes nationales ont tout foutu en l'air. Comme le visa iranien que l'on me promet depuis si longtemps ne m'attend nullement à Achgabat, je dois passer une semaine à attendre tous les matins qu'un fonctionnaire du consulat veuille bien m'aider. Finalement, j'exige la vérité : « Vous me dites de revenir tous les matins mais quand je viens, je passe mon temps à fixer la photo de l'Ayatollah Khomeiny et à regarder les dessins animés pour enfants dans la salle d'attente. Quel est le problème ? »

« C'est l'anniversaire de l'Iman Madhi », admet l'officiel, « tout le monde est en vacances. Cela fait des jours que nous n'avons pas eu de nouvelles de Téhéran ».

Mon projet de remonter la Route de la Soie ne voit pas le jour ; mais je souffre d'assez de problèmes de santé et je suis suffisamment dépouillé par la *militsia* pour satisfaire Randall et, je l'espère, ses lecteurs. Plus important pour moi, mon voyage me fait l'effet d'une révélation.

Cinq ans après avoir été libérées de l'Union soviétique en pleine implosion, les républiques d'Asie centrale (familièrement appelées les Stans) se trouvent ébranlées par une crise identitaire, précipitée par l'effondrement économique. Sortis de leur léthargie, les citoyens de la superpuissance n'ont pu que constater qu'ils vivaient jusqu'alors dans l'anarchie des pays du tiers monde. Des sociétés closes se tournent vers l'Occident pour la première fois. Les gardes-frontières entre le Kazakhstan et la Chine me retiennent des heures à chaque point de contrôle ; les Kazakhs demandent encore des conseils à Moscou par fax pour savoir que faire de moi car qu'ils n'avaient encore jamais vu de passeport américain.

Les personnes âgées meurent de faim dans des nations possédant les plus grandes réserves inexploitées au monde de pétrole et de gaz naturel. Des pillards se baladent négligemment en camionnettes chargées de missiles nucléaires déterrés d'on ne sait où. Les statues et les slogans des dictateurs fous surgissent avec la même rapidité qu'un agent de police militaire corrompu dévalise l'automobiliste. Et dans la rue principale de chacune des capitales de ces sociétés en plein marasme, une ambassade américaine flambant neuve loge son personnel qui tire les ficelles d'une nouvelle campagne visant à interdire aux Russes l'accès aux incroyables ressources d'énergie.

Des agents de la CIA, des magnats du pétrole et des prostituées, gênés et confus, se croisent dans des pubs à l'anglaise, où la bière coûte 1 dollar, ce qui équivaut à la paie d'une journée de travail, bien assez pour tenir les autochtones à distance. Dans un cas particulièrement extrême de « malédiction du pétrole », les autocrates soutenus par les États-Unis pillent les richesses, tandis que leurs sujets sombrent dans la pauvreté. A Achgabat, on peut lire « Ministère Turkmène pour le Compte du Président » sur une plaque de laiton brillante style Pier-Import fixée sur un immeuble du gouvernement. Pendant ce temps, les extrémistes islamistes entraînés par les Talibans attendent pour combler le vide laissé par les dictateurs pour qui le commun des mortels n'était pas source de préoccupation.

Comparé à la situation explosive de l'Asie centrale, le Moyen-Orient paraît calme et stable. Manifestement, les États-Unis subiront les conséquences (Le « retour de flammes » en jargon CIA) de leur soutien à des despotes exécrés. « Si vous - il voulait dire les Américains - nous laissiez tranquilles, nous pourrions descendre un salaud comme [le président ouzbek Islam] Karimov, et retrouver la liberté » me dit en serrant les dents un vendeur d'imitations pakistanaises de pull-overs iraniens bon marché dans le bazar central de Samarkand. « Si vous aidez notre ennemi, vous devenez notre ennemi » ajoute-t-il. Je reste muet. Des dirigeants comme Karimov sont même pires que des dictateurs plus connus comme Saddam Hussein en Irak ou Mouammar Kadhafi en Libye, qui ont tout de même investi une partie de la richesse nationale dans les infrastructures vitales. En les soutenant, les États-Unis vont droit à la catastrophe, et je veux tirer la sonnette d'alarme. Mais comment ? Et qui s'en souciera ?

La Route de la Soie en lambeaux, titre de mon récit de voyage de 1997 en Asie, destiné à *P.O.V*, a été rapidement suivi par *Stan Watch : Breaking News From Central Asia*, rubrique que j'ai lancée dans mon émission radio à Los Angeles. *Stan Watch* a été conçue dans l'intention de faire un

Un jardin public étrange et abandonné, situé derrière un hôtel de Bishkek, Kyrghizstan.

pied de nez au désintérêt présumé des Américains pour les affaires étrangères.

Une fois de plus, le sérieux a pris le pas sur la plaisanterie. *Stan Watch* et ses actualités obscures, concernant les pays les plus isolés du monde, dont les Américains sont incapables de prononcer le nom, sont devenues très populaires. NPR et la BBC les diffusent simultanément. La tentative d'assassinat du président Karimov en 1999 devient même un sujet de spéculation pour mes auditeurs. Il s'avère que les Américains s'intéressent à l'histoire du monde extérieur simplement leurs journaux locaux n'en parlent pas beaucoup.

Des paquets de lessive Barf à Tachkent, en Ouzbékistan. En farsi, "Barf" veut dire "neige". Cette lessive est fabriquée en Iran.

En 1997, à mon retour, je pèse 20 kg de moins, je suis plus que ravi de rentrer. Rien n'est aussi doux que cette sauce vinaigrette à la moutarde sur une salade d'endives fraîches, dans un bistrot de l'Upper West Side, après des semaines interminables à manger des brochettes de viande bien mystérieuses et des bols avec lesquels on risquait de contracter le botulisme. L'Asie centrale ne fait pas partie de ma vie, du moins c'est ce que je crois à ce moment-là. Mais, comme les vétérans du Vietnam qui continuent à rêver de l'Asie du Sud-Est, et dont beaucoup sont depuis retournés là-bas, en touristes ou pour y vivre, je ne cesse d'y penser. Les steppes, les montagnes, la beauté anarchique des lieux et la tragédie absolument vaine qui s'y déroulait ; tout ce contexte fait de l'Asie centrale une sorte de secret qui me parle de la même façon qu'une ville vous parle lorsque vous vous dites sans raison particulière : « Je pourrais vivre là-bas ». Je me devais d'y retourner.

C'est ce que j'ai fait. Et j'y retournerai encore. Personne ne comprend mon obsession pour l'Asie centrale. Je ne leur en veux pas ; le désert Kyzylkoum, ce n'est pas vraiment la côte d'Azur. Voyager là-bas est difficile et souvent dangereux, les attractions touristiques sont rares et la nourriture y est franchement infecte. Il faut être fou pour aller se détendre en Asie centrale. On s'y rend parce que la situation change constamment, et parce que tout ce qui va influer sur le monde au cours des prochaines décennies, se déroule ou est sur le point de se dérouler en Asie centrale.

J'y retourne en 1999, une fois encore pour le magazine *P.O.V.*, afin de visiter les villages montagnards ruraux et tester mon vertige sur la route la plus élevée et la plus dangereuse au monde. Un an plus tard, j'y emmène deux douzaines de touristes américains curieux, fans de « *Stan Watch* » sur KFI, pour un voyage en bus vers l'enfer présagé par la série de téléréalité « Survivor ». Je m'y rends une fois en aventurier indépendant, et une autre fois en invité du Département d'État américain. J'y retourne après le 11 septembre pour couvrir l'invasion

Des yourtes près du lac Tianchi (céleste), à une centaine de kilomètres de la morne cité industrielle d'Ürümqi, capitale administrative de la province Xinjiang, dans l'ouest de la Chine.

américaine en Afghanistan, en traversant le Tadjikistan, puis reviens par le même chemin (le tronçon afghan de ce voyage se trouve dans mon livre *Passage Afghan*). Les capitales se transforment, les noms des rues changent, et les destins économiques de Nations toutes entières sont réduits à néant d'une année sur l'autre, mais ces changements ne font que renforcer mon intime conviction : l'Asie centrale est le nouveau Moyen-Orient. C'est une région passionnante, terrifiante, à la fois prometteuse et sombre, un champ de bataille pour une guerre par procuration, un chaos sans fin, la dernière zone d'affrontement politique, culturel et tectonique au monde. Loin des caméras de télévision et des reporters occidentaux, l'Asie centrale est l'endroit idéal où engendrer les pires cauchemars du siècle naissant.

Prequel*

Je serais négligent si je ne vous fournissais pas quelques repères historiques.

L'Asie centrale est aride et enclavée. Son climat sec rend l'agriculture en grande partie impraticable, ce qui a conduit à la pérennisation de la culture des chevaux sauvages. Son éloignement de la mer réduit les possibilités d'échanges commerciaux. Les nomades des steppes, incarnés par les Mongols de Gengis Khan qui ont envahi l'ouest au XIIIe siècle, effectuaient fréquemment des incursions pour obtenir de la nourriture. Leur violence variait selon les attaques. Ils avaient pour cible les villages sédentaires et les voyageurs.

C'est au XVIe siècle avec la propagation des armes à feu que la domination des nomades diminue. Les Empires russes et chinois ont envahi l'Asie centrale, prenant possession de certaines régions, et en contrôlant d'autres telles des Etats vassaux. Dès la fin du XIXe siècle, la Russie tsariste domine presque tout l'Ouzbékistan, le Kirghizistan et le Kazakhstan actuels, alors que la Chine ne possède qu'une partie infime de la province contemporaine du Xinjiang.

Alexandre le Grand a été le premier Occidental à avoir une influence majeure en Asie centrale, en répandant l'Hellénisme jusqu'au Tadjikistan en 329 avant J-C. Les voies

*Roman racontant une histoire antérieure à une histoire principale, traitée dans un autre roman

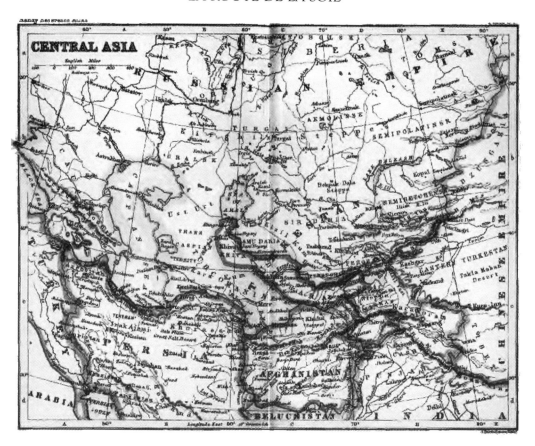

commerciales de la route de la soie entre la Chine et l'Europe se sont développées quelques siècles plus tard, et ce mouvement s'est poursuit pendant le Moyen Âge, malgré les interruptions répétées dues aux guerres, aux famines ou encore à la peste. Les empires se sont étendus puis effondrés : les Séleucides, les Bactriens (les futurs Gréco-Bactriens), les Gréco-bouddhiques, les Kouchans, les Sassanides et les Parthes. Les derniers d'entre d'eux étaient les Dzoungars, vaincus de façon décisive par la dynastie chinoise Mandchoue en 1758.

Le général russe Mikhaiel Cherniaev s'est emparé de Tachkent en 1865, scellant le sort du Turkestan jusqu'en 1991 (et dans une certaine mesure, jusqu'à aujourd'hui). Les principautés comme Khodjent, Djizak et Samarkand tombent ensuite, suivies par le khanat de Kokand et l'émirat de Boukhara. Le Turkménistan moderne est annexé de force et dans le sang dans les années 1880 alors que les communistes ont hérité du Turkestan russe après la révolution de 1917.

La période soviétique est caractérisée par de larges mouvements de populations originaires d'autres parties de l'Union soviétique, vers l'Asie centrale. La collectivisation forcée provoque la mort de millions de Kazakhs et de Russes au sein de la République socialiste soviétique du Kazakhstan. Ils sont morts de faim ou ont été exécutés. La campagne des terres vierges de 1954, a déplacé plus de trois cent mille Ukrainiens vers la RSSK. D'autres projets de colonisation analogues ont eu des effets similaires dans le Turkestan chinois, le Xinjiang.

La perestroïka, campagne d'ouverture lancée par Mikhaïl Gorbatchev pendant la dernière décennie du régime soviétique, a permis des élections multipartites, et un allégement du contrôle de la presse dans les républiques d'Asie centrale dès 1988. Cela n'a été que de

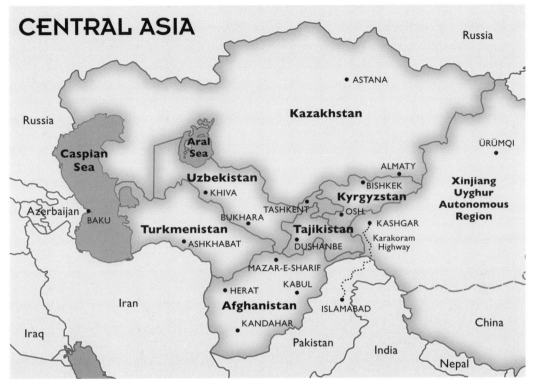

(À gauche) une carte de 1900 montre une Asie centrale bien différente de celle d'aujourd'hui (ci-dessus).

courte durée. La dictature absolue a été rétablie avec l'indépendance de 1991, excepté au Kirghizistan.

La Route de la Soie en lambeaux

D'une certaine manière, ce livre est celui que j'espérais écrire en rédigeant *Passage Afghan*. A mon retour d'Afghanistan en décembre 2001, j'ai alors l'intention de raconter l'expérience que j'ai vécue dans cette région, en un seul livre, regroupant tous mes voyages en Asie centrale, restituant les événements dans leur contexte historique et culturel, et expliquant l'importance géopolitique de la région d'un point de vue américain. Après tout, l'invasion de l'Afghanistan fait partie de l'histoire moderne de l'Asie centrale. Mais, à l'époque, je ne suis pas prêt à rédiger ce livre. J'ai déjà été dédommagé pour les problèmes rencontrés par la station de radio et le journal qui ont financé ma correspondance de guerre. Je me dis que, à ce moment-là, je n'ai pas besoin de me replonger dans toute cette histoire. Avec le recul, je connais la vérité : je suis alors encore traumatisé et dépressif.

Néanmoins, mon éditeur m'encourage à partager ce que j'ai vu en Afghanistan avec un public plus large. Il souligne l'importance de publier ce livre le plus rapidement possible, ce en quoi je suis d'accord.

Dès janvier 2002, un nouveau gouvernement est formé et la guerre semble tirer à sa fin. Les premières rumeurs parlant d'une invasion de l'Irak apparaissent dans la presse. Je mets six semaines à écrire *Passage Afghan*. Il sort fin mars, entrant dans l'histoire à la fois comme le premier roman graphique publié immédiatement après les événements, et le premier reportage sur la guerre de l'automne 2001 contre les Talibans.

Le manque de recul évident dans l'écriture de cet ouvrage conçu si rapidement, fut compensé par son côté reportage direct et spontané. D'autres auteurs ont écrit sur le même sujet de manière plus rigoureuse, adoptant un ton plus rationnel et ajoutant des notes universitaires en bas de pages, mais vous dire à quoi ressemble cette zone de conflits, vous faire ressentir ce lieu, sentir les odeurs qui la traversent fin automne 2001, personne ne vous en donnera une meilleure idée, une meilleure sensation que *Passage Afghan*. Je tente d'y expliquer les raisons de cette guerre, ses enjeux et ses probables conséquences. Y suis-je parvenu ? Quelle que soit la réponse, mon livre a tout de même réussi à donner une idée du pays et de sa situation.

En dépit du succès de *Passage Afghan*, j'ai aujourd'hui le désir de parler plus amplement de l'engagement américain, non seulement en Afghanistan mais aussi dans toute l'Asie centrale. J'ai abordé les politiques pétrolières dans mes essais journalistiques et dans mon livre *Gaz War*. Evoquer l'Asie centrale alors que les États-Unis semblent plus obsédés que jamais par le Moyen-Orient, éternel point chaud du XXe siècle, est-ce réellement de la perversion ? Certainement, mais ça fait partie du charme. Au moment où j'écris, les États-Unis ont 132 000 soldats, 46 000 techniciens et 20 000 mercenaires privés, basés en Irak. L'administration Bush a déclaré que l'Iran étant un membre fondateur de « l'axe du mal », une attaque préventive utilisant l'arme nucléaire était envisagée contre ce pays, lui-même détenteur de l'arme nucléaire, afin de contrecarrer la menace pesant sur Israël. Les intimidations envers la Syrie vont et viennent. Et les États-Unis ont imposé des sanctions économiques envers l'Autorité Palestinienne dans les territoires occupés. Le Moyen-Orient, désolé de le dire mais c'est le fond de ma pensée, demeure la préoccupation centrale de la politique étrangère américaine.

Quant à la présence américaine en Asie centrale, elle reste comparativement peu importante. Il y a au plus 10 000 troupes sur les bases américaines au Kirghizistan et

Le bazar de Samarkanden Ouzbékistan.

AVANT-PROPOS

XIX

Une patrouille de l'U.S. Air Force surveille le périmètre de la base de Manas, au Kirghizistan. Les États-Unis ont installé des bases stratégiques permanentes dans divers endroits de l'Asie centrale.

au Tadjikistan et quelque 18 000 autres en Afghanistan.

Pour l'instant.

Bien que certains théoriciens affirment qu'aujourd'hui, les États-Unis ont leur propre stratégie, la réalité montre qu'ils continuent à réagir aux situations initiées par d'autres qui se trouvent ailleurs. Une guerre éventuelle contre l'Iran peut être « préventive », mais une attaque n'aurait pas été envisagée si le président iranien n'avait pas annoncé son intention d'accélérer son programme d'enrichissement de l'uranium. Les responsables de la politique étrangère américaine ressemblent davantage à des pompiers attendant un appel qu'à des incendiaires préparant une nouvelle attaque. Dans les années à venir, davantage de protestations se feront entendre en Ouzbékistan, où le pouvoir absolu d'un dictateur vilipendé devra prendre en compte les divisions ethniques et sectaires réprimées depuis près d'un siècle, ainsi qu'au Kazakhstan où les États-Unis affrontent la Russie et la Chine, pour obtenir le contrôle et des réserves de pétrole. Un brasier de grande ampleur consume le Kirghizistan, où le degré de violence anarchique qui a succédé au gouvernement, certes imparfait, mais démocratiquement élu, est tel que les organisations internationales parlent de « faillite de l'État ». Il est vrai que personne n'y prête réellement attention - les retombées seront tout simplement beaucoup plus difficiles à gérer au bout du compte. Il sera impossible d'ignorer l'importance de l'Asie centrale, ses importantes sources d'énergie et sa proximité avec le Moyen-Orient et le sud de l'Asie.

Tout d'abord *La Route de la Soie en lambeaux* tente de nous montrer en quoi l'Asie centrale est le nouveau Moyen-Orient. Les chapitres « *Lénine est vivant* » et « *La gloire que représentait Turkmenbachi* » expliquent la manière dont les dictatures de la région, contrôlées par des personnalités arrivées au pouvoir au temps de l'ex-URSS, ont associé au vieux système d'oppression un capitalisme mafieux, tout en ne faisant plus bénéficier leur peuple du filet de sécurité de l'ère soviétique. Un chapitre sur la croissance du fondamentalisme islamique montre

que les groupes religieux, souvent idéologiquement extrémistes, remplissent le vide laissé par des gouvernements se souciant très peu du bien-être de citoyens qui leur sont complètement étrangers. Plusieurs chapitres décrivent l'héritage écologique désastreux laissé par l'Union soviétique, ainsi que « la malédiction du pétrole » dont l'Asie centrale pourrait être le dernier terrain de développement ; ils exposent l'immense défi auquel les gouvernements des Stans se trouvent confrontés, tout comme les superpuissances courtisant ces futurs Etats clients.

L'Asie centrale, cependant, est plus qu'une zone politiquement sensible. C'est une région fascinante, possédant la plus ancienne histoire de l'humanité. Voilà ce qui me donne envie d'y retourner (je ne suis pas attiré par les conflits de la région). J'ai besoin que vous ressentiez l'atmosphère qui émane de ces lieux. Ainsi, *La Route de la Soie en lambeaux* se compose de deux livres distincts ; l'un traite de la situation actuelle tandis que l'autre est un carnet de voyage.

Comme je l'ai fait pour *Passage Afghan*, j'ai dessiné en B.D. cinq de mes voyages effectués en Asie centrale (j'y suis allé 7 fois en tout). L'objectif est principalement de montrer ce que l'on ressent en visitant ces lieux. Les textes tels que *Barrages de police en folie* et *Grosse frayeur* ont été écrits en ce sens. Le chapitre sur le buzkashi ? Et bien le buzkashi, c'est tout simplement génial. Aucun livre sur l'Asie centrale ne serait complet sans en parler. Vous verrez.

Ted Rall
New York, mai 2006

Lénine est Vivant !

Grâce à l'emploi de méthodes particulières, psychologiques et autres, nous transformerons [les peuples d'Asie centrale] en zombies, obéissant aux voeux des services secrets [néo-soviétique] et investissant leur argent là où l'Etat leur dit de le faire.

Maxim Kalashnikov*, « *Le Tom Clancy russe* »
dans son manifeste revanchiste soviétique « Forward to the USSR-2** ».

Les régimes en pleine déliquescence sont optimistes. Parmi les documents les plus intéressants de ma collection personnelle de vieux papiers se trouve une affiche distribuée en Normandie quelques jours après le débarquement. Imprimée par les Allemands alors qu'ils fuyaient devant l'incroyable puissance de la plus vaste armada jamais rassemblée, elle avise les Français de l'époque, sur le point d'être libérés, que la loi nazie resterait en vigueur même dans les territoires contrôlés par les alliés et qu'au retour des troupes allemandes, quiconque aurait violé les règlements nazis serait exécuté. Que l'arrogance, le déni ou la vantardise soit à l'origine de cette déclaration, on ne peut qu'admirer cette attitude jusqu'au-boutiste. Je chéris de la même manière un billet de banque daté de 1992, qu'un bureaucrate russe m'avait donné. Profitant du chaos provoqué par l'effondrement du régime, il en avait volé une liasse imprimée d'avance par la banque centrale soviétique, qui cesserait d'exister le 25 décembre 1991. Pauvres types. Ils n'ont vraiment rien vu venir.

En ce jour de Noël fatidique, Mikhaïl Gorbatchev s'adresse à son peuple : « Du fait de la formation de la Communauté des États indépendants et de l'évolution de la situation, je suspends, par la présente, mes responsabilités au poste de président de l'Union des républiques socialistes soviétiques ». Tout est alors fini, mais même lui n'est pas certain d'y croire ; sa démission apparaît comme un signe de protestation contre les procédures obscures de violation de la constitution soviétique bientôt caduque. Quoi qu'il advienne, le système est en train de s'effondrer.

La superpuissance, surnommée jusqu'alors l'Empire du Mal implose, le quart de l'économie mondiale s'écroule tandis que les entreprises publiques mettent la clé sous la porte, et que les directeurs d'usines en place reconstituent une ploutocratie mafieuse assemblée à la pointe du fusil.

*M.Kalashnikov est un écrivain russe ultranationaliste et patriote.
**Forward to the USSR-2 (vers une deuxième URSS).

1992 marque le début de ce que les responsables russes, conseillés par les Occidentaux, appellent par euphémisme la « réforme du marché », et que d'autres traduisent par l'« économie de choc ». Les prix au détail font un bond de 2 520 %. Le taux de natalité chute à compter de 1989, passant de plus de 15‰ à moins de 10‰ tandis que celui de mortalité augmente. En 1992, pour la première fois en temps de paix, le nombre de décès dépasse celui des naissances, marquant ainsi le début d'un déclin régulier de la population non encore enrayé aujourd'hui.

Nous sommes l'été 1992, je prends un café à Manhattan avec une vieille copine de classe. Elle est venue accompagnée d'une amie russe, qui, au moment de notre rencontre, n'a pas encore pris la peine de téléphoner chez elle. Au cours de la discussion, je dis avoir entendu à la radio ce matin-là que le rouble, monnaie flottante depuis peu, a chuté, passant de 12 roubles à plus de 150 roubles le dollar. « C'est impossible » s'écrie la femme russe. « Comment oses-tu dire une chose pareille ! » me lance mon amie. Les économies de son amie, le fruit de toute une vie, viennent alors d'être effacées d'un revers de main par un trader.

Ce même bouleversement cruel marquant le passage d'une économie planifiée à l'anarchie darwinienne ébranle l'arrière banc des républiques postsoviétiques, dont les plus favorisées se trouvent en Asie centrale. Les cinq toutes nouvelles Nations d'Asie centrale, le Turkménistan, l'Ouzbékistan, le Kirghizistan, le Kazakhstan et le Tadjikistan ont profité d'une balance commerciale excédentaire et de subventions fiscales de Moscou pendant des décennies. À présent, l'Etat soviétique, leur employeur principal, est en cessation d'activité. Les salaires, les retraites ne sont plus versés, les bureaux de l'aide sociale et même les écoles ont fermé.

La pagaille est à son comble. Les avions d'Aeroflot restés sur le tarmac des aéroports d'Asie centrale le 25 décembre 1997, deviennent la propriété des nouveaux transporteurs

Place Ala Too, centre-ville de Bichkek. Un mémorial de la Seconde Guerre mondiale datant de l'ère soviétique se dresse à l'arrière-plan. En 1997, quand cette photo a été prise, il n'y avait quasiment aucune circulation à cause de l'effondrement de l'économie et des pénuries de carburant. Dans les rues, même les lampadaires ne fonctionnaient plus. Pendant la révolution des tulipes de 2005, cette place était envahie par les Kirghiz.

nationaux de chacune des républiques. Le magazine *Travel and Leisure* écrit, à l'époque, que ces 'Baby Flots' continuent à utiliser le nom d'Aeroflot (alors qu'ils sont censés changer de nom), pour la simple raison qu'ils n'ont pas les moyens de repeindre les fuselages. Sans réglementation, sans formation, ni norme de certification des pilotes, sans l'argent nécessaire à la réparation des équipements détériorés, la sécurité des vols de nombre de ces 'Baby Flots' est cauchemardesque. En cas d'accident, la presse blâme tout simplement 'Aeroflot', bien que la compagnie ait cessé d'exister. Les conditions deviennent si épouvantables, qu'en 1993, l'International Airline Passenger Association*, groupe de surveillance basé à Dallas, déclare : « étant donné l'âge des avions, les erreurs de pilotage et le manque de discipline dans les cockpits, nous déconseillons à tout passager de voler dans l'ensemble de l'espace aérien de l'ex-URSS. »

J'espère mourir avant d'être vieux.

A mon arrivée à Dostyk, ville frontière sino-kazakh en été 1997, les temps sont toujours aussi durs. Une journée à Almaty me suffit pour remarquer quelque chose d'étrange.

« Alan, où sont les personnes âgées ? » demandé-je à mon compagnon de route. J'aurais pu poser la même question à propos des plus jeunes. Il y a des enfants bien sûr, et de temps à autre j'aperçois un vieux bonhomme pathétique, essayant de vendre ses médailles de la Seconde Guerre mondiale dans un passage piéton souterrain pour gagner de quoi manger le soir. Mais jeunes et vieux sont réellement peu nombreux. Chaque fois que je m'étonne de l'absence des gens se situant aux deux extrémités de la pyramide des âges, la plupart des passants secouent la tête et s'en vont. D'autres nous donnent différentes versions de la

Association des passagers de compagnies internationales.

même histoire : « l'hiver de 1992 les a tués, me dit une femme en train de vendre son argenterie sur une couverture sale, ils sont morts de faim ». D'autres ont survécu à 1992 pour succomber en 1993.

Bien que la ville méridionale d'Almaty, surplombant la chaîne du Tian Shan kirghiz, demeure de nos jours le centre culturel et économique du Kazakhstan, le président Noursultan Nazerbaïev décide cette année-là de transférer la capitale vers le nord, à Astana, ville des steppes balayée par les vents. Almaty continue d'être considérée comme la capitale bien que la ville n'a même plus les moyens d'allumer les réverbères ni les feux de signalisation. Pendant la journée, le peu de circulation (et de feux rouges, à cause des coupures d'électricité) incitent les conducteurs kazakhs, toujours téméraires, à traverser les carrefours à tombeau ouvert. Vous avez envie de vous distraire un peu ? Alors, postez-vous à l'angle d'un grand carrefour et vous verrez quelqu'un y mourir. À un moment ou à un autre, deux voitures, dont l'une sera invariablement une Lada des années 70 ou 80, viendront se fracasser l'une contre l'autre à angle droit. S'ils aperçoivent un survivant dans l'une des épaves, les passants iront sans se presser extraire le pauvre bougre ayant eu la malchance d'en réchapper, et le déposeront sur le trottoir où une ambulance militaire viendra certainement le récupérer.

La nuit, dans ces mêmes rues, il est possible de goûter au calme, à condition de réussir à ne pas attirer l'attention des bandes de jeunes russes ivres cherchant la bagarre. Personne ne s'aventure à l'extérieur, et encore moins en voiture. Lassé des prostituées du bar restaurant mexicain situé au sous-sol de l'hôtel Otrar, je me dirige vers le hall pour trouver une discothèque en ville qui doit se trouver à un ou deux kilomètres. Le gérant de l'hôtel m'arrête alors que je m'apprête à sortir.

« Où allez-vous ? »

« Je sors, » réponds-je agacé par cette tendance générale des pseudo bureaucrates du tiers monde, consistant à s'immiscer dans les affaires privées des étrangers.

« Certainement pas, me dit-il. Je ne vous laisserai pas partir sans ça ». Le gérant sort de derrière son bureau une boîte remplie d'armes : des pistolets automatiques, des revolvers, des couteaux et, ma préférée, une grenade à main - fausse, m'assure-t-il. « C'est juste pour faire peur ».

J'étais un tireur correct chez les scouts, mais ça fait un bail que je ne pratique plus. Le poignard est tentant, mais trop court pour vraiment impressionner. Je veux quelque chose que je puisse agiter dans tous les sens. Avant de sortir, je me décide finalement pour une torche électrique, un couteau de boucher.

Moins d'une minute suffit pour que surgissent les ennuis. Quatre lourdauds russes, n'ayant pas plus de 25 ans, me repèrent de leur planque, située entre deux immeubles sur Ulitsa Gogolya, et me rattrapent au moment où je traverse un espace désert. A leur approche, j'éteins ma lampe torche et commence à jouer du couteau. Des sourires cyniques illuminent leurs lèvres minces. Ils lèvent les bras dans ce geste compris dans le monde entier qui veut dire : « Eh mec ! on t'veut pas de mal, déconne pas » avant de rebrousser chemin. On t'aura la prochaine fois.

Deux gigantesques videurs se tiennent derrière une table pliante marquant l'entrée de la fameuse discothèque dans laquelle une dizaine de couples s'agitent sur la version *dance* du générique de X Files. « Un dollar et donner arme », m'ordonne le type à l'entrée. Il ne me demande pas si j'en ai une. Je n'ai pas envie de nier de toutes façons. Il pose mon couteau sur une table derrière lui où se trouvent déjà trois AK-47, un petit pistolet-mitrailleur, un Uzi me semble-t-il et des Glocks. Le gars me fait comprendre que je pourrai récupérer mon arme en partant.

Là où l'URSS n'est pas totalement morte.

Les désordres de 1997 ne font pas que des heureux. Dix ans plus tard, les gens ont toujours ce désir de se sentir membres d'une grande Nation, digne de respect, et stable. Reflet de cette aspiration, l'iconographie d'un communisme obsolète demeure puissante dans cet empire jadis redoutable, composé aujourd'hui de plus d'une douzaine de narco-Etats sinistres dirigés par des bandits stupides. Malgré des demandes répétées pour le chasser, Lénine repose toujours dans son célèbre tombeau de la Place Rouge, et attire chaque jour une foule de visiteurs, certains à n'en pas douter, toujours admirateurs. Et il s'agit bien plus que de symboles. L'ancien appareil d'État a survécu à l'État. En Russie, le KGB devient, un temps, le FSK (service fédéral de contre-espionnage), version édulcorée du KGB avant de prendre le nom de FSB (Service fédéral de sécurité de la fédération russe) en 1995, copie quasi conforme de son prédécesseur soviétique. Le marteau et la faucille restent gravés sur un million de portes et grilles en fer des ministères à travers toute l'ex-URSS ; et bien que le capitalisme ait égayé les vitrines des boutiques de luxe, la plupart des Russes vivent et travaillent dans des bâtiments typiques de l'architecture et de l'infrastructure délabrée soviétiques.

Dans les républiques d'Asie centrale, presque tout ce qui est utile et accessible à la population, bains publics, parcs, stades, a été construit grâce à des fonds soviétiques. À présent, même à Almaty, ville pétrolière florissante, le gouvernement kazakh commence tout juste à engager des frais, comme les travaux d'un métro dont l'ouverture était initialement prévue en 1997.

L'Hôtel Ala Too, Almaty, Kirghizistan. Je projette alors de descendre dans cet hôtel « de luxe » pour découvrir qu'il est en rénovation. Il a essuyé des tirs de mortier, peu avant mon arrivée de Chine occidentale.

De Berlin-Est à la Mongolie, la gueule de bois soviétique persiste. Cependant l'héritage soviétique n'y est pas aussi présent qu'en Asie centrale, où les peuples, censés être libres, sont surveillés avec le même zèle effroyable qu'auparavant, par des gouvernements utilisant la force et l'intimidation pour rester au pouvoir. Les postes de contrôle militaires ponctuent le paysage et provoquent des embouteillages sur les principales artères lorsque les négociations sur le pot-de-vin permettant de passer en toute sécurité prennent plus de temps que d'ordinaire. Ces postes de contrôle rendent de fait quasi impossible tout commerce entre les républiques, élément essentiel de la vie économique tout au long de l'ancienne et de la nouvelle Route de la Soie.

Bien que l'application de la loi soit aléatoire, les voyageurs étrangers doivent se faire enregistrer légalement auprès du bureau local des visas et de l'état civil (OVIR). L'OVIR est la section des services de sécurité de chaque république d'Asie centrale chargée de repérer les étrangers potentiellement subversifs et de limiter leur interaction avec la population locale à leur arrivée en ville. Les employés ouzbeks de la gare ne sont pas autorisés à vendre des billets de train à des étrangers ; seul le personnel insaisissable et en civil

de l'OVIR peut le faire, à condition d'en dénicher un avant l'heure du départ. Les visiteurs, y compris ceux natifs du pays, n'ont pas le droit de se rendre dans des zones classées sensibles pour raisons de sécurité, comme par exemple la zone tampon profonde d'une centaine de kilomètres qui longe la frontière du Tadjikistan et de l'Afghanistan ; Termiz, ville de garnison militaire ouzbek ; ou encore le cosmodrome kazakh que continue d'utiliser la Russie, aujourd'hui, comme base de lancement et d'atterrissage pour son programme spatial.

L'obligation, datant d'avant 1991, de posséder un 'passeport intérieur' suscite alors des protestations parmi les plus vives subies par le régime soviétique. Elle constitue une violation au droit inaliénable à la liberté de mouvement, entrave particulièrement insupportable pour une population enracinée dans une culture de grands espaces aux frontières poreuses. Pourtant, les citoyens de ces nouvelles autocraties doivent encore aujourd'hui en posséder un pour passer d'une province à l'autre et, bien souvent, pour quitter leur ville de résidence. (Ce problème se résout, comme bien d'autres et comme partout, en exhibant quelques billets de banque).

Personne ne sait si ce sont les budgets de misère ou la politique qui sont responsables de l'étrange spectacle auquel on peut assister à l'aéroport : des Turkmènes présentent des 'passeports extérieurs' - utilisés sous l'ère soviétique pour voyager à l'étranger. Lorsque j'interroge un fonctionnaire du ministère des affaires étrangères turkmènes, il me confirme qu'on imprime toujours ces 'passeports extérieurs'. Voir indiqué 2003, 2004 ou 2005 comme date d'émission sur un livret bordeaux frappé du sigle « CCCP » ne fait qu'ajouter au caractère déjà surréaliste et ahurissant du pays.

Que les Stans répugnent à effacer les traces de l'héritage soviétique a sans doute une explication politique. Les républiques baltes de Lettonie et Lituanie, qui ont subi le régime communiste comme une occupation, saisissent la première opportunité qui se présente à elles pour proclamer leur indépendance vis-à-vis de Moscou : la Perestroïka qui signe le début de la fin pour l'ancien régime. Les Républiques socialistes soviétiques turkmène, ouzbek, kirghize et tadjike, quant à elles, attendent d'être expulsées de l'Union soviétique. Le choix de la nouvelle Fédération de Russie de bannir des nations disposant des plus grandes réserves de pétrole et de gaz au monde peut sembler un rien étonnant. D'ailleurs la Russie, pleine de regret, se montre désormais une concurrente acharnée de la Chine et des États-Unis dans ce que le journaliste pakistanais Ahmed Rashid a surnommé un "Nouveau Grand Jeu" (*New Great Game*) pour le contrôle des ressources énergétiques de la mer Caspienne. À la fin des années 80 et au début des années 90, le gouvernement central de Moscou est ruiné. N'ayant ni les moyens techniques, ni la main d'œuvre nécessaires pour exploiter la mer Caspienne, la Russie de l'ère soviétique se retrouve à subventionner ses Etats tampons méridionaux à fonds perdus. Objectivement et comparé aux richesses intarissables de cette région, le coût est anecdotique. Mais à cette époque, avec une inflation à trois chiffres risquant de provoquer l'anarchie et la pénurie alimentaire, des subventions, aussi infimes soient-elles, sont plus que ce que la Russie ne peut se permettre.

Dans la Russie des années 90, des entrepreneurs audacieux, des escrocs aventureux et des voyous de toutes tendances politiques s'approprient les biens de l'État pour constituer une caste de ploutocrates. Parallèlement, un processus similaire se déroule pour la prise du pouvoir politique, à un détail près : ceux qui, jadis, dirigeaient les structures étatiques en charge de la répression se gardent les postes de choix afin de s'emparer de l'argent et du

Le ruban gris sans fin de la M37, route principale reliant les capitales de l'Asie centrale, Achgabat, Tachkent, Bichkek et Almaty. Douchanbé, tout comme le reste du Tadjikistan, n'est pas desservie.

pouvoir. « En Asie centrale... les dirigeants communistes des républiques soviétiques se saisissent du pouvoir lorsqu'il leur tombe du ciel, après le combat de coqs opposant Gorbatchev à Eltsine qui eut pour résulat la mise à mort de l'Union soviétique » écrit en 2003 K.Gajendra Singh dans *Asia Times*, principale source d'information et d'analyse d'Asie centrale. « Au début, la plupart des dirigeants se sont sentis tristes et orphelins de la disparition de l'Union soviétique. Mais rapidement, suivant l'exemple des Républiques baltes et de la Russie, les républiques à majorité musulmane d'Asie centrale et l'Azerbaïdjan se déclarent souveraines, statut déjà garanti par la constitution de l'Union soviétique, avant de proclamer leur indépendance totale. Depuis, la plupart d'entre elles gèrent leur fief d'une main de fer, à la manière communiste, mais en s'appuyant sur les liens familiaux, tribaux, ethniques et régionaux. Ces dirigeants se font régulièrement réélire avec pratiquement 100 % des suffrages, après avoir réduit les candidats de l'opposition à l'impuissance ou les avoir fait disparaître ».

Quinze ans après 1991, quatre des cinq républiques d'Asie centrale ont toujours à leur tête d'anciens dirigeants du Parti Communiste de l'époque soviétique. Même Askar Akaïev, dont la légitimité électorale réelle en fait une exception à la règle (il est destitué au printemps 2005), doit sa célébrité et son influence à sa présidence du Département des sciences du comité central du Parti Communiste du Kirghizistan. « Plus ça change, plus c'est pareil » explique la sagesse populaire. Une maxime qui pourrait servir à définir la gouvernance en Asie centrale dans un dictionnaire !

Difficile pour les peuples d'Asie centrale de ne pas éprouver de nostalgie car, après avoir fait partie d'une des deux superpuissances, ils se retrouvent réduits par les circonstances à ne plus être les citoyens que de Nations reculées et appauvries dont le revenu moyen n'excède pas vingt dollars par mois. Mais les dictateurs de la région savent exploiter le sentiment nationaliste en renouvelant ses modes d'expression. Le Turkménistan et l'Ouzbékistan harcèlent et agressent des ressortissants russes, dans le but - souvent atteint - de les inciter à émigrer.Le Tadjikistan est depuis peu le dernier Etat d'Asie centrale à renommer le rouble, qui devient le sonomi, en hommage à un Sogdien* du Xe siècle, considéré comme le fondateur du premier État ethnique tadjik, et à qui on attribue parfois l'invention du papier monnaie. Dix ans après avoir acquis son indépendance, le Turkménistan est tellement obsédé par le concept de panturquisme d'Atatürk, que des drapeaux turcs et turkmènes sont peints côte à côte sur les bus et les taxis, et qu'il abandonne l'alphabet cyrillique, imposé par les Soviétiques, au profit de l'alphabet latin utilisé en Turquie. Nombre de rues de l'époque communiste (ulitsa Lenini, ulitsa Marx) ont été rebaptisées. Mais la plupart des gens, et pas uniquement les vieux de la vieille,

---

* *Peuple marchand habitant la Sogdiane, qui correspond aujourd'hui à l'Ouzbékistan.*

A gauche, Johnny, 12 ans était notre plus jeune trekkeur lors du voyage en Asie centrale en août 2000. Ici, il emprunte l'âne d'un jeune Kirghiz pour faire une balade sur la route, au sud du lac Issyk Kul. Son père lui avait acheté un peu plus tôt un képi de policier.

continuent à utiliser les anciens noms. Les géants de la littérature russe comme Gorki survivent sur les plaques de rues, tout comme sont conservées les plaques commémoratives sur les vieux immeubles et les monuments en souvenir des sacrifices de la Grande Guerre patriotique (ou Seconde Guerre mondiale). Sur les marchés polyglottes d'Asie centrale, où la maîtrise du tadjik (qui a des racines persanes) est aussi importante que celle des langues turques, comme l'ouïgour et le kirghiz, le russe est encore la lingua franca de la région, éminemment utile mais employée à contre-cœur.

Les militaires d'Asie centrale, porte-drapeaux de tout Etat-Nation souverain, portent une boucle de ceinture et un écusson sur leur couvre-chef arborant la faucille et le marteau. Bien que la statue de Vladimir Lénine est finalement descendue en 2003 de sa stèle de la place centrale Ala Too, face au musée d'Histoire, d'autres veillent toujours sur des places publiques dans d'autres capitales d'Asie centrale. Le Tadjikistan - dont les deux mille kilomètres de frontière avec un Afghanistan perpétuellement à la dérive sont constamment surveillés par les dix mille hommes de l'antique 201e division d'infanterie motorisée russe - est le plus éloigné et, par conséquent, le plus à l'est des anciens avant-postes soviétiques. Près de la frontière chinoise, la région constitue un tel trou perdu dans les montagnes, est si peu accessible et si peu en contact avec le monde extérieur et les événements qui s'y déroulent, qu'il a convoqué une assemblée du Comité Exécutif du Conseil Régional de Kulab des représentants du peuple, presque un an après la dissolution de l'URSS. Le 19 novembre 1992 se tient la seizième session du Soviet Suprême, douzième convocation, au cours de laquelle Imomali Rakhmonov est élu au poste de *président du Soviet Suprême de la république du Tadjikistan*. Rakhmonov, actuel et unique président du pays depuis l'indépendance, ne renonce aux titres et honneurs soviétiques qu'en 1994. Culminant à 7 495 mètres, le pic Ishmaïl Somoni est le sommet le plus haut du Tadjikistan ; sur les cartes officielles, il est toujours représenté sous le nom du pic du Communisme, son nom d'avant 1998. Des nostalgiques parlent toujours du pic Lénine, le deuxième sommet le plus haut de l'Union soviétique (7 140 mètres) sur la frontière entre le Tadjikistan et le Kirghizistan.

Les infrastructures continuent de fonctionner à la mode soviétique, avec des opérateurs de téléphonie qui traitent les appels dans la CEI (de Tachkent à Moscou, par exemple) comme des appels régionaux et non internationaux, et un réseau aérien toujours en étoile autour de Moscou. Les communications téléphoniques se sont bien améliorées depuis 1996, date à laquelle Éric Johnson écrit sur *EurasiaNet* (site présentant les actualités politiques, économiques et sociales de l'Asie centrale, du Caucase, etc.) qu'à peine un millier de Turkmènes ont les moyens de s'offrir un portable. Il cite alors une source locale : « Nos villes sont si petites que les téléphones ne sont pas suffisamment utiles pour justifier que l'on dépense tant d'argent pour un portable. Si vous ne réussissez pas à joindre quelqu'un, vous pouvez toujours aller poser votre question sur place, c'est à deux pas et de toute façon, rien ne presse en Asie centrale. »

Pour se rendre en Asie centrale, les voyageurs 'internationaux' atterrissent à Moscou, au terminal 2 de l'aéroport Sheremetyevo. Ils doivent ensuite se rendre au terminal 1 ou à Domodedovo - qui se trouve à une heure de taxi - d'où décollent les vols 'intérieurs' ne quittant pas la Fédération de Russie ou à destination d'Etats officiellement souverains tels que l'Azerbaïdjan ou le Kazakhstan.

Un HLM de l'époque soviétique à Almaty.

La répression soviétique rencontre le capitalisme mafieux.

L'Asie centrale est riche des deux principaux clichés soviets : l'architecture et les goulags. Les bâtiments ministériels et les immeubles d'habitation, dont beaucoup donnent l'impression d'avoir été construits en empilant des cubes de béton préfabriqués faisant penser aux Legos, découpent l'horizon d'Achgabat à Douchanbé. Les remarques narquoises des Occidentaux commentant le style supposé suranné des bâtiments principaux ne sont pas du goût des autochtones. « Il n'y a aucune mauvaise influence de l'architecture soviétique, comme le proclament certains critiques », assure un site Internet du gouvernement kirghiz destiné aux éventuels touristes de Bichkek, dont la plupart séjourneront à l'Hôtel Dostouk, délicieusement décrépi, infesté de prostituées et si typique de l'ère soviétique. Personnellement, j'adore l'esthétique soviétique et je me demande bien de quel droit les habitants d'empilements de verre et de plastique tels que Sydney ou New York se permettent de se gausser à grands bruits d'autres villes. De plus, les espaces intérieurs sont confortables et brillamment conçus selon leur propre logique. Au Dostouk, par exemple, les tuyaux d'eau chaude des salles de bain forment une espèce de serpentin permettant de s'en servir comme porte-serviettes. Ainsi votre serviette est-elle grillée et chauffée à point lorsque vous émergez de votre bain d'eau couleur rouille. Les pièces, même dans les appartements subventionnés par l'état, sont spacieuses et bien proportionnées.

Sous les ères tsaristes et communistes, les prisonniers des goulags sibériens se comportant mal sont transférés vers des camps du Kazakhstan actuel pour y subir un traitement encore plus dur. Nombre de ces goulags restent opérationnels et accueillent principalement la population toxicomane en plein essor, victime de la proximité de leur pays avec les grands axes du trafic de stupéfiants s'étirant de l'Afghanistan à Moscou. Le régime déclare officiellement qu'il y a au moins trois cent cinquante mille drogués et avoue ne pas maîtriser la

À Och, des manifestants se rassemblent devant la statue de Lénine en 2005.

situation en dépit d'une législation très stricte. L'article 259 du code pénal kazakh prévoit une peine de quinze ans de travaux forcés pour trafic de stupéfiants et de dix ans pour détention de drogue même s'il ne s'agit que d'un simple gramme de marijuana. Mais dans un pays où le cannabis pousse naturellement le long des routes et où même des fonctionnaires haut placés sont impliqués dans le trafic de drogue - en mai 2000 des flics kazakhs arrêtent un haut diplomate tadjik en possession de quatre-vingt six kilos d'héroïne dans sa voiture - il y a peu d'espoir d'amélioration. D'après la rumeur, peu de prisonniers survivent plus de trois ou quatre ans dans un goulag kazakh.

L'Ouzbékistan connaît également ce fléau qu'est la drogue, mais le gouvernement dirigé par Islam Karimov préfère supprimer des dissensions intérieures, dont il fait porter la responsabilité à un groupe de fondamentalistes islamiques basé dans la vallée de Ferghana réputée conservatrice. Là-bas aussi, les goulags sont une solution bien commode. En 2004, après avoir tué Muzafar Avozov, en le plongeant dans l'eau bouillante pour avoir appartenu au groupe musulman hors-la-loi d'opposition politique, le Hizb-Ut-Tahrir, Karimov condamne Fatima Mukhadirova, âgée de 62 ans, sur les charges douteuses de : « littérature religieuse non approuvée, appartenance à une organisation religieuse interdite et tentative d'infraction à l'ordre constitutionnel ». Mukhadirova est condamnée à six ans de goulag ouzbek, ce qui équivaut à une condamnation à mort.

Peut-être le vestige le plus marquant de l'oppression soviétique est-il le visa de sortie empêchant les Soviétiques de quitter le pays, qui est resté en vigueur sur le territoire de toutes les républiques d'Asie centrale jusqu'en 2002. Officiellement supprimé depuis 2005, les gardes-frontières continuent néanmoins de le réclamer au départ des aéroports et aux frontières internationales. Les Ouzbeks doivent encore se procurer des visas de sortie intérieurs pour se rendre dans les provinces avoisinantes jusqu'en 2004.

Les dictateurs d'Asie centrale conservent également la politique soviétique de régulation de l'opium du peuple jusqu'à ce que sa suppression totale devienne politiquement réalisable. Du point de vue des responsables politiques américains engagés dans une guerre contre les fondamentalistes islamiques, l'enregistrement obligatoire des églises et des mosquées auprès des autorités ainsi que leur interdiction de mener toute activité politique ont deux conséquences. Un rapport du International Crisis Group (Groupe des Crises Internationales) en 2003 rapporte que : « Soixante-dix ans de gouvernement soviétique en Asie centrale n'ont pas anéanti l'Islam, mais ont permis une sécularisation radicale de la société des élites politiques. Néanmoins, l'indépendance a provoqué un regain d'intérêt pour l'Islam ainsi que l'émergence de groupes politiques islamistes défiant le caractère laïc de ces nouveaux états ». Les villes d'Asie centrale à la culture urbaine résolument libérale ont hérité de la laïcité soviétique. Il est fréquent de croiser des femmes aux longues jambes, en minijupes et chemisiers moulants à Bichkek et Almaty, ville connue pour sa vie nocturne. On voit rarement des musulmans prier ou aller à la mosquée à Tashkent, et même les musulmans jurant d'être de fervents pratiquants, fument des cigarettes et boivent de la vodka. Mais la campagne, plus pauvre et plus conservatrice et où le contrôle du gouvernement central est perçu comme lointain, elle, change de visage. Et les dictateurs prennent peur.

Il est difficile d'établir une relation chaleureuse entre l'Amérique et des régimes sans indulgence envers leurs populations religieuses, qu'elles soient minoritaires ou majoritaires. Selon Félix Corley de Keston News Service, qui suit de près les histoires touchant à la liberté religieuse, « le président ouzbek Islam Karimov n'a pas ménagé ses efforts pour repousser le Mouvement Islamique d'Ouzbékistan entraîné par les Talibans. Le gouvernement exerce une forte pression sur les communautés religieuses qu'il n'apprécie pas. Et cela ne se limite pas aux témoins de Jéhovah. Cela s'étend plus particulièrement aux chrétiens protestants [et] aux musulmans essayant de fonctionner hors du cadre du conseil musulman approuvé par le gouvernement ». Les voisins de Karimov partagent son hostilité envers la religiosité : au Turkménistan, les communautés ont besoin de compter cinq cents membres avant de pouvoir s'inscrire en tant que communauté religieuse distincte. Et le gouvernement a empêché toute communauté religieuse, excepté celles appartenant au conseil musulman et à l'église russe orthodoxe, d'être officiellement répertoriée. Leur activité est ainsi de fait considérée comme illégale bien que la loi sur les religions ne précise pas qu'une activité religieuse non répertoriée soit illégale. « Au Kazakhstan, poursuit Corley, le gouvernement utilise une clause du code administratif qui punit toute activité religieuse non déclarée. Beaucoup d'églises baptistes ont vu récemment leurs dirigeants condamnés à des amendes. La communauté Haré Krishna rencontre aussi des difficultés dans la gestion de sa ferme près d'Almaty, capitale économique. Les églises protestantes des régions rurales, principalement peuplées de Kazakhs de souche musulmane, doivent faire face à de nombreux problèmes. »

À la seule exception du Kirghizistan, toutes les républiques d'Asie centrale sont encore gouvernées par le chef du parti communiste qui les dirigeaient avant 1991. (Au Turkménistan, Niyazov est au pouvoir depuis 1985). Chaque nation maintient son dispositif sécuritaire soviétique original, sa militsia, sa police militaire, ses prisons et ses camps. Les cartes postales soviétiques et les timbres sont toujours vendus dans les bureaux de postes. L'aspect des villes, les uniformes militaires, les déclarations d'impôts, les noms des rues, rien n'a changé. Se plaindre du gouvernement peut toujours conduire à la peine capitale. Au quotidien, la vie est peut-être devenue un peu plus dure, mais, pour le reste, l'Ouzbékistan de 2006 ressemble beaucoup à celui de 1986. C'est pourquoi, même aujourd'hui, vous entendrez encore des gens dire : « Ici, en Union soviétique... »

Des années après l'effondrement de l'Union des républiques socialistes soviétiques, on peut encore trouver des symboles de l'ordre ancien dans toute l'Asie centrale. Un marteau et une faucille (ci-dessus) rouillent sur le toit d'un bâtiment abandonné au Kazakhstan.

Sur la couverture d'un magazine pour enfants (ci-dessus) des écoliers passent devant une statue dorée à la gloire du dirigeant suprême du Turkménistan, Saparmurat Ataevich «Turkmenbachi» Niyazov. La propagande diffusant l'image et les conseils du dictateur, est omniprésente.

La gloire que représentait Turkmenbachi

Dans une région toujours dominée par les anciens dirigeants soviétiques, Niazov se révèle être le dirigeant le plus étrange et le plus mégalomane à l'ouest de la Corée du Nord.

UK Telegraph, 5 février 2004

Dans une région où nul ne peut imaginer un président qui ne serait pas doublé d'un tyran égocentrique, les affiches du despote bienveillant et vénéré de chaque Etat ornent tous les postes de contrôle et 'corruption' n'est qu'un autre mot pour décrire les activités économiques habituelles. Cela dit, le Turkménistan de Turkmenbachi, en instaurant les critères de l'autocratie, ne rend pas justice à l'homme. Le dictateur d'Asie centrale ne se contente pas d'avoir créer le culte de la personnalité le plus grotesque, le plus comique et le plus élaboré depuis que Ptolémée a chassé les pharaons du pouvoir : le mélange de pure cupidité et d'incroyable stupidité manifestes le caractérisant élèvent alors l'autocratie au statut d'art. Il parvient à réduire un pays au potentiel de richesse extraordinaire à un spectacle de désolation et de pauvreté généralisée.

A l'instar de la carte American Express, il est omniprésent : où que vous voyagiez dans cette Nation déserte et désolée, nichée entre le sud-ouest de la Russie et l'Iran, Turkmenbachi est là. Sur chaque bâtiment public et privé, on peut voir des portraits géants de sa personne et lire sa devise inspirée des nazis : « Halk, Watan, Turkmenbachi ! » (« Le Peuple, la Nation, le Tukmenbachi »). Sans cela, ce pays se serait distingué de par son inhospitalité géographique envers les cinq millions de gens qui y sont nés, sans doute punis par le destin. Où que vous vous tourniez, vous tomberez sur des panneaux arborant des citations et des portraits de ce pas si grand homme que ça. Un tableau représentant Turkmenbachi se dresse derrière le réceptionniste de l'hôtel.

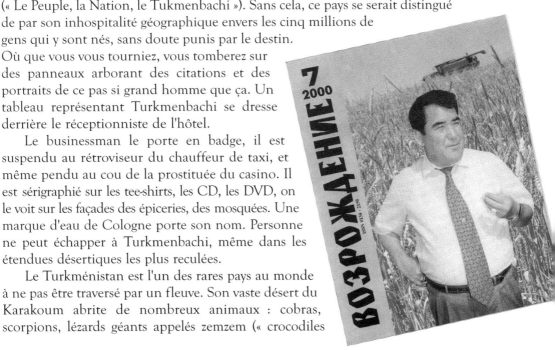

Le businessman le porte en badge, il est suspendu au rétroviseur du chauffeur de taxi, et même pendu au cou de la prostituée du casino. Il est sérigraphié sur les tee-shirts, les CD, les DVD, on le voit sur les façades des épiceries, des mosquées. Une marque d'eau de Cologne porte son nom. Personne ne peut échapper à Turkmenbachi, même dans les étendues désertiques les plus reculées.

Le Turkménistan est l'un des rares pays au monde à ne pas être traversé par un fleuve. Son vaste désert du Karakoum abrite de nombreux animaux : cobras, scorpions, lézards géants appelés zemzem (« crocodiles terrestres »), qui mordent, piquent et griffent avec une férocité et une persévérance alarmantes. Les moments où la température dépasse les 65°C à l'ombre ne sont pas rares ; les chaleurs de plus de 40°C sont chose courante. De toutes façons, l'ombre n'existe pas dans ce pays situé le plus à l'ouest de l'Asie centrale. L'eau courante, avant d'être traitée, provient des eaux polluées par le pétrole de la mer Caspienne et du fleuve Amu Darya (rebaptisé Oxus par Alexandre le Grand) qui longe la frontière orientale de l'Ouzbékistan. La plupart des turkmènes sont des nomades dont la culture et la tradition sont semblables à celles des Bédouins. En dehors de la capitale d'Achgabat et de quelques capitales provinciales excentrées, les Turkmènes installent leur yourte dès qu'ils voient quelques brins d'herbe sortir du sable pour nourrir leurs chameaux. La vie citadine, sécularisée par sept décennies de domination soviétique, se concentre autour de boîtes de nuit sinistres dirigées par la mafia, et de pubs de style anglais quasi déserts, où l'on reçoit les émissions de CNN, mais avec un délai suffisant pour que les nouvelles négatives envers le Turkménistan et ses voisins puissent être censurées. Même l'ambassade américaine est isolée ; Turkmenbachi fait parfois couper les lignes téléphoniques internationales et Internet plusieurs jours d'affilée. Dans le désert, les traditions survivent. Les femmes transportent les économies de la famille dans des bijoux en argent clinquants, taillés pour pouvoir contenir des billets de banque. Toucher, et a fortiori voler, une femme est une raison suffisante pour se faire tuer. D'un autre côté, l'hospitalité nomade incite parfois les hommes à louer leur épouse pour assouvir les désirs des visiteurs de passage. Ils le feraient pour vous aussi. Il arrive qu'il y ait des femmes à vendre. Le cours de la nomade varie entre deux à cinq mille dollars selon son âge, son apparence et sa personnalité.

*Turkmenbachi signifie « Père de tous les Turkmènes » et désigne le président du Turkménistan de l'époque.

Là-bas, on se sent au bout du monde. Dans ce désert ouvert à tous vents, au bord de routes infinies qui voient passer moins d'un véhicule par jour, on a érigé d'immenses panneaux d'affichage pour proclamer la gloire de Turkmenbachi. Halk ! Watan ! Turkmenbachi ! Nisa, amas de bâtiments effondrés et ancienne capitale de l'Empire parthes, marque l'apogée de la puissance politique du Turkménistan d'il y a vingt siècles. De l'impressionnante cité de Merv (renommée Mary) sur l'ancienne Route de la Soie, il ne reste que quelques murs et minarets épargnés par Gengis Khan lors de son avancée vers l'ouest, il y a huit cents ans de cela. Même la culture turkmène semble maudite. Ce n'est qu'en 1924, année durant laquelle les conquérants bolcheviques imposent l'alphabet cyrillique au dialecte local dérivé du turc, que le peuple nomade développe la langue écrite. Dans les années 90, soit après l'indépendance, on assiste à l'émergence de la lit-

Les ruines de Merv dans le Turkménistan oriental (ci-dessus).
Cette ville sur l'ancienne Route de la Soie, l'une des plus magnifiques au monde, fut complètement détruite par la Horde d'Or de Gengis Khan. Le mausolée du Sultan Sanjar (1118-1157 après J.C.) domine les ruines de Merv et est l'un des quelques bâtiments restants relativement intacts (ci-dessous). Le Sultan Sanjar dirigea l'empire Seljoukide à son apogée.

térature turkmène, de la poésie et même de la bande dessinée, mais Turkmenbachi interdit alors l'usage de l'alphabet cyrillique au profit de l'alphabet latin utilisé dans la Turquie moderne post-Atatürk. Ce changement anéantit radicalement la langue écrite turkmène naissante, et éradique pratiquement toute expression non officielle du jour au lendemain. Les représentations d'opéras et de ballets, populaires dans toute l'ancienne Union soviétique, deviennent interdites. « Inutiles », d'après Turkmanbachi. Tout comme le cinéma, extrêmement populaire dans l'ex-URSS. « Ce n'est pas turkmène, » profère-t-il. Les sculpteurs turkmènes, renommés sous l'ère soviétique pour leur approche expérimentale de l'abstraction, reçoivent l'ordre de ne produire qu'une sorte de forme d'art : des statues et des bustes de Turkmenbachi.

* Littéralement « le livre de l'âme », ouvrage écrit par Turkmenbachi

Le monde selon Turkmenbachi.

Turkmenbachi doit tout à l'Union soviétique. C'est un apparatchik, chef du Parti Communiste. Mais à chaque époque sa propre propagande. Plus tard, il critiquera l'influence soviétique, expliquant qu'elle réduit à néant le patrimoine culturel turkmène qu'il s'acharne à faire revivre.

« J'ai vécu pendant la période soviétique et, lorsque j'étais jeune, j'ai connu et ressenti le manque de confiance qu'avaient les gens à l'égard de la justice, ainsi que leur sentiment d'un avenir sans espoir, » se souvient le dirigeant turkmène. « Notre peuple n'était pas seulement incapable de comprendre ce qu'il vivait, il n'avait également aucun recul sur sa vie quotidienne. Il y avait une sorte de croyance parmi eux : 'Le jour appartient aux puissants, et le kawurma* est réservé à ceux qui ont des canines'. Ils croyaient que quoi qu'ils fassent, ils ne pourraient prospérer... L'Etat était divisé, les tribus se battaient les unes contre les autres, ce qui constituait le coeur de la Nation disparut, et le pays faillit abandonner ses convictions religieuses. Le langage fut simplifié. Puis vint la perte des chevaux, costumes, bijoux et coutumes qui provenaient de traditions vieilles de mille ans. Rien n'arrive dans notre univers sans une bonne raison ; que le désastre affligeant une Nation soit d'ordre naturel ou humain, il a toujours une cause ».

Comme les autres républiques devenues indépendantes en 1991, le Turkménistan possède encore une forte population russe. Turkmenbachi en expulse la majorité. Ce nettoyage ethnique conduit à la perte de la plus grande partie des élites éduquées.

*Plat de viande, principalement d'agneau, cuit dans de la margarine ou de la graisse de queue de mouton.

Les statues de Turkmenbachi sont aussi populaires que les policiers, à qui il suffit d'aller flâner sur un marché animé pour le vider de toutes les personnes s'y trouvant.

S'il est de mise dans toutes les dictatures d'ériger des statues à son dirigeant adoré, Turkmenbachi fait passer des types comme Saddam ou Khadafi pour des gens modestes et réservés. Il fait construire la Mère de toutes les Statues à son effigie : dorée, 13 mètres de haut, placée sur un piédestal de 24 mètres de haut. Il lui donne le nom d'Arche de la Neutralité. (la « Neutralité » est la vision simpliste mais efficace de Turkmenbachi, de la politique étrangère qui, à cette époque, maintient le pays dans l'état qu'il le souhaite : isolé, avec ses habitants à la merci de ses moindres caprices.) Cette silhouette, dominant l'horizon bas d'Achgabat, tourne sur elle-même à 360° chaque jour, afin d'être constamment tournée vers le soleil. (« En fait, c'est le soleil qui tourne autour de Turkmenbachi, » rapporte une blague locale.)

Son visage est imprimé sur toutes les coupures de manat, monnaie turkmène ravagée par l'inflation. Le billet le plus élevé, de dix mille manats, vaut environ 50 cents. L'une des trois chaînes d'informations nationales a pris le nom de « L'Époque de Turkmenbachi ». Les rues, les aéroports, les grandes villes, les sujets méritant d'être mentionnés dans l'actualité (une large météorite tombant dans le grand désert septentrional fait la une en 1998) et même le mois de janvier ont changé de nom en son honneur. La réforme du calendrier turkmène touche les 12 mois de l'année ainsi que les sept jours de la semaine. Avril s'appelle désormais « *Gurbansoltan-edje* », en hom-

L'auteur « rend hommage » à la statue de Turkmenbachi, principale attraction du centre-ville d'Achgabat. Les habitants aiment dire pour plaisanter que ce n'est pas la statue qui tourne pour rester face au soleil, mais le soleil qui la suit.

mage à la mère de Turkmenbachi, morte dans le tremblement de terre de 1948 qui a détruit Achgabat. (En 2002 le mot turkmen pour 'pain', *chorek*, est remplacé par *Gurbansoltan-edje*). Septembre est devenu « *Rukhnama* », titre du Petit Livre Vert d'aphorismes sur la culture, la morale, l'histoire et la « renaissance de la nation turkmène » écrit par Turkmenbachi. Ce livre doit être lu par les écoliers et par les adultes tous les samedis. En 2006, Turkmenbachi promet aux jeunes gens qui lisent son livre trois fois un accès direct au paradis. En attendant, ici bas, sur terre, « ils deviendront intelligents, et saisiront la nature des choses, les lois les régissant et également la valeur du genre humain ». L'année 2003 est appelée « L'année de la mère » : *Gurbansoltan-edje* pour être précis. Il existe un thé et un yaourt Turkmenbachi. Et si tous ces Turkmenbachis à tout va commencent à vous taper sur les nerfs, vous pouvez toujours vous anesthésier l'esprit en consommant une bouteille de vodka nationale de la marque Turkmenbachi.

Même les jours de la semaine ont été 'Turkmenbachisés' :
Lundi - Le Jour Principal
Mardi - Le Jour Jeune
Mercredi - Le Jour Favorable
Jeudi - Le Jour Béni
Vendredi - Vendredi
Samedi - Le Jour Spirituel
Dimanche - Le Jour du Repos

Turkmenbachi (« le Père de tous les Turkmènes », titre qu'il s'est auto-octroyé), s'appelle en réalité Saparmourat Ataevich Niazov, il a alors 60 ans et est chef du parti de la République socialiste soviétique turkmène depuis 1985 et président à vie de la République du Turkmenistan depuis 1991. Les panneaux portant ses slogans font aussi référence à Saparmourat Turkmenbachi. Les Soviétiques aiment former des orphelins aux postes à responsabilités pour leur supposée loyauté envers l'État. Ce principe fonctionne parfaitement avec Niazov dont le père est décédé dans la neige pendant la Grande Guerre patriotique contre le Fascisme, en d'autres termes durant la Seconde Guerre mondiale. A 8 ans il perd sa mère et les autres membres de sa famille dans le terrible tremblement de terre de 1948 qui coûte la vie à plus de quatre cent mille morts d'Achgabat à Samarkand en passant par Tachkent. Rien qu'à Achgabat, ce sont cent dix mille personnes qui périssent. Niazov, totalement endoctriné, étudie à l'université des sciences et intègre les rangs du corps des ingénieurs en électricité grâce à un travail forcené et un habile léchage de bottes.

Lorsque Moscou coupe les subsides à ses républiques méridionales en 1991, les obligeant ainsi à déclarer leur indépendance, le lèche-cul terne mais ambitieux, qui a commencé sa carrière en dirigeant une centrale électrique aux abords d'Achgabat, se fait élire président. Suivent d'autres titres honorifiques : Président, Premier Ministre, Commandant en Chef, Président du Cabinet des Ministres, Président du Comité National Olympique et Président du parti démocratique du Turkménistan succédant au parti communiste, aujourd'hui seul parti politique autorisé. De plus, ajoute le biographe du gouvernement, « Niazov reçoit le prix international de Magtymguly pour avoir atteint l'objectif de Magtymguly, grand poète et philosophe turkmène :

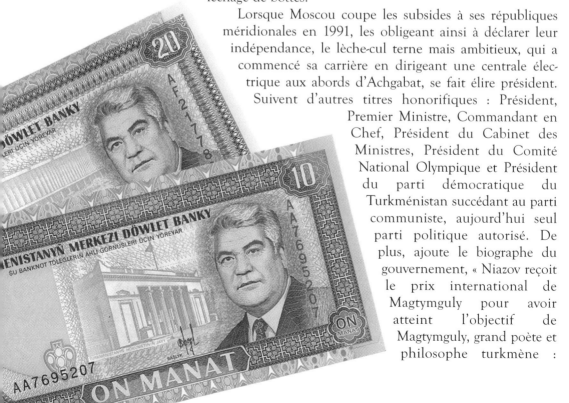

On voit souvent des chameaux au Turkménistan. Sur cette photo on aperçoit au fond une nouvelle mosquée financée par l'État.

établir un Etat indépendant du Turkménistan ». Cela n'est, semble-t-il, que justice.

Reptiles et climat mis à part, le Turkménistan postsoviétique détient un atout dans sa manche : le département américain de l'énergie estime que le pays dispose sans doute de réserves atteignant près de cinq trillions de mètres-cube de gaz naturel. Avec sa capacité de production actuelle, le Turkménistan occupe le cinquième rang mondial des plus grands producteurs de gaz naturel. Cette production augmentera dès l'achèvement des oléoducs aujourd'hui en cours de construction. Le Turkménistan bénéficie également de ressources pétrolières et minérales substantielles.

En 1991, Turkmenbachi promet à ses sujets inquiets que leur nouveau pays aura le même produit intérieur brut que le Koweit d'ici à dix ans. Grâce à l'exploitation du pétrole et du gaz, jure-t-il, chaque famille turkmène possédera une maison et une voiture. Mais en 2006 cette promesse demeure toujours à l'état de projet. Bien que la corruption endémique ait entravé les tentatives effectuées pour attirer les investissements étrangers, le plus gros handicap du Turkménistan est sa géographie : un oléoduc fiable lui est absolument nécessaire pour transporter son pétrole raffiné et son gaz vers des ports de haute mer. La voie la plus courte et la plus stable pour le passage d'un oléoduc nécessiterait de traverser le territoire iranien en direction du golfe Persique, mais les sanctions commerciales contre l'Iran interdisent aux compagnies pétrolières souhaitant rester en bons termes avec les États-Unis d'en commencer la construction. Un ancien projet d'oléoduc dirigé par Unocal (Union Oil Company of California) permettant de transporter le gaz turkmène et le pétrole kazakh à travers l'Afghanistan a été relancé, mais il reste enlisé à cause de problèmes logistiques et de la guerre civile. La compagnie pétrolière russe Gazprom entretient un oléoduc datant de l'ère soviétique en direction du nord mais refuse de payer le prix du marché pour le brut turkmène. Le Turkménistan décide donc de le boycotter.

En 2005, le revenu moyen national est de six cent soixante-dix dollars par an, le même

qu'en Côte d'Ivoire, pays ravagé par la guerre et ne possédant aucune ressource pétrolière. Alors qu'une petite nomenklatura composée des proches de Turkmenbachi réside dans de somptueux palais, le commun des mortels survit uniquement parce que le gouvernement lui offre le logement, l'eau et, bien sûr, le gaz naturel. Néanmoins les allumettes sont encore si rares que les foyers turkmènes ont pour habitude de laisser le four allumé vingt quatre heures sur vingt quatre. Encore une chance que la plupart des articles ménagers ou des denrées alimentaires ne soient pas trop chers. Pour cinquante cents vous avez un repas pour deux. Un magnifique tapis turkmène coûte deux cents dollars, le même prix qu'un chameau. L'explosion des prix n'existent que dans les projets reflétant les rêves mégalomaniaques de Turkmenbachi, un futur homme riche grâce à l'énergie de son pays. Des hôtels quatre étoiles, construits pour loger un flot imaginaire d'investisseurs étrangers, proposent des chambres à cinq cents dollars la nuit. Ils font faillite aussi vite qu'ils s'élèvent dans le désert brûlant.

En février 2003, Turkmenbachi lance un programme pilote qui doit lui permettre de réaliser sa promesse : chaque famille aura une voiture. Du moins, c'est ce qu'il prétend, mais en réalité les effets sont plus limités : les ministres, les membres du cabinet, les chefs du parti et les responsables de comité reçoivent un véhicule. Aujourd'hui, les hauts fonctionnaires se voient offrir, chaque année, une Mercedes-Benz, qu'ils doivent ensuite céder à leurs subalternes.

« Nous avons le droit de posséder quelque chose dont nous sommes fiers », dit-il à son cabinet.

Qui pourrait le contredire ?

En 1999, le Khalk Maslakhaty (« Conseil du peuple »), parlement soumis de Niazov, passe une loi autorisant Turkmenbachi à continuer à assurer ses fonctions de président tout en programmant de futures élections, si tel est son souhait. A cette époque, Turkmenbachi évoque sa possible candidatrue à une « réélection » en 2008 ou 2010. Après quelques années de réflexion, Niazov décide qu'il peut se passer d'élections. Enhardi par l'attention portée à la région en raison de la « guerre contre le terrorisme » menée par les Etats-Unis, et des avances et encouragements proposés à une Nation frontalière de l'Afghanistan et de l'Iran, Turkmenbachi obtient du Khalk Maslakhaty une déclaration de ce que tout le monde sait déjà de lui : « Ce sont par leurs applaudissements longs et enthousiastes », comme le publie la presse, « que les délégués de l'organe suprême obligent Niazov à accepter le titre de président à vie ».

Au cours de cette session exubérante, la chambre nomme Niazov « Héros du Turkménistan » pour la troisième fois. Il s'agit, semble-t-il, d'une promotion par rapport à 2001, date de son attribution de simple titre de «prophète» par le parlement.

La fausse modestie est une des clés de la mystique de Turkmenbachi. « Si j'étais un travailleur et que mon président me donnait tout ce que nous avons au Turkménistan, confie-t-il à un journaliste dans *60 minutes* émission d'actualités diffusée sur CBS, je ne me contenterais pas de peindre son image, je la porterais dessinée sur mon épaule ou sur mes vêtements. Personnellement je ne tiens pas à voir des photos ou des statues à mon effigie dans la rue, mais c'est ce que veulent les gens ». En février 2003, il ordonne aux médias turkmènes d'arrêter de le flatter.

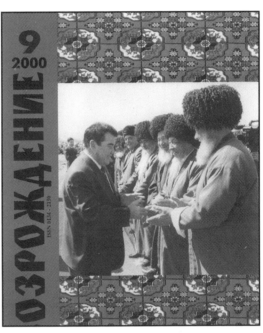

Turkmenbachi prend un bain de foule. Propagande gouvernementale (quoi d'autre ?).

« Dès qu'on allume la télé, explique-t-il, il y a toujours un sujet sur moi, mon père ou ma mère au programme. Je vous supplie de cesser de m'admirer autant, sinon il me sera impossible de regarder aucun de vos programmes ». Curieusement, on ne tient pas compte de sa requête...

Contrairement à d'autres dictateurs, Turkmenbachi est un tyran qui ne délègue pas. Les lycéens turkmènes envoient leur demande d'inscription à la faculté directement à Turkmenbachi. Le 'Héros du Turkménistan' décide d'accorder ou non une admission, et quelle discipline il ou elle devrait étudier. (Indépendamment de la matière principale, le cours de « politique intérieure et internationale de Turkmenbachi » fait partie du tronc commun) . Niazov, et non son secrétaire personnel, décide d'accorder ou non un entretien aux journalistes étrangers. (Il répond généralement par la négative). Turkmenbachi approuve en personne le contenu éditorial des journaux et magazines. Ceux-ci appartiennent tous à un ministère, également en charge de leur publication, et pour lequel les mots « presse indépendante » signifient simplement que chaque rédacteur en chef dispose d'un

bureau individuel. Tant de contrôle, et pourtant il ne peut empêcher son image d'apparaître sur les revers de veston, les taxis et les tee-shirts. Être un autocrate absolu comporte bien moins d'avantages qu'on ne pourrait imaginer.

Turkmenbachi a rajouté sa touche personnelle en promulguant une loi vestimentaire qui a rendu les Talibans complètements verts de rage, ces anciens et futurs dirigeants du pays voisin et source de troubles. La barbe et les cheveux longs, que certains laïcs d'Asie centrale estiment être les signes d'une dévotion excessive envers l'Islam, n'ont pas été légalement interdits, mais sont néanmoins proscrits pour les jeunes hommes. Pourquoi faire voter une loi ? Turkmenbachi a parlé ! Le lendemain de l'apparition de Turkmenbachi à la télévision, les jeunes turkmènes hirsutes font la queue chez le barbier pour avoir une apparence propre et nette. Il exige des filles qu'elles portent des nattes traditionnelles et les chapkas turkmènes. Les dents en or, grand apport des dentistes soviétiques, ne sont plus au goût du jour. L'agence Interfax rapporte la déclaration de l'apprenti dentiste Niazov, après la publication de son diktat contre les dents en or : « J'ai regardé de jeunes chiens lorsque j'étais jeune. On leur donnait des os à ronger. Si vos dents tombent, c'est parce que vous n'avez pas assez rongé d'os. Voilà mon conseil. » Les présentateurs turkmènes n'ont pas le droit de porter de maquillage parce que Turkmenbachi a du mal à faire la différence entre hommes et femmes. Un décret de décembre 2005 interdit les jeux vidéo parce qu'ils encouragent la violence parmi les jeunes. Lorsque Turkmenbachi est sur la route, car il ne fait pas confiance aux chauffeurs, et qu'il conduit lui-même, toutes les rues d'Achgabat sont fermées aux autres conducteurs. Les conducteurs turkmènes, auxquels il est interdit d'écouter leur autoradio car cela risque de les distraire, doivent aussi passer un test sur le *Rukhnama* avant de renouveler leur permis de conduire.

Quand un groupe d'hommes équipés d'armes automatiques lui tendent une embuscade alors qu'il est au volant de sa Mercedes blindée sur une route d'Achgabat ce 25 novembre 2002, Niazov a l'occasion de faire la démonstration de son redoutable talent de pilote. Alors que les balles sifflent, que les membres de sa suite dans le cortège de voitures sont blessés ou tués, Turkmenbachi l'intrépide manœuvre habilement entre les voitures qui bloquent le passage, descend un talus en pente raide, remonte le versant de la colline pour arriver sur une route lui permettant de s'échapper. Même ses opposants politiques acclament leur président âgé de soixante deux ans pour sa brillante réaction sous le feu de l'ennemi.

La tentative d'assassinat déclenche une période de répression encore plus acharnée envers de potentiels opposants politiques. Boris Shikhmuradov, ancien ministre des affaires étrangères et important chef de l'opposition, basée à Moscou, est découvert alors qu'il se cache à l'Ambassade d'Ouzbékistan un mois après l'incident. Il rejoint alors les trente deux complices présumés dans un procès télévisé, dans la plus pure tradition stalinienne. Il lit sa confession, reconnaît le projet d'assassinat à l'encontre de Niazov alors qu'il est sous l'influence de la drogue. Il a des cicatrices au visage : il a manifestement été tabassé en prison. Tandis que les députés du Conseil du peuple se lèvent et applaudissent face à un écran géant retransmettant la sentence, il est condamné à la prison à perpétuité sans réduction de peine possible. Niazov prend la parole sur les ondes : « Quarante-six personnes ont été condamnées. Cinq à dix autres personnes sont impliquées, mais nous cessons désormais de les rechercher ».

Il renvoie l'ambassadeur ouzbek pour avoir abrité Shikhmuradov, fait fermer la frontière entre le Turkménistan et l'Ouzbékistan, et ordonne aux consulats et ambassades turkmènes d'arrêter d'émettre des visas pour les journalistes ou les représentants d'organisations des droits de l'homme ou autres ONG. Ce dirigeant excentrique intensifiant la répression politique et émettant des décrets de plus en plus étranges, le Turkménistan, toujours difficilement accessible par l'ouest, devient une société fermée et glisse un peu plus dans l'oubli au niveau international.

Papa Niazov

Rendons-lui justice ! Les excentricités du personnage cache un côté tendre et paternel. Il est le premier dirigeant d'Asie centrale à abolir la peine de mort. Et en 1997, après une opération cardiaque fortement conseillée par ses médecins russes (il fumait trop), il crée une loi imposant une amende de cinq cent mille manats (30 dollars), soit près d'un mois de salaire, pour toute vente, possession et consommation de produits à base de tabac dans la république. Pays de fumeurs invétérés (quasiment tous les hommes fumaient), le Turkménistan devient un pays où très peu d'hommes osent admettre que la cigarette leur manque, et cela en à peine quelques mois. « Je déteste Turkmenbachi me dit un chauffeur de taxi d'Achgabat en 1997, je le tuerais volontiers de mes propres mains. Mais je le remercie de m'avoir obligé à arrêter de fumer. C'était une mauvaise habitude ».

En 2000, le premier athlète du Turkménistan frappe de nouveau l'indolence nationale en plein dans ses joues potelées, en organisant un « Parcours de santé » afin de célébrer le neuvième anniversaire de l'indépendance turkmène. Les ministres et autres membres du gouvernement reçoivent alors l'obligation de parcourir près de quarante kilomètres en dehors de la ville sous une chaleur accablante. Turkemenbachi profite également de l'occasion pour annoncer une amnistie générale concernant la moitié des vingt deux mille

L'Esprit et la Sagesse de Saparmourat Niazov

Le président turkmène Saparmourat Niazov, mieux connu sous le nom de Turkmenbachi, aime se prendre pour un prince philosophe. De son propre aveu il s'est activement engagé dans la création d'une mythologie nationale étatique venant de nulle part, dans une Nation dont les frontières ne pourraient pas être plus artificielles. Niazov rédige en personne le serment turkmène, l'équivalent du serment d'allégiance américain. Remarquez l'importance accordée à la loyauté personnelle :

Turkménistan,
Mère patrie adorée,
Ma terre natale adorée !
Tu es toujours avec moi
Dans mes pensées et dans mon coeur.
Qu'on te fasse le moindre mal
Et je donnerai ma main pour toi.
Qu'on te calomnie
Et je donnerai ma langue pour toi.
Au moment où je trahirai
Ma mère patrie
Sa bannière sacrée,
Saparmourat Turkmenbachi Le Grand
Je rendrai mon dernier soupir.

Effrayant. Et il y croit dur comme fer : après avoir été victime d'une tentative d'assassinat, Niazov promulgue une nouvelle loi à l'encontre des traîtres de la Mère Patrie qui impose une condamnation à perpétuité sans réduction de peine possible pour toutes sortes de contestation politique. En 2003, le président de la Cour Suprême turkmène adresse une directive au maire d'Achgabat, lui ordonnant d'expulser de chez eux les femmes et les enfants des hommes accusés d'appartenir à la conspiration anti-Niazov.

La plus grande réalisation de Turkmenbachi quant à la création de son Etat-Nation est le *Rukhnama*, son Petit Livre Vert, pas si petit que ça. Le *Rukhnama* nous raconte sa version de l'histoire et de la culture turkmène, fait référence aux obligations et aux devoirs des citoyens de ce pays, et il y compile même des conseils faisant de cet ouvrage un guide de la vie quotidienne. Suivent des citations issues de cette même oeuvre, que le gouvernement turkmène place sur le même plan que la Bible et le Coran :

A propos du livre : « le Rukanama recouvre le visage et l'âme turkmènes d'un voile. C'est le premier livre de référence de ce peuple. Il englobe l'esprit, les coutumes et traditions, les intentions, les faits et les idéaux turkmènes. Ce sera notre legs aux générations futures après avoir tiré les leçons du passé ! Une partie du *Rukhnama* est notre passé que les connaissances actuelles ne peuvent éclairer, l'autre partie est l'avenir ! Une partie du *Rukhnama* représente le ciel, l'autre la terre. »

Sur les soviétiques, pilleurs du trésor turkmène d'avant 1991 : « La contribution du Turkménistan à la trésorerie soviétique s'élève à une somme estimée entre dix et dix huit milliards de dollars, provenant de la production de pétrole, de gaz, coton et produits chimiques. Moins d'un million nous a été retourné. Voilà pourquoi les valeurs morales ont cessé d'exister. Voilà pourquoi l'immoralité, le manque de confiance, l'infidélité et les pratiques frauduleuses se sont répandus. »

Sur la générosité : « Si vous demandez un prêt à quelqu'un, il vous prêtera de l'argent, même si le prêteur est un sale type. Mais si le prêteur est généreux et n'a pas d'argent, il vous dira, « Viens et détends toi, je t'offre une tasse de thé ». Puis il sortira discrètement et ira emprunter de l'argent à son voisin pour pouvoir prêter la somme nécessaire à celui qui la demande. Même le sale type répondra à toutes les demandes, mais l'homme généreux partagera aussi son pain. »

Sur la positive attitude : « Quand vous rencontrez une foule de gens, ne blessez personne, complimentez tout le monde. Vous gagnerez ainsi le coeur de tous. Vous les verrez ainsi sourire non seulement de leurs lèvres, mais également de tout leur coeur. Et ce coeur s'épanouira telle une rose. Tous, y compris vous-même, seront heureux d'assister à un tel spectacle. »

Sur l'éthique : « Lorsque le nombre des gens ayant une bonne éthique augmente, la vie devient plus belle ».

Sur les sports équestres : « Ecoutez les conseils de Gorkut Ata : "Faites vous votre réputation tant que votre père est encore en vie, et avancez tant que vous avez encore votre cheval"».

Sur la richesse : « Une richesse bien acquise provient d'actions honnêtes, mais une richesse mal acquise n'est basée que sur des tromperies. »

Sur les mauvaises paroles : « Les mensonges, commérages et calomnies sont la source de tous les maux. Car ils permettent de déposer un voile recouvrant les péchés et les mauvaises actions. »

Sur la mortalité : « Le temps agit sur nous comme une massue. Frappe ou tu seras frappé ! »

prisonniers de la nation. Neuf mille autres seront ensuite libérés pour fêter la fin du Ramadan en novembre 2004.

D'après ses journaux, Turkmenbachi se sent préoccupé par la traite des femmes, en pleine expansion dans toute l'Asie centrale. Embarquées de force vers les Etats du Golfe, elles sont mises sur le marché de la prostitution. Dans une tentative censée empêcher les femmes turkmènes de devenir les proies de la traite des blanches, il promulgue un édit en novembre 2001 exigeant des étrangers désirant épouser une turkmène de déposer la somme de cinquante mille dollars auprès de la compagnie d'assurance d'État, la raison officielle étant de pourvoir aux besoins des enfants en cas de divorce. Bien que la dote, ou *kalym*, fasse partie du mariage traditionnel en Asie centrale, elle est versée à la famille de la mariée. Ses détracteurs accusent Turkmenbachi d'essayer tout simplement de grossir ses caisses. Le butin extorqué au Turkménistan et placé sur ses comptes personnels à l'étranger est estimé entre 1,4 et 2,5 milliards de dollars.

Dans un décret d'août 2002 Turkmenbachi déclare la guerre au vieillissement. Divisant la vie d'un citoyen en cycle de douze ans, il étend la période de l'adolescence jusqu'à vingt cinq ans et recule l'âge de la vieillesse à quatre vingt cinq ans. Voici d'après Turkmenbachi les dénominations officielles pour chaque tranche d'âge :

0-12 : l'enfance
13-25 : l'adolescence
25-37 : la jeunesse
37-49 : la maturité
49-61 : l'âge prophétique
61-73 : l'âge édifiant
73-85 : la sagesse
85-97 : la vieillesse
97-109 : Oguzkhan (d'après le nom du fondateur mythique de la Nation turkmène).

Bien peu de turkmènes atteindront l'âge de la sagesse, et encore moins l'âge convoité d'Oguzkhan. L'espérance de vie moyenne est de soixante ans pour les hommes et de soixante-cinq ans pour les femmes.

En d'autres occasions Niazov fait fi des sombres perspectives climatiques. En 2001, il crée un lac artificiel de 140 mètres de profondeur et de 3 300 kilomètres carrés au beau milieu du désert de Karakoum, un des endroits les plus chauds de la Terre ; l'eau est drainée à partir d'un fleuve qui se jette dans la mer d'Aral, dévastée par les projets d'irrigation datant de l'ère soviétique. (Je parle du désastre de la mer d'Aral plus longuement dans le chapitre 10). Turkmenbachi annonce sans sourciller que ce projet, s'étalant sur une vingtaine d'années, lancera l'industrie de la pêche turkmène. En février 2006, il ordonne à chaque ministère de planter des arbres qui, selon un discours diffusé sur la chaîne télévisée appartenant à l'État, finiront par former une forêt de cyprès « s'étalant sur mille kilomètres carré ». L'idée étant « d'améliorer le climat turkmène ».

Les Soviétiques construisent des palais de glace au nord de la Russie, au-delà de la limite des neiges éternelles. Les ambitions de Turkmenbachi ne peuvent être limitées par de simples études de faisabilité. « Construisons un palais de glace, ordonne Niazov, en août 2004, suffisamment vaste pour contenir mille personnes. Nos enfants pourront apprendre à skier. Nous pourrons bâtir des cafés et des restaurants ». Il ordonne la construction d'un

DES CRITIQUES AFFIRMENT QUE, POUR RÉDIGER SON RUKHMANA, LE PRÉSIDENT TURKMÈNE NIYAZOV A PLAGIÉ UN PROFESSEUR D'HISTOIRE BRITANNIQUE. D'AUTRES SOURCES AYANT INSPIRÉ LE PETIT LIVRE ROUGE DE TURKMENBACHI SONT PROGRESSIVEMENT RÉVÉLÉES.

LA DÉCISION DE NIYAZOV DE SUPPRIMER LA DOUBLE NATIONALITÉ A INCITÉ LES RESSORTISSANTS RUSSO-TURKMÈNES À S'EXILER. AURAIT-IL, PAR HASARD, PASSÉ TROP DE TEMPS AU CINÉMA ?

DE QUEL DROIT UN HOMME PEUT-IL VIVRE DANS L'OPULENCE PENDANT QUE DES MILLIONS D'AUTRES SOUFFRENT ? PEUT-ÊTRE CETTE IDÉE LUI EST-ELLE VENUE EN REGARDANT UN GRAND CLASSIQUE AVEC DUSTIN HOFFMANN.

SES CONSEILS POUR LE PEUPLE ? ILS LES A TIRÉS DE LA SÉRIE DE BEST-SELLERS : NE VOUS NOYEZ PAS DANS UN VERRE D'EAU**.

* "*Les Russes Arrivent*", film de Norman Jewison (1966). Un sous-marin russe s'échoue près des côtes américaines. Alors que les intentions de l'équipage sont pacifiques, les habitants de la région pensent à une invasion.
** "Don't sweat the small stuff" de Richard Carlson est une série d'ouvrages à succès qui invite à relativiser les tracas de notre vie quotidienne au lieu de les laisser nous stresser et nous démoraliser. Soyons positifs !

vaste aquarium sur le même site. Un téléphérique transportera, sur un parcours assez long, les habitants d'Achgabat sous une chaleur écrasante jusque sur le site à l'étude, près des montagnes de Kopet Dag. La BBC fait remarquer que « les montagnes du Turkménistan sont relativement hautes, mais il est cependant difficile d'imaginer un palais de glace permanent sans aucune aide technique ».

Turkmenbachi espère-t-il une intervention d'un autre type ? « Le Turkménistan est un Etat laïc, dans lequel la religion est séparée du pouvoir », affirme-t-il en 2004. Alors que d'autres dirigeants promettent de ne pas s'immiscer dans les affaires religieuses, Turkmenbachi voit les choses tout à fait autrement. La principale tâche des hommes d'Église est de ne pas intervenir dans les affaires politiques» explique-t-il. Néanmoins, se donnant lui-même le nom de « treizième prophète », Turkmenbachi franchit une limite que les autres despotes d'Asie centrale n'ont pas osé violer : la séparation de la Mosquée et de l'État. Une mosquée de cent millions de dollars est construite en hommage à sa mère dans son village natal de Kipchak, et passe pour être la plus grande d'Asie centrale. Sur ses murs figurent des vers provenant du *Rukhnama* à côté des versets du Coran. « Le Saint *Rukhnama* » écrit le site web officiel turkmène, est « comparable à la Bible et au Coran et doit être utilisé comme guide spirituel, afin d'effacer la complexité et les angoisses de la vie quotidienne ». Il interdit, dès lors, toute construction de futures mosquées, et décrète une loi exigeant des églises orthodoxes russes et des mosquées (les autres religions sont interdites, comme vous l'imaginez, car non turkmènes) qu'elles mettent en évidence et fassent la lecture du *Rukhnama* pendant l'office. Le grand mufti du Turkménistan Nasrullah ibn Ibadullah est condamné à vingt deux ans de prison pour s'être opposé à l'intervention de Turkmenbachi dans les affaires religieuses. Il est aussi accusé d'avoir participé à la tentative d'assassinat de 2002. « Bien peu de chefs sur cette planète ont son audace », confie un ancien diplomate américain connaissant bien le Turkménistan au *San Francisco Chronicle*. « Peu de sphères restent indépendantes des diktats de Turkmenbachi ». Il n'est donc pas surprenant que la plupart des conversations au Turkmenistan tournent autour de Saparmourat Niazov. Quelle va être la prochaine trouvaille de notre dirigeant lunatique ? Où en est le grand lac du désert ? Quand le tome II du *Rukhnama* sera-t-il disponible ? (Bonne nouvelle ! Il vient de sortir !) Que se passerait-il si son coeur venait à lâcher ? (Niazov vit séparé de son fils et de sa fille qui vivent tous les deux à l'étranger. Aucun responsable n'a été, jusqu'à présent, préparé à prendre les rennes du pays, dont la culture est basée sur des affiliations tribales et claniques, lorsque Turkmenbachi ira au ciel pour découvrir le grand palais rose, temple du plaisir. Bien que le pays soit le plus ethniquement homogène de l'Asie centrale, quatre vingt un pour cent de ses habitants sont turkmènes, beaucoup d'observateurs s'attendent à ce qu'il soit dévasté par une guerre civile engendrée par des rivalités claniques). L'obsession liée au Turkmenbachi atteint des proportions vertigineuses avec la crise des cheveux de 2000-2004.

Jusqu'à l'été 2000, les portraits officiels de Turkmenbachi montrent sa chevelure abondante et teinte, lorsqu'un désir de naturel incite le président à vie à laisser pousser ses

Bien que le Turkménistan soit le premier fabricant au monde de tapis orientaux tissés à la main, l'exportation de ces tapis est quasiment impossible à cause de restrictions draconiennes de la part de l'Etat. Les vendeurs écoeurés disent que les taxes et les pots-de-vin excèdent de loin le prix du tapis lui-même.

cheveux gris pour avoir la même tête que sur les billets de banque, conçus plus tôt, avant que Turkmenbachi ne commence à se teindre les cheveux. Pendant plusieurs mois, l'homme que l'on voit apparaître à la télévision jour et nuit, semble singulièrement différent de son image largement diffusée. On aurait normalement dû modifier sa coloration sur les panneaux mais les fonctionnaires turkmènes agissent prudemment. Turkmenbachi préfère laisser les affiches telles quelles, » m'informe un rédacteur en chef d'un journal contrôlé par l'État. « Nous ne les changerons pas tant qu'il ne nous en aura pas parlé ». Un fonctionnaire du ministère des affaires étrangères a une explication plus prosaïque pour le problème de couleur. Les grandes affiches coûtent trop chères pour qu'on puisse les changer » explique-t-il. « Nous attendrons de voir s'il tient vraiment à sa nouvelle couleur de cheveux ».

Le ministère des affaires étrangères se révèle visionnaire. Après quelques années, la couleur noire des cheveux du président n'est toujours pas modifiée : les affiches sont alors retirées. On descend le portrait géant placé à l'entrée de l'aéroport international de Saparmourat Turkmenbachi. Même chose pour la peinture murale se trouvant à l'entrée de la ville portuaire de Turkmenbachi. Puis en 2004, Turkmenbachi agit de manière inconcevable : il se teint de nouveau les cheveux. Cette fois, les responsables passent par la voie officielle pour s'enquérir des instructions à suivre. On leur répond d'actualiser les affiches et c'est ce qu'ils font. Heureusement un responsable rusé de la propagande a gardé toutes les affiches des années 1990 dans un entrepôt du gouvernement, car elles auraient dû par la suite être stockées aux Archives Nationales Turkmenbachi. On ressort les anciennes affiches pour en refaire des neuves et tout le monde peut à nouveau respirer.

La facette de loin la plus ridicule mais néanmoins la moins remarquée du culte de Turkmenbachi est son absence totale de charisme esthétique. Vous direz ce que vous voudrez des charniers de Saddam Hussein et de l'attaque non provoquée de l'Iran, le dictateur iraquien joue, à l'époque de son règne, de son image de gangster de manière fascinante. Qui peut alors douter, lorsqu'il se fait filmer en train de tirer en l'air d'une main, tout en portant un chapeau digne des membres de la mafia dans un film noir des années quarante, qu'il est L'Homme ? Hitler, Staline, Idi Amin Dada, Moammar Khadafi, Fidel Castro sont tous de grands dictateurs possédant un style et du panache. Niazov, quant à lui, ressemble à un cadre d'une compagnie pétrolière, légèrement enrobé, engoncé dans un costume tout juste sorti de l'étagère, après de nombreux déjeuners trop arrosés. Certains comparent ce dirigeant potelé à un mexicain 'has been' des séries B. Le regard vide et les traits du visage totalement dénués de caractère, complètent l'impression générale laissée par cet homme qui a eu la chance de se trouver au bon endroit , au bon moment. Un gars comme ça peut facilement devenir un ministre de haut rang dans une technocratie européenne, mais comment a-t-il pu devenir le dictateur d'une Nation dont la culture turque traditionnelle s'appuie sur la loyauté à un chef charismatique ?

Étant iranien mon ami Jay n'est peut-être pas le meilleur juge quant au caractère national turkmène. « Regarde-moi toute cette bêtise ! », vocifère-t-il sur un ton sarcastique, tandis que nous passons devant un autre ministère orné du portrait de Turkmenbachi. « Les turkmènes sont stupides ; ils aiment toute cette histoire de Chef du désert. Nous, les Perses, sommes civilisés et trouvons ça insupportable ». New York est à l'Iran ce que New Jersey est au Turkménistan. Jay se trompe quand il pense que les Turkmènes sont stupides. Néanmoins on ne peut s'empêcher de se demander comment ce peuple peut tolérer une manière de gouverner aussi stupide. Un turkmène d'une quarantaine d'années regarde et commente (genre psy de comptoir) la manifestation de style soviétique, célébrant le dixième anniversaire de l'indépendance consacrée à Vous Savez Qui. « Il n'a pas été assez aimé lorsqu'il était enfant, » s'exclame-t-il. « C'est pour ça qu'il a tant besoin d'attention maintenant ».

Niazov s'inquiète, lui, de la bêtise des gens. « Les gars, ne tolérez aucune erreur dans votre secteur d'activité » conseille-t-il à son cabinet le 16 mars 2006. « Débarrassez-vous des idiots. Et prenez des gens intelligents (pour remplacer les crétins). Si nous ne le faisons pas nous friserons la catastrophe tôt ou tard. Si un incompétent parvenait à [un poste de pouvoir], cela pourrait ébranler les fondations de notre gouvernement ».

Ce serait bête.

Plongé dans toutes ces solennités et cette frivolité, il est aisé d'oublier que le Turkménistan est une tragédie nationale, un pays dans lequel la grande majorité de la population vit dans une pauvreté abjecte car un monstre, peut-être comique mais néanmoins un monstre, leur vole leur patrimoine national. On estime à vingt cinq pour cent, la population adulte du Turkménistan sans emploi. Beaucoup d'autres n'ont qu'un temps partiel ou se débrouillent en travaillant un petit lopin de terre, comme voleur à la tire ou trafiquant de drogues. (La chute des Talibans a relancé le trafic d'opium dans le sud du Turkménistan, à destination d'Amsterdam et d'autres capitales européennes, avec une forte augmentation de la demande en héroïne). Le Turkménistan devrait exporter de dix à cinquante fois plus de gaz naturel qu'aujourd'hui, mais puisque Turkmenbachi vole pratiquement tout ce qui vient du sol, il ne ressent pas vraiment d'urgence à étudier d'autres itinéraires d'oléoducs qui permettraient d'améliorer la vie de la population. Il n'a pas non plus réussi à exploiter la part du butin pétrolier qui revenait à son pays en mer Caspienne.

Une alternative, relativement viable, au projet d'oléoducs afghan et iranien impliquerait l'Azerbaïdjan, mais Turkmenbachi est régulièrement en conflit pour des raisons

TURKMENISTAN

Capitale : Achgabat
Forme de gouvernement : dictature
Dirigeant : Président à vie Saparmourat Atayevich Niazov (né le 1940), également connu sous le nom de Saparmourat Turkmenbachi Le Grand, ou Turkmenbachi
Population (juillet 2005) : 4 952 081
Groupes ethniques majeurs principaux (2003) :
Turkmène 85 %
Ouzbek 5 %
Russe 4 %
Surface (kilomètres carré) : 488 098
(un peu plus petit que la France)
Géographie : « un désert de sable plat et vallonné dont les dunes sont nettement plus hautes au sud ; des montagnes de faible altitude du côté de la frontière avec l'Iran ; frontière avec la mer Caspienne à l'ouest »
Devise / Taux de change (2008) : 1 Euro = 20 115 manats (officiellement 7 600)
Réserves pétrolières (avérées) : 546 millions de barils
Réserves en gaz naturel (avérées) : 2,9 billions mètres cube
Chose la plus sympa au Turkménistan : le bazar Tolkouchka en dehors d'Achgabat, le plus grand et le meilleur marché à ciel ouvert d'Asie centrale, voire du monde
La pire chose au Turkménistan : la milice
Le meilleur moyen de se faire jeter en prison : menacer ou insulter des officiels
Revenu annuel par personne : 1 440 dollars
Taux de chômage : 60 %
Espérance de vie : 61 ans

Abritant les déserts les plus chauds, ce coin perdu poussiéreux et brûlant est un mélange à part égales de Moyen Orient, de la Perse et d'Asie centrale, ce qui ajoute encore au surréalisme de son étrange situation politique. Habitant sur les probables itinéraires de futurs oléoducs en direction des vastes réserves pétrolières inexploitées du Kazakhstan et de ses propres réserves massives de gaz naturel, les Turkmènes devraient jouir d'un des plus hauts niveaux de vie d'Asie centrale. Au lieu de cela ils souffrent d'une pauvreté écrasante tandis que leur prétentieux dictateur Sapamourat Niazov, qui s'est lui-même rebaptisé Turkmenbachi, père de tous les Turkmènes, se fait construire des palais kitsch et transfère méthodiquement la richesse de son pays sur des comptes secrets à l'étranger. Alors que des panneaux « Halk ! Watan ! Turkmenbachi ! » jaillissent un peu partout dans le pays, les Turkmènes ont tout de même réussi à se battre et à conserver leur culture équestre et nomade à l'extérieur d'une Achgabat endormie, dont le sommeil est seulement brisé par la police militaire lorsqu'elle bloque les rues de la ville au moindre mouvement du successeur de Turkmenbachi. Non seulement le Turkménistan nous offre l'opportunité d'observer la folie d'une dictature inégalée, excepté en Corée du Nord ; ce pays dévoile aussi aux étrangers ses trésors historiques : les ruines de Nisa, capitale parthe, Merv, oasis située sur la Route de la Soie, ainsi que l'occasion pour les plus téméraires de survoler en deltaplane les canyons abrupts des provinces septentrionales du pays. Alors que j'écris ces lignes, le Turkménistan se referme sur lui-même presque autant que l'Afghanistan sous les Talibans. Berdimuhammedov, qui a pris le pouvoir en 2007, a promis une certaine libéralisation tout en maintenant un régime autocratique.

stupides avec ses voisins de la Caspienne. Cette tendance à ne rien entreprendre se propage dans tous les secteurs de l'économie turkmène. Par exemple, le Turkménistan est le fabriquant de tapis orientaux tissés à la main le plus important au monde. Pourtant, exporter ces tapis est pour ainsi dire mission impossible. Les touristes ne peuvent acheter que des tapis flambants neufs (ceux fabriqués avant 2001 sont considérés comme « antiquités ») et seulement s'ils veulent bien les apporter au ministère de la culture à Achgabat qui n'est ouvert que deux heures par jour, un après midi sur deux. Des exportateurs écoeurés disent que les frais d'exportation et les pots-de-vin excèdent généralement le prix du tapis lui-même. Les tapis restent ainsi au Turkménistan, mis en vente au prix local pour des gens qui n'ont pas les moyens de les acheter ou confisqués par la douane à l'aéroport lorsque des touristes essayent d'en emporter illégalement.

Le problème du Turkménistan est simple : Turkmenbachi détourne les bénéfices liés au gaz et au pétrole pour son propre compte. Or cet argent est le seul espoir d'améliorer le niveau de vie de la population. Et ce qu'il ne dilapide pas est inutilement dépensé dans des projets ridicules qui ne profitent à personne. Niazov prétexte des insuffisances budgétaires pour licencier quinze mille infirmières et docteurs, travaillant dans des hôpitaux assiégés et des cliniques. Quelques mois plus tard, Niazov dévoile un autre projet de construction délirant, onéreux et inutile. Reuters rapporte en 2004 : « Le président autocrate du Turkménistan a inauguré un nouveau centre de loisirs remarquable lundi dernier, comprenant une piscine, dotée de la climatisation, d'une infrastructure médicale, tout cela destiné aux chevaux. Le président à vie Saparmourat Niazov a fait visiter aux diplomates étrangers ce vaste complexe de quinze millions de dollars comprenant un théâtre ouvert, un hippodrome et des écuries climatisés à l'abri de la chaleur brûlante du désert. »

À moins d'une tentative d'assassinat réussie ou d'un coup d'Etat, il est difficile de concevoir un changement de situation sans une intervention militaire extérieure, évolution peu probable, encore plus improbable depuis les attentats du 11 septembre 2001. Comme l'écrit Rachel Dember du mouvement Human Rights Watch en 2002 : « Les réserves massives de gaz naturelles du Turkménistan empêchaient autrefois les États-Unis de le considérer comme n'importe quel autre régime despotique. Lorsque la politique économique catastrophique de Niazov et sa dilapidation des biens de l'État obligent les États-Unis à suspendre leurs projets d'oléoduc à grande échelle, la politique étrangère américaine oublie purement et simplement le pays. Puis, après le 11 septembre, le Turkménistan devient un allié dans la lutte contre le terrorisme, et permet à l'aide humanitaire de traverser ses postes frontières avec l'Afghanistan (cette frontière s'étend sur sept cent quarante quatre kilomètres). Il n'autorise guère plus. » Les États-Unis ne s'inquiètent pas de la souffrance éprouvée par le peuple turkmène sous la présidence oppressante de Niazov.

Puis deux semaines après le soulèvement qui renverse le président kirghiz Askar Akaïev, Turkmenbachi stupéfie le monde entier.

« Nous pouvons sans problème organiser des élections présidentielles en 2008 sur une large base démocratique afin que les gens puissent faire leur choix, » déclare Niazov à son cabinet le 8 avril 2005. Niant avoir pris peur suite aux évènements kirghiz, et annonçant que le Turkménistan est désormais prêt pour des élections multipartites, il prétend que « la destinée du pays ne devrait pas dépendre d'une seule personne, et qu'il faut bien partir, tôt ou tard ». Turkmenbachi, on ne vous connaissait pas ainsi !

En écho à 1999 cependant, les médias publics turkmènes ont rapidement annoncé que des élections se tiendraient en 2009 et non en 2008. Ils ajoutent que le Conseil du peuple a alors supplié Tukmenbachi de rester président à vie. Celui-ci promet de soigneusement réfléchir à cette demande.

P.S. : Turkmenbachi est victime d'une crise cardiaque le 20 décembre 2006. Le président par intérim Gurbanguly Mälikgulyyevic Berdimuhammedov organise un « coup de palais » afin de prendre le pouvoir, et se fait élire président le 14 février 2007. Bien qu'il ait libéralisé quelques décrets, il s'est engagé à poursuivre la politique de Turkmenbachi.

Barrages de police en folie

> *Une série d'attentats-suicide... s'est produit après une série d'explosions et d'attaques contre des barrages de police à Tachkent et dans la ville de Boukhara entre le 28 mars et le 1er avril. Plus de 40 personnes ont trouvé la mort, principalement des policiers et des assaillants présumés.*
>
> Amnesty International 2004

Alors que la police militaire fait signe à notre bus de se ranger pour la énième fois, quelque part entre Boukhara et Samarkand, un des 23 participants au circuit style *Survivor* que j'avais organisé avec Radio KF1 en Asie centrale prend la parole. « Tout ça va changer lorsque ces pays seront devenus des démocraties », annonce-t-il. « Les barrages de police vont disparaître et les gens pourront aller où bon leur semble sans se faire harceler ».

À ce moment là, je ne suis pas d'accord. « Je ne pense pas que l'Ouzbékistan se mettra à ressembler aux États-Unis mais les États-Unis risquent de bientôt ressembler à l'Ouzbékistan ». Treize mois après ce débat politique de comptoir dans un bus, 19 hommes détournent 4 avions de ligne dont trois s'écrasent sur le World Trade Center et sur le Pentagone. Beaucoup de gens s'attendent à une sécurité renforcée dans les aéroports. Les barrages de police sont une surprise.

Les avenues en direction du sud de Manhattan sont bloquées au niveau de la 14e rue par des soldats de la garde nationale inexpérimentés portant des armes automatiques presque aussi grandes qu'eux. D'autres réservistes commencent à rôder dans les aéroports et les terminaux de bus. Seules les personnes pouvant prouver qu'elles habitent bien dans la zone que nous avons surnommée la « Zone de Quarantaine des Arachnides », en référence au film *Straship Troopers*, sont autorisées à circuler. Au bout de quelques semaines, cette zone est déplacée vers le sud jusqu'à Canal Street, plus proche, mais encore ridiculement éloignée de Ground Zero. Les accès aux ponts et aux tunnels hébergent des barrages permanents gardés par des policiers bien armés, des soldats de la garde nationale et des officiers appartenant au Département de la Sécurité Nationale nouvellement créé. La Transit Authority* va même jusqu'à construire une cabine dans la première station de métro de Brooklyn, sur la ligne L, où de malheureux flics sont postés 24 heures sur 24 afin de s'assurer que de méchants jihadistes n'entrent pas dans le tunnel pour poser des bombes sous l'East River. La ville de New York démantèle ses boîtes à flics à la suite de coupes budgétaires en 2006.

Les barrages de police poussent comme des champignons dans tout le pays, la plupart ayant peu ou rien à voir avec la guerre contre le terrorisme, (GWOT en langage politique américain, *Global War On Terrorism*).

---

*New York City Transit Authority est un organisme qui exploite les réseaux de transport publics de la ville.

Les autoroutes proches des frontières avec le Canada et le Mexique sont alors bloquées pour contrôler le trafic de drogue et l'immigration illégale. Les contrôles du taux d'alcoolémie effectués au hasard datent d'avant les attaques du 11 septembre ; mais à partir de cette date, ils se multiplient de manière exponentielle.

Les barrages de police sont un moyen tout à fait inefficace de chasser les terroristes et autres génies du mal ; les ennemis de l'État les plus rusés empruntent d'autres voies, cachent les preuves pouvant les incriminer loin de chez eux et leurs papiers défient tout examen de routine. Les mesures de sécurité ne sont qu'une ruse. Les barrages de police ont réellement deux objectifs. Dans une démocratie ils apportent une fausse impression de sécurité aux citoyens angoissés, créant ainsi l'illusion apaisante que le gouvernement les protège. Les régimes autocratiques les utilisent afin de contrôler leur population, de rappeler que les déplacements sont un tracas et coûtent cher et enfin que le gouvernement les surveille en permanence. Les pays démocratiques se mettant à adopter ces pratiques autoritaires, (détentions arbitraires, perquisitions sans mandats et saisies, camps de concentration), les barrages de police commencent à servir davantage le deuxième objectif que le premier.

Comme dans la plupart des anciennes républiques soviétiques, vous tomberez sur des barrages de police dans toutes les républiques d'Asie centrale. C'est en Ouzbékistan qu'on en trouve le plus ; où que l'on se trouve, il est rare de faire plus de 20 km sans croiser un milicien vous faisant signe de vous arrêter avec son bâton. C'est au Kirghizistan qu'il y en a le moins. Les autorités arrêtent parfois les voitures pour vérifier les papiers des occupants, tel que le passeport intérieur soviétique encore en vigueur, en dehors des villes principales de Bichkek ou Tokmak, mais elles ne le font en général que la nuit et bien souvent sans demander de pots-de-vin. Le Turkménistan, le Kazakhstan et le Tadjikistan postent leur *militsia* aux frontières et aux abords des villes. Des barrages de police supplémentaires sont installés près des parcs nationaux, des sites historiques et dans les régions militairement sensibles : la base ouzbek de Termiz où les Soviétiques ont construit le Pont de l'Amitié afin d'envahir l'Afghanistan et le Cosmodrome de Baïkonour, base de lancement spatiale active dans l'ouest du Kazakhstan. Aux frontières entre les républiques d'Asie centrale, par exemple, vous devez franchir au moins trois ou quatre barrages de police. D'autres passages de frontières sont encore pires : j'ai compté neuf barrages, dont cinq du côté kirghiz, lorsque de mon passage à la frontière avec la Chine au col de Torugart. (Cette frontière est ouverte uniquement le vendredi matin de neuf heures à midi).

Le succès des Talibans en Afghanistan est en grande partie dû au mécontentement public quant aux barrages de police. Les seigneurs de la guerre régionaux et les commandants militaires locaux en ont installé dans tout le pays, et même sur les petits chemins de terre reliant de tout petits hameaux. Ceux qui tentent de traverser la frontière, à pied ou en voiture, se font voler, violer et parfois même assassiner par des soldats fonçant sur leur proie tels des rapaces. Selon la tradition talibane, le mollah Omar emmène les étudiants de sa madrasa dans une attaque mortelle contre un poste de contrôle où une femme de trop a été violée. Cette action d'autodéfense inspire d'autres groupes à s'approprier la nuit et conduit à l'émergence d'une milice talibane qui dirigera le pays de 1996 à 2001, ça et puis bien sûr, les millions de dollars en armes et en argent introduits dans le pays par la CIA via les services secrets du Pakistan. Les Talibans ont trouvé leur plus grande aide financière auprès des routiers turkmènes et pakistanais, qui pour la première fois de l'histoire, peuvent traverser tout l'Afghanistan sans rencontrer un seul poste de contrôle, ni avoir de

Champs de mines et fortifications marquent la frontière entre la Chine et l'ancienne république soviétique du Kirghizistan.

patte à graisser. Les points de contrôle afghans (nouveaux théâtres de viols et de meurtres) sont rétablis après l'invasion des États-Unis d'octobre à décembre 2001.

Officiellement, les automobilistes et passagers de bus en possession de papiers d'identité à jour n'ont rien à craindre si ce n'est de perdre quelques minutes lors d'un contrôle. On présente sa carte d'identité (ou pour les étrangers et les locaux se rendant à l'étranger, un passeport). Chaque visa ou permis spécial est alors dûment vérifié. En réalité, les barrages de police offrent aux flics rendus méchants par l'alcool et corrompus jusqu'à la moelle, l'opportunité de racketter les voyageurs, jubilant comme de grands requins blancs dépeçant un phoque. Un trajet de cent kilomètres de route, qui ne devrait prendre que deux heures, peut devenir une épreuve de 24 heures, lorsque la police négocie le prix du « péage » en utilisant diverses stratégies, allant de l'intimidation physique jusqu'aux regards appuyés vers la cellule qui tend les bras au visiteur. Les conducteurs de camion et de bus ont rationalisé le système : ils ont une boîte contenant tous les pots-de-vin nécessaires au trajet, attachés avec des trombones et rangés par ordre chronologique, qu'ils donnent au fur et à mesure du voyage à chaque contrôle par la fenêtre sans même dire 'bonjour'. (Les miliciens considèrent que les passagers des bus qui respirent les gaz d'échappement non filtrés et qui sont coincés au fond d'un piège à rats datant de l'ère soviétique, sont trop pauvres pour que l'on se décarcasse à les voler). Les étrangers et les hommes d'affaire, quant à eux, sont toujours mis à contribution de centaines de dollars pour obtenir le droit de voyager un peu plus loin.

La nuit est le pire moment pour négocier avec la milice, invariablement imbibée de vodka à un dollar la bouteille. Et étrangement, l'horaire des cars semble apparemment être

Des journalistes retenus à un poste de contrôle marquant l'entrée de la zone de sécurité spéciale du Tadjikistan le long de la frontière afghane à l'automne 2001.

prévus pour un passage des frontières internationales en pleine nuit.

Chaque *militsia* a sa spécialité. Les Kirghiz et les Tadjiks se contentent de menus cadeaux : simple cigarette ou stylo. Les polices ouzbek et turkmène sont voraces au point que tout déplacement entre les deux pays est devenu pratiquement impossible. Étant donné que le commerce est la principale source de revenu dans les steppes, la corruption a ramené des économies déjà chancelantes au point mort. En 2004, des Ouzbeks désespérés ont recours à la forme de résistance politique la plus extrême qu'il soit : les attentats-suicide. Après que des douzaines d'Ouzbeks se sont fait exploser aux barrages de police de la milice, Ermer Islamov s'exprime sur *EurasiaNet* : « les Ouzbeks ont de plus en plus tendance à penser que ces attaques se produisent en représailles contre des forces de police avides. Un fait étaye cette opinion : la plupart des attaques prennent pour cibles des policiers et non les bâtiments officiels ou autres installations stratégiques. Nombre d'Ouzbeks fulminent contre la corruption et l'arbitraire des agents de sécurité de l'État. Sur les marchés ouzbeks, la brutalité policière s'exprime chaque jour. Ce correspondant se trouve sur le bazar Chorsu de Tachkent depuis peu, observant les exactions policières à l'encontre des vendeurs qui, pour beaucoup travaillent illégalement, afin d'échapper à ce qui se rapproche davantage à un racket qu'à une imposition d'État raisonnée. Tout cela a lieu au grand jour. Un incident particulièrement troublant : un policier donne de sévères coups de pied à une vieille femme qui ne s'est pas écartée assez vite pour le laisser passer. Ce bazar de Chorsu est le théâtre de deux attentats-suicide le 29 mars.

Les Kazakhs utilisent des caniches à l'air tout à fait inoffensif (mais ne vous y trompez pas, ils sont féroces) pour flairer la drogue. La marijuana pousse comme du chiendent le long des routes, mais la peine encourue si l'on en trouve sur vous s'élève à 10 ans de travaux forcés, ce qui de fait, équivaut dans pratiquement tous les cas à une condamnation à mort. Autre exemple, la *militsia* est littéralement obsédée par la précision avec laquelle vous remplissez vos formulaires de demandes de devises

Les voyageurs entrant sur le territoire de l'ancienne Union soviétique doivent déclarer le montant des devises qu'ils apportent avec eux : manats turkmènes, tenges kazakhs, euros, dollars américains... La douane garde une copie de votre déclaration, vous en gardez un double dans votre passeport. Lorsque vous quittez le territoire vous devez remettre cette copie accompagnée des justificatifs de toutes vos dépenses. Certains agents de police insatiables incitent les touristes à ne pas déclarer tout leur argent liquide, mais au Kazakhstan, suivre leurs conseils est une bien mauvaise idée. Alors que les Turkmènes et les Ouzbeks ont rarement recours à la fouille corporelle, les Kazakhs vous déshabilleront complètement pour trouver le moindre penny. Si le total est en conformité avec votre déclaration vous êtes libres de partir, avec ce qui vous reste. Mais si l'on découvre sur vous la moindre somme dépassant celle indiquée sur votre déclaration, et même si vous êtes prêts à déclarer davantage, ils gardent tout. Les vétérans du passage de la frontière kazakhe recomptent au moins cinq fois ce qu'ils ont en poche avant de franchir la frontière.

Comment se déroule ce racket ? C'est une routine bien rôdée. Inspectant les papiers d'un pigeon en perspective, le policier déclare qu'ils ne sont pas en règle. Le visa a expiré ; il faut une permission spéciale du ministère des affaires étrangères. Où est-elle ? Une permission supplémentaire obtenue par des hommes d'État bien placés peut vous tirer d'affaire. Le fait d'être journaliste peut aider à limiter les dégâts. Un jour, la situation semblant si désespérée (la frontière entre l'Ouzbékistan et le Kazakhstan est, à cette époque-là, fermée en raison d'un conflit frontalier), je décide d'embaucher un lieutenant de la *militsia* comme passager afin de passer sans encombre devant ses subalternes avides. Vous n'avez rien d'autres dans votre chapeau ? Alors c'est le moment de négocier.

Le flic demandera si vous avez un *problema*, non pas qu'il soit en mesure de le résoudre mais il peut l'ignorer contre quelques billets. Si vous êtes comme moi, la première fois qu'un flic vous abordera de la sorte, vous aurez envie de le tuer. Surtout, n'en faites rien !

En fait, la meilleure manière d'approcher un poste de contrôle quand on vous fait signe de vous arrêter est de sourire de toute votre denture. Sortez de votre véhicule, marchez vers le policier et serrez-lui chaleureusement la main. N'oubliez pas, il est resté assis au soleil toute la journée. Il s'ennuie mortellement. Quelques plaisanteries, une Marlboro... Allez, gardez le paquet..., montrez que vous connaissez la chanson. Ça montre qu'on ne vous intimide pas facilement et, malheureusement pour lui, que vous n'êtes pas du tout pressé. Être pressé, ou encore pire avoir l'air pressé est la plus grosse erreur qu'un Occidental puisse commettre à un poste de contrôle. Vous allez rater le train qui ne passe que deux fois par semaine ? Et alors ! Le temps est tout ce que vous possédez, et vous avez certainement plus de temps que d'argent. Et puis merde, il fait si bon d'être ici avec votre nouveau meilleur ami, que vous pourriez vous y installer.

Traînez 20 ou 30 minutes, regardez le paysage. Baillez ostensiblement. L'approche d'un autre véhicule est le moment propice pour décamper. Mettez l'équivalent local de 25 ou 50 cents dans votre main, les dollars sont signe de richesse et donc de vulnérabilité, et serrez-lui encore la main amicalement. Puis partez. Le fait est qu'après avoir perçu votre dîme, il portera son attention sur sa nouvelle proie, euh, pardon, sur les nouveaux arrivants. Payer une petite somme démontre aussi que vous connaissez les tarifs et n'avez pas l'intention de payer plus.

AFGHANISTAN

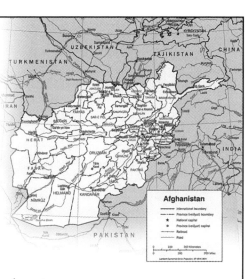

Capitale : Kaboul
Type de gouvernement : occupation américaine (à Kaboul et dans quelques provinces au nord et à l'est) ; seigneurs de la guerre de l'Alliance du Nord (à l'ouest) ; les Talibans (au sud).
Nom du soi-disant dirigeant : Président Hamid Karzai (à Kaboul aux environs) (né en 1957).
Population (juillet 2005) : 29 928 987
Groupes ethniques principaux : Pachtounes 42 % ; Tadjiks 27 % ; Hazaras 9 % ; Ouzbeks 9 % ; Aimaks 4 % ; Turkmènes 3 % ; Baluchs 2 %.
Surface : 650 000 km2
Un peu plus grand que la France, la Belgique et la Suisse réunies.
Géographie : « paysage de montagnes aux contours déchiquetés ; des plaines au nord et dans le sud ouest. »
Devise/taux de change (2008) : 1 euro = 50 afghanis
Réserves de pétrole (officiellement répertoriée) : 15,7 billions de m3
Le truc le plus cool en Afghanistan : un peuple généreux qui vous donnerait sa chemise et vous protégerait au péril de sa vie.
Le truc le moins cool en Afghanistan : les tueurs sans pitié.
Le meilleur moyen de se faire jeter en prison : agiter une bible.
Revenu annuel par personne : 0 (oui, zéro).
Taux de chômage : 40 % (officiellement ; dans la réalité, le taux se rapproche davantage de 95 %).
Espérance de vie : 43 ans.

On a d'abord conçu l'Afghanistan comme un Etat tampon entre le Raj britannique en Inde, le Pakistan actuel et la Russie tsariste. Ce legs historique a donné naissance à une Nation, dont le mélange ethnique hétérogène de tribus n'a pu être unifié que par la force des armes, et plus récemment par les Talibans, qui ont réussi à contrôler 95 % du pays en faisant appel à un Islamisme local et en éradiquant toute opposition potentielle. L'histoire de l'Afghanistan, champ de bataille et cimetière des envahisseurs, continue avec la résistance talibane face à l'occupation américaine. Le nord de l'Afghanistan fait partie de l'Asie centrale d'un point de vue géologique, topographique et culturel ; le sud dominé par les Pachtounes autour de Kandahar fait davantage partie du sud de l'Asie. Mazar-i-Charif, ville située au nord-est ouzbek, tandis que les provinces du nord-est de Takhar et Badakhchan sont tadjiks (aussi appelés Daris). L'alliance du Nord a reçu des armes et autres provisions de la Russie pendant la guerre civile des années 90. Un pipeline pour le pétrole et le gaz naturel, qui s'est alternativement appelé le Turkménistan-Afghanistan-Pakistan, ou l'oléoduc Trans-Afghanistan (l'un ou l'autre ayant la même abréviation en anglais : TAP), a été conçu durant la période de pouvoir des Talibans par des compagnies pétrolières occidentales, pour ralier Herat au sud-est, Kandahar puis la frontière du Pakistan et atteindre un port sur la mer d'Arabie. Le projet a été relancé durant l'invasion américaine de 2001 et est ajourd'hui en construction. Le 14 mars 2006, le US Geological Survey annonce que les bassins Afghan-Tadjik et Amu Darya d'Afghanistan, pays dont l'intérêt jusqu'à alors est de permettre la circulation du gaz turkmène et du pétrole kazakh, renferme « 18 fois plus de pétrole et trois fois plus de ressources de gaz naturel que ce que l'on avait imaginé. »

Il y a des années de cela, un an après avoir quitté la fac, nous, mon ami et moi, nous sommes fait agresser par 4 adolescents dans une station de métro de Harlem. Nous sommes sur le point de leur filer nos portefeuilles lorsqu'en regardant leurs mains nous comprenons qu'ils ne sont pas armés. Nous leur mettons un coup de poing dans le ventre et nous nous sommes enfuis. L'oppression est psychologique : personne ne peut vous opprimer sans votre coopération. À son échelle la plus microscopique, l'agression s'appuie plus sur la surprise et l'intimidation que sur la force.

Les cas de policiers pointant leur arme sur leur proie et de fouilles au corps sont avérés en Asie centrale. Mais ils sont rares. Dans 99% des cas, la milice vous emmènera dans un endroit isolé, un poste de garde ou la pièce du fond du poste de police. Ils exigeront que vous leur remettiez votre passeport et refuseront de vous le rendre tant que vous n'aurez pas accepté de leur faire un « cadeau ». Ils ne vous toucheront probablement pas, mais les choses peuvent mal tourner.

Lors de mon premier voyage en Asie centrale en 1997, la milice vient me chercher alors que je fais la queue pour acheter un billet de train à la gare dans la ville frontière de Charjou (renommée depuis Turkmenbat) au Turkménistan. Ils me confisquent mon passeport, prétextant un « *problème* » et me font attendre sur un banc tandis que notre train part pour Achgabat, sans nous. Le train suivant passe trois jours plus tard. Ce retard me permet un petit extra, un voyage en Iran que je souhaite alors faire depuis longtemps et m'oblige à sortir 700 dollars pour un billet d'avion dont je n'aurais normalement pas eu besoin. Je lutte contre un désir irrépressible de casser la figure à ce connard, ce que je n'aurais alors aucun mal à faire au vu de nos tailles respectives, au risque de croupir dans l'une des prisons abjectes du Turkmenbachi Saparmourat Niazov pour le restant de mes jours.

Caveat porcor

Qu'ils soient riches ou pauvres, musulmans ruraux ou athées urbains, tous ceux qui habitent l'ex Union soviétique détestent la *militsia*. « Enfoirés de poulets » est habituellement la réponse qu'on obtient dès qu'on mentionne la police. Les rues se vident dès qu'ils surgissent ; les gens sont ravis quand l'un d'eux se fait descendre. Tous s'accordent à dire qu'ils sont le rebut de la société, y compris les hauts fonctionnaires et les officiers qui les commandent. La raison de ce mépris universel est simple : non seulement les policiers refusent de chercher et d'arrêter les criminels, mais les criminels, ce sont EUX.

Ils installent des barrages de police dont le seul but est d'extorquer des pots-de-vin auprès des automobilistes et des piétons. « *Problema* » est leur cri de guerre, payer à contrecœur est le seul recours de leurs victimes. Les commerçants, les étudiants et même les dirigeants religieux sont des pigeons à plumer pour ces voyous officiels. Personne, excepté les conducteurs de voitures officielles, n'y échappe. Des jours passent avant que les corps des victimes de bandes kazakhs affiliées aux Russes ne soient ôtés des trottoirs. Nul n'appelle la *militsia*, elle arrêterait la personne ayant appelé, après l'avoir dépouillée, elle et ses voisins.

Nom fourre-tout qui désigne toute une série d'organisations gouvernementales théoriquement censées faire appliquer la loi, la *militsia* (aussi appelée *politsia*), est une survivance du système mis en place par les bolcheviques après la révolution de 1917, afin de distinguer ce nouveau service d'ordre du précédent qu'était la police tsariste. La Milice des Paysans et Travailleurs de l'URSS conserve son abréviation de *militsia* après un changement de nom et un transfert de pouvoir vers le ministère des affaires intérieures (MVD) qui non seulement contrôle la police officielle dans chaque ancienne république soviétique mais également leurs fonctionnaires responsables de la circulation, des douanes et du contrôle des passeports. Contrairement aux polices des démocraties occidentales qui sont dirigées par des chefs élus ou nommés, la *militsia* s'organise selon une structure hiérarchique militaire, chapeautée par un général. Il y a une certaine analogie entre cette milice et la garde nationale américaine, qui entre en action sur le territoire américain lors de situations exceptionnelles. Les policiers sont appelés *militsioner*, ou encore *ment* ou *musor* ('racaille' ou 'rebut') en fonction des variantes d'argot locales.

La *militsia* russe souhaite alors tant conquérir les cœurs et gagner les esprits qu'elle contacte les agences en relations publiques McCann Erickson et BBDO afin de lancer une campagne publicitaire agressive pour améliorer son image. « Cette force armée a la réputation d'être violente et de racketter les citoyens en parfaite impunité et il sera peut-être impossible de remédier à la situation » peut-on lire dans le journal britannique *The Independent* en 2003. « Les passages à tabac sont monnaie courante dans les commissariats et l'on sait que les policiers louent leurs services à des groupes mafieux, quand ils ne sont pas en service. Lors de contrôle aux stations de métro et dans les rues, les policiers repèrent les Russes de la région du Caucase, comme la Tchétchénie et les soumettent à des interrogatoires et des vérifications de papiers à répétition, ouvrant ainsi la porte à des accusations de racisme. Il y a quelques mois de cela, une étude réalisée par l'agence de sondage VTsIOMa a montré que seuls 10 % des Russes interrogés estimaient que la *militsia* méritait leur confiance ».

« On se représente la milice comme un groupe d'individus corrompus, qui se comportent mal et sont impliqués dans nombre de choses négatives, » déclare, à l'époque, Alexander Mozhaev, directeur de l'agence McCann Erickson de Russie, à *The Independent*.

Le relookeur d'image le plus pointu de Madison Avenue aurait encore moins de matière sur laquelle travailler s'il avait à améliorer l'image des *militsias* des républiques d'Asie centrale dont les membres sont corrompus jusqu'au dernier, au moins en partie parce que leurs gouvernements sous-traitent leur salaire. « Une pratique courante au Kazakhstan », écrit Robert Kangas, « consiste pour les miliciens à arrêter un automobiliste et lui signifier une infraction au code de la route. Une modeste contribution de sa part contentera dans la plupart des cas le milicien accusateur, et l'automobiliste pourra repartir. Alors que certains conducteurs détestent cette pratique, d'autres y voient le seul moyen qu'ont les policiers de réellement toucher un salaire (les arriérés de salaire constituent un problème essentiel des ministères) ». L'Ouzbékistan, où la présence policière est la plus tyrannique d'Asie centrale, a décuplé le nombre de ses miliciens après le massacre d'Andijan. Le racket est devenu une pratique si quotidienne que le site Internet du gouvernement français avertit les touristes à destination de l'Ouzbékistan d'éviter tout contact avec la milice. Et la situation est pratiquement la même au Turkménistan et au Tadjikistan. Quant au Kirghizistan, sur le point d'être officiellement déclaré « État en faillite » selon le modèle afghan d'avant les Talibans du début des années 90, les choses empirent.

« Il est reconnu par le gouvernement lui-même, que la corruption a un caractère systématique au Kazakhstan ». Sergeï Zlotnikov, directeur de Transparency Kazakhstan, groupe de lutte anti-corruption, estime que 80 % de l'activité économique de la Nation est du marché noir. La plus grosse partie étant constituée par les pots-de-vin versés aux fonctionnaires, et en particulier à la milice. « Rien ne circule d'une province à l'autre, et encore moins d'un pays à l'autre, » me raconte, il y a maintenant quelques années, un entrepreneur américain frustré. « Soit vous les payez, soit vous perdez votre affaire. Ou vous les payez tant que vous finissez par faire faillite ».

Le gouvernement kazakh comprend bien qu'une corruption aussi systématique, comme le démontre le racket de la milice dont les touristes sont victimes, entrave la mise en valeur des immenses ressources de pétrole et de gaz du pays. Des initiatives ont bien évidemment été prises pour y mettre un terme. Ces décisions sont le plus souvent prises par de hauts fonctionnaires qui parcourent le pays et virent les mécréants qui osent leur demander un bakchich. Mais la fortune en énergies fossiles que recèle la région attire des vautours à côté desquels les miliciens font figure de simples amateurs. Un conseiller américain du président Nazerbaïev a été poursuivi pour la plus grande infraction au *Foreign Corrupt Practices Act* de toute l'histoire des Etats-Unis pour avoir versé 60 millions de dollars de pots-de-vin sur le compte en Suisse du dictateur. A l'époque, les procureurs l'accusent également d'avoir offert à la famille Nazerbaïev des manteaux de vison pour une valeur de trente mille dollars, un hors-bord Donzi de quatre-vingt mille dollars et deux motoneiges de luxe de la part de ExxonMobil, ChevronTexaco, TotalFinaElf, RoyalDutchShell, British Gas, BP et ConocoPhillips, dans le but d'avoir l'accès à l'immense gisement de pétrole de Kashagan. « L'industrie pétrolière est très corrompue. Tous les domaines sont touchés par la corruption, du premier au dernier échelon [de la société] », ajoute Zlotnikv.

Le Kazakhstan se situe au 108e rang mondial sur 158 de l'Indice de Perceptions de la Corruption de 2005 par *Transparency International*. L'Afghanistan (117e), le Kirghizistan (136e), l'Ouzbékistan (137e), le Tadjikistan (144e) et le Turkménistan (155e) ferment la marche.

À faire et à ne pas faire

Il y a tant de choses à prendre en compte quand un touriste tombe sur la *militsia* en Asie centrale que nous vous proposons ici une liste de choses vitales à faire et à ne pas faire afin de vous tirer au mieux d'un moment difficile.

Prenez le temps d'avoir le temps. Les voyageurs occidentaux apprennent vite que le temps n'a aucune valeur dans le tiers monde, et le leur encore moins. Les bus partent lorsqu'ils sont pleins et non d'après l'horaire de départ initial. Si vous prenez un taxi, le conducteur s'arrêtera en chemin pour prendre quelques copains et les emmener, à vos frais bien sûr. Les policiers sont les pires racketteurs ; faites leur entendre que vous êtes en retard, et ils seront incités à vous extorquer davantage. Lorsque vous devez vous déplacer, que ce soit pour un périple d'un an dans les steppes ou pour un trajet apparemment direct d'une cinquantaine de kilomètres reliant deux villages, prévoyez quelques heures supplémentaires pour les arrêts aux contrôles de police. J'aurais eu plus de chance d'avoir mon train au Turkménistan si je n'avais pas laissé la milice comprendre que j'étais pressé.

N'allez jamais dans un lieu privé. Tout le monde sait qu'il n'y a pas plus voleur qu'un policier dans toute l'Asie centrale. Pourtant ils préfèrent néanmoins faire leur petit *biznez* en privé. Si un policier vous fait signe de le suivre dans un bureau sous des escaliers, et vous éloigne de ce fait du terminal de bus grouillant de monde, refusez. Feignez tout d'abord d'être stupide : un large sourire inexpressif n'est pas un signe de résistance à l'autorité. S'il insiste, répétez *nyet* plusieurs fois. Ne bougez pas. Ces types ont rarement une arme et ceux qui en ont une ne se risqueront pas à la pointer sur un étranger, et surtout pas en public. Il y a peu de chance qu'ils vous malmènent ; une telle indélicatesse pourrait faire du remue-ménage si elle arrivait à l'oreille du ministère des affaires étrangères. Obligez-les à demander leur pot-de-vin en public. Encore mieux, faites porter vos bagages par quelqu'un du pays ; il sera un témoin gênant des magouilles de la police.

Personne ne peut exercer de pression sur vous sans votre consentement. Rappelez-vous, le racket est avant tout psychologique. Mais si un policier pointe son arme sur vous et menace de vous tuer à moins de lui donner vos objets de valeur, surtout obéissez ! Avant d'en arriver à cette situation extrême, dites-vous que ce n'est que du bluff. Soyez ferme. Une conversation ne peut pas vous faire de mal. Ne montrez ni votre argent ni vos papiers ; n'évoquez même pas le versement d'un éventuel pot-de-vin. Si vous restez calme vous arriverez probablement à partir sans rien avoir à payer.

Oui, vous devez leur remettre votre passeport. Beaucoup d'étrangers sont fous de rage lorsqu'un policier prend leur passeport, mais là encore, il s'agit d'un bras de fer psychologique. Ne refusez pas de le remettre à tout fonctionnaire qui vous le demande ; vous êtes dans leur pays et tenu de respecter leurs lois et ils ont ce droit. Dans le pire des cas vous pouvez toujours vous rendre dans votre ambassade si on refuse de vous le rendre. Si votre pays n'a pas de représentation consulaire, rejoignez directement l'aéroport et expliquez votre situation. La corruption de la milice n'étant ni appréciée ni inconnue, on vous croira. Le policier s'attirera des ennuis pour avoir déclenché un incident international gênant. Lorsque la négociation du bakchich me semble alors avoir échoué, je leur explique que je vais partir et que si je ne récupère pas mon passeport, je raconterai que le fonctionnaire en question me l'a volé pour m'extorquer de l'argent. Et ça a marché. Une bonne chose à faire : garder des photocopies couleur de votre passeport et des pages avec le visa approprié au fond de votre valise.

Payez quand on vous le demande, mais de petites sommes uniquement. Les policiers militaires ne gagnant qu'environ la moitié du salaire moyen dans la région, qui s'élève à 20 dollars par mois, ce n'est une surprise pour personne qu'ils tentent d'arrondir leurs fins de mois en prélevant des pots-de-vin. Bien que cette pratique soit déplorable et sape davantage la légitimité des régimes autocratiques malveillants qui les emploient, réussir à échapper au système est un pur fantasme. Tout le monde paie. La question est : combien ? Comme je l'ai déjà indiqué, le taux en cours est de moins d'un dollar pour franchir une frontière internationale et encore moins lorsque l'on passe d'une région ou d'une province à l'autre. Mais il y a malheureusement eu de nombreux exemples d'étrangers n'ayant aucune idée des pratiques locales, payant des centaines de dollars lors de leurs déplacements dans le Sud de l'ancienne Union soviétique. De telles largesses encouragent l'inflation du racket dont sont victimes les étrangers ainsi que les gens du pays, augmentent le pouvoir des policiers et rendent la vie de tout le monde plus difficile. Pensez à vous-même et aux futurs voyageurs : munissez-vous de petites coupures et rétribuez la flicaille en monnaie locale.

Les pots-de-vin ne peuvent résoudre les problèmes. Aux États-Unis donner un pot-de-vin au moment opportun peut permettre d'éviter une amende, voire une arrestation. Ce n'est pas le cas dans les anciennes républiques soviétiques, où la bureaucratie est si bien implantée que même les hauts fonctionnaires n'ont pas la possibilité de faire « disparaître » vos problèmes. Rappeler cette impuissance est un moyen efficace de ramener les pots-de-vin à une somme plus raisonnable ou de les faire disparaître ; cela permet également de vous rappeler que lorsque vous versez un pot-de-vin, vous payez pour un service que vous ne recevrez pas. L'un de mes arguments à la gare de Charjou est de savoir si le milicien peut régler mon problème ou s'il veut simplement que je le paye. « Il vous faut un nouveau visa turkmène », insiste-t-il. « Donnez-moi de l'argent et je ferai comme si de rien était. » « Mais si je vous donne de l'argent, » lui fais-je remarquer, « j'aurai le même problème avec un autre milicien ! Pouvez-vous me fournir ce nouveau visa ? » « Non, me répond-il, pour cela vous devez aller au ministère des affaires étrangères à Achgabat ». « Alors pourquoi vous paierais-je, » lui demandé-je. « Il doit y avoir des centaines de policiers entre ici et Achgabat ». Il n'a alors pas de réponse à ça.

Les hommes d'affaires répètent souvent aux dirigeants d'Asie centrale que leur Nation n'attirera jamais d'investissements étrangers à grande échelle tant que leurs gouvernements ne poursuivront pas une réelle politique de transparence. Le racket policier, qui commence systématiquement dès l'arrivée à l'aéroport, représente la face la plus visible de la corruption et de ce fait, est la cible de politiciens sincèrement intéressés par la création d'un système économique libéral.

Dans les années à venir, les contrôles de police continueront probablement à faire partie du paysage de l'Asie centrale. Pour les étrangers qui, de retour chez eux, doivent commencer à s'adapter au nouvel Etat policier post 11 septembre, la culture du contrôle de police d'Asie centrale peut rapidement devenir aussi fatigante qu'onéreuse. Mais voyez le bon côté des choses. Contrairement aux citoyens du Turkménistan, vous n'avez pas à payer votre visa pour rentrer chez vous.

En revanche, au Tadjikistan...

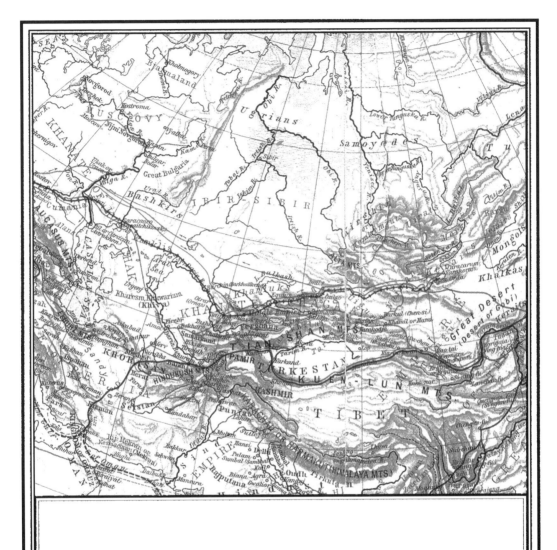

Pékin – Istanbul
1997

A la fin de l'été 1997, je me rends en Chine avec une idée en tête : rallier en voiture Pékin à Istanbul en empruntant la branche nord de l'ancienne Route de la Soie. Accompagné par un ami, journaliste également, je traverse alors le Kazakhstan, le Kirghizstan, l'Ouzbékistan et le Turkménistan. Le magazine P.O.V. , qui a financé mon voyage, décide de publier mon reportage La route de la soie... en lambeaux, *par épisodes. Il s'agit alors de mon premier voyage en Asie centrale et il a changé ma vie.*

PASSEPORTS !

DES AMÉRICANSKIS !

LES PORTES DE NOTRE CABINE S'ÉTAIENT BRUTALEMENT OUVERTES APRÈS 8 HEURES PASSÉES DANS LE TRAIN DE LA MORT. C'ÉTAIT LA POLICE DES FRONTIÈRES TURKMÈNE. COMMENT DIABLE, ME DEMANDAI-JE À MOITIÉ DANS LES VAPES, AI-JE RÉUSSI À ME FOURRER DANS UN TEL PÉTRIN ?

TOUT AVAIT COMMENCÉ, COMME TOUT PROJET FOIREUX, **DES GRANDES EXPLORATIONS À LA FUSION À FROID,** À L'OCCASION D'UN COCKTAIL BIEN ARROSÉ.

CE SERA GÉNIAL, TU VERRAS !

LE MAGAZINE POV VENAIT JUSTE DE M'EMBAUCHER COMME REPORTER. JE ME SUIS DIT : POURQUOI NE PAS TENTER LE TOUT POUR LE TOUT ?

NOUS AVONS L'ARGENT, MEC. OSONS QUELQUE CHOSE DE VRAIMENT BARRÉ.

POURQUOI NE PAS M'ENVOYER PARCOURIR L'ANCIENNE ROUTE DE LA SOIE, DE PÉKIN À ISTANBUL EN VOITURE ?

CE SERAIT LE SUMMUM DU PÉRIPLE ROUTIER. MON AMI ALAN ET MOI-MÊME SUIVRIONS CETTE VOIE COMMERCIALE VIEILLE DE 2000 ANS QUI RELIE LA CHINE À L'ASIE MINEURE (L'ACTUELLE TURQUIE).

NOUS EMPRUNTERIONS LA BRANCHE SUD DE LA ROUTE DE LA SOIE À TRAVERS LES EX-RÉPUBLIQUES SOVIÉTIQUES D'ASIE CENTRALE.

— IL VAUT MIEUX PASSER PAR LE KAZAKHSTAN OU LE KIRGHIZISTAN ?

— LE KIRGHIZISTAN C'EST 4 JOURS DE TRAIN PLUS 3 JOURS EN BUS OU EN VOITURE.

EN CAS DE PANNE ? PAS DE PANIQUE. CE SERAIT L'OCCASION DE TESTER NOTRE DÉBROUILLARDISE ET D'ENTRER EN CONTACT AVEC LES AUTOCHTONES.

ON ACHÈTERAIT UNE VOITURE EN CHINE ET ON TRAVERSERAIT L'ASIE AVEC, POUR LA REVENDRE OU L'ABANDONNER À ISTANBUL.

— IL NOUS FAUT UN PLAN B.

NOUS VOULIONS SUIVRE LA ROUTE DE LA SOIE LE PLUS FIDÈLEMENT POSSIBLE. MAIS LES RÉALITÉS GÉOGRAPHIQUES ET POLITIQUES NOUS FORCÈRENT À MODIFIER NOS PLANS. PAR EXEMPLE, LA ROUTE DE LA SOIE COMMENCE OFFICIELLEMENT À XIANG MAIS NOUS Y RENDRE EN AVION NOUS AURAIT COÛTÉ 300$ DE PLUS PAR PERSONNE. ET NOUS NE POUVIONS PAS ESPÉRER TROUVER DES BILLETS DE TRAIN POUR XIANG VU QU'ILS ÉTAIENT TOUS VENDUS DES MOIS À L'AVANCE.

NOUS AVONS DONC DÉCIDÉ D'ACHETER NOTRE VÉHICULE À "L'AUTOPLATZ" DE BICHKEK OÙ, D'APRÈS LE GUIDE CADOGAN SUR L'ASIE CENTRALE, LE PRIX EST D'ENVIRON 100$ EN MONNAIE LOCALE POUR UNE MOTO, 200$ POUR UN SIDE-CAR ET 500$ POUR UNE PETITE VOITURE.

PUIS NOUS AVONS APPRIS QUE LA FRONTIÈRE SINO-KIRGHIZE ÉTAIT FERMÉE. NOUS AVONS ALORS DÉCIDÉ DE TRAVERSER LE KAZAKHSTAN. HEUREUSEMENT, IL Y AVAIT AUSSI UNE **AUTOPLATZ** LÀ-BAS.

LES VISAS, BILLETS ET MÉDICAMENTS CONTRE LA DIARRHÉE EN POCHE, NOUS NOUS SOMMES ENVOLÉS POUR PÉKIN.

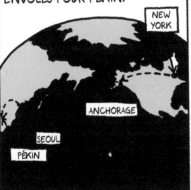

DURANT LE VOL, LA COMPAGNIE ASIANA NOUS PROJETA EN BOUCLE LA SCÈNE MACABRE DU CRASH D'UN AVION DE LA COMPAGNIE KOREAN AIRLINES À GUAM. K.A.L. EST LE PRINCIPAL CONCURRENT D'ASIANA.

LA CAUSE : UNE ERREUR DE PILOTA

NOS SIÈGES "COUCHETTE" POUR ALMATY ÉTAIENT EN FAIT DES BANCS CASSÉS REMBOURRÉS DE MOUSSE MOISIE, TROP PETITS POUR TOUTE PERSONNE MESURANT PLUS D'UN MÈTRE SOIXANTE-CINQ ET MACULÉS DE TRANSPIRATION SÉCHÉE COUVERTE DE POUSSIÈRE.

ARRÊTE DE T'APPUYER SUR MOI.

EH MEC, Y'A PAS DE PLACE.

AU MOINS, NOUS N'AURIONS QU'UNE NUIT À PASSER DANS CETTE PORCHERIE.

NOUS AVANCIONS TOUT DOUCEMENT SUR L'AUTOROUTE 312 EN DIRECTION DES MONTAGNES BOROHORO. NOTRE CONDUCTEUR, FINAUD, ACCÉLÉRAIT À 100 À L'HEURE PUIS COUPAIT LE CONTACT ET ROULAIT AU POINT MORT JUSQU'À CE QUE LA VITESSE TOMBE À 30. IL REMETTAIT ALORS À NOUVEAU LE MOTEUR EN MARCHE.

JE VAIS TUER CE TYPE !

RELAX, TED. MATE UN PEU LE SECOND CHAUFFEUR. IL N'Y A QU'UN PRO POUR PORTER UN CHAPEAU JAUNE PAILLE DE LA COUPE DU MONDE.

ESPÉRONS-LE.

PEU AVANT LE CRÉPUSCULE, NOUS ATTEIGNÎMES UN CHANTIER DE CONSTRUCTION. NOTRE BRANLEUR DE CHAUFFEUR S'ARRÊTA, PARALYSÉ PAR LES TROUS, LES ROCHERS ET L'INDÉCISION.

COMME SI C'ÉTAIT PRÉVU D'AVANCE, LE "PRO" S'AGITA, ALLUMA UNE CIGARETTE ET POUSSA LE PREMIER CONDUCTEUR D'UNE TAPE SUR L'ÉPAULE. EN MOINS DE CINQ MINUTES LE BUS AVANÇAIT, SE FRAYANT UN PASSAGE ENTRE LES ÉBOULIS, COINCÉS ENTRE UN TORRENT FURIEUX EN CONTREBAS À GAUCHE ET DES SEMI-REMORQUES RENVERSÉS À DROITE.

C'EST ALORS QUE LA DIARRHÉE AIGUË SURVINT.

ECHEC DES CACHETS ANTI-DIARRHÉIQUES... J'AI LA COLIQUE OU JE TRANSPIRE DES FESSES ?

INCROYABLE MAIS VRAI, LES SELLES D'ALAIN DEMEURAIENT, COMME IL SE PLAISAIT À LE RÉPÉTER :

DURES COMME DU BÉTON !

J'AI UN SWEAT EN RABE SUR LE HAUT DE MON SAC.

DIEU MERCI !

FINALEMENT, APRÈS DES HEURES À RAMPER À 3 À L'HEURE, LE BUS S'ARRÊTA. NOUS ÉTIONS ARRIVÉS AU DÉFILÉ DU LAC SAYRAM HU. LES CHAUFFEURS S'ENROULÈRENT TOUS DESSOUS UNE PILE DE COUVERTURES PENDANT QUE NOUS, PASSAGERS PARÉS POUR LA CANICULE, MOURIONS QUASIMENT DE FROID.

LA ROUTE DE LA SOIE

* En référence au film Ilsa la louve des SS de Don Edmonds.

BEAUCOUP DE GENS VEULENT VENDRE LEURS VOITURES POUR AVOIR À MANGER.

LE SAMEDI, NOUS AVONS DEMANDÉ À TOUT LE MONDE COMMENT ACHETER UNE VOITURE. UN MEMBRE DES FORCES SPÉCIALES SOVIÉTIQUES AU CHÔMAGE NOUS A DONNÉ DES RENSEIGNEMENTS SUR LES LADAS, LES MOSKVITCHS ET LES BERLINES VOLGA, TANDIS QU'IL NOUS CONDUISAIT AUX BAINS D'ARASAN NOUS FAIRE MASSER POUR 4 $.

LES LADAS COÛTAIENT DE 500 À 1000 $ MAIS LEUR RÉSERVOIR À ESSENCE ÉTAIT TROP PETIT POUR COUVRIR DE LONGUES DISTANCES.

LES PIÈCES DÉTACHÉES DES MOSCOVITES ÉTAIENT DIFFICILES À TROUVER.

LES BERLINES VOLGA ÉTAIENT FIABLES ET ROULAIENT À L'ESSENCE DE MAUVAISE QUALITÉ D'ASIE CENTRALE.

MERDE.

LE JOUR ANNIVERSAIRE DE L'INDÉPENDANCE KAZAKH. COMMENT AURAIT-ON PU LE DEVINER ? ET ILS ONT QUOI À FÊTER ? *

LORSQUE NOUS ALLÂMES À L'AUTOPLATZ D'ALMATY LE LENDEMAIN, NOUS NE TROUVÂMES QU'UN SEUL TYPE QUI VENDAIT DES PIÈCES DÉTACHÉES ROUILLÉES SUR UNE COUVERTURE CRASSEUSE.

* EN FAIT, ILS CÉLÉBRAIENT L'ANNIVERSAIRE DE LA CONSTITUTION.

SAMARKAND

PERSONNE NE DEVRAIT MOURIR AVANT D'AVOIR VU SAMARKAND, LIEU TOURISTIQUE DE CLASSE MONDIALE AU MÊME TITRE QUE PARIS. BÂTIE AU 15e SIÈCLE PAR TIMUR LE GUERRIER, SA FORCE ET SA GRÂCE S'ÉQUILIBRENT HARMONIEUSEMENT EN UNE JOYEUSE ASYMÉTRIE GRÂCE À SA GÉOMÉTRIE PARFAITE. NOUS SOMMES RESTÉS 2 JOURS À VISITER LES MONUMENTS ET À ÉTUDIER LES MAFIEUX MALADIVEMENT OBÈSES DE L'HÔTEL AFROSIAB.

LA MOSQUÉE BIBI KHANYM

LA PLACE REGISTAN

LE MAUSOLÉE GURI AMIR

SHAHR-I-ZINDAH.
GROUPE DE TOMBEAUX DONT CELUI DE QUSAM IBN ABBAS

* L'OVIR est le département du ministère de l'Intérieur responsable de la délivrance des visas de sortie.

Alim Khan, le dernier émir de Boukhara, peu de temps après son accession au trône en 1911. L'émirat de Boukhara, aujourd'hui intégré à l'Afghanistan, est une ancienne une cité-Etat autonome de l'Asie centrale musulmane et un ancien lieu de passage important pour les échanges commerciaux de la Route de la Soie. Les émirs, en monarques absolus, règnent pendant des siècles sur la ville . (Boukhara devient tristement célèbre à l'apogée du Grand jeu du XIXe siècle, pour son « puits à bestioles », un trou de dix mètres de profondeur creusé dans le sol, infesté de serpents, scorpions, rats et des ossements des précédents prisonniers). Cependant, dès le milieu du XVIIIe siècle, Boukhara devient un Etat vassal de l'Empire Russe. Après la prise de pouvoir par les Soviétiques en 1920, l'émir s'enfuit en Afghanistan où il y meurt en 1944.

Les Tadjiks ne vivent pas au Tadjikistan.

Selon les données démographiques soviétiques officielles, on recense environ 300 000 Ouïgours en Union soviétique dans les années 30. En 1937, sous l'ère des purges staliniennes « contre-révolutionnaires » dans toute l'Union soviétique, beaucoup d'Ouïgours sont contraints de changer d'affiliation ethnique. Les statistiques officielles soviétiques de 1979 donnent une population ouïgour de 29 104 personnes, et celles de 1989 indiquent le nombre de 35 700.

N.T. Tarimi, Asia Times

Les Français habitent en France. Le Japon est complètement japonais. Il est logique de supposer que les Ouzbeks vivent en Ouzbékistan, et c'est le cas, mais seulement 71 % d'entre eux sont ethniquement Ouzbeks. Il y a aussi des Tadjiks (5 % selon une estimation du gouvernement), des Kazakhs, des Tatars, des Karakalpaks et, comme dans toutes les républiques d'Asie centrale, de nombreux Russes (8 %), survivance du projet de colonisation soviétique.

Mais la plupart des Tadjiks n'habite pas le Tadjikistan. Malgré leurs différences de langue, les Ouzbeks et les Tadjiks partagent de nombreux traits ethniques et culturels en commun. Ils sont séparés de manière arbitraire en des tribus distinctes dans les années 20 par les responsables de la planification soviétique, qui renforcent alors leurs différences préexistantes, mais relativement mineures. Le projet soviétique d'affecter un territoire au sein de la Mère Patrie à chacune des tribus d'Asie centrale a porté ses fruits ; la plupart des Ouzbeks et des Tadjiks se considèrent désormais comme des peuples indépendants.

Un joueur tadjik de *buzkachi*. La vie nomade continue d'avoir une forte emprise dans l'imaginaire des habitants d'Asie centrale.

Les Tadjiks représentent 24 % de la population Ouzbeks, et les villes les plus célèbres de la république, Samarkand et Boukhara, sont à majorité tadjiks. Cependant peu de Tadjiks, soucieux de montrer leur loyauté envers le gouvernement ouzbek, admettent publiquement qu'ils ne sont pas Ouzbeks. Parmi les Tadjiks on trouve des Kirghiz, des Turkmènes et d'autres groupes ethniques déportés, ou condamnés au goulag par Staline : des Ukrainiens, des Allemands, des Coréens, des juifs européens et de

Carte ottomane de l'Empire Perse par Ibrahim Mutafarrikah, datant vraisemblablement du XVIIIe siècle. Elle représente le Caucase, la Russie méridionale, le Turkestan transcaucasien, l'Irak et une partie de l'Anatolie. Remarquez l'absence de frontières.

Boukhara, des Biélorusses et des Arméniens. Vous vous sentez un peu perdus ? Eux aussi.

A la fin du XIXe et du XXe siècle, l'Asie centrale présoviétique, alors sous influence tsariste, ne renferme pas d'Etats-Nations modernes tels qu'aujourd'hui. La partie à l'ouest de la mer Caspienne et longeant la frontière approximative du Turkménistan actuel constitue alors une sorte de « territoire turkmène », un désert de sable traversé par les tribus nomades, un des derniers peuples d'Asie centrale à se soumettre au régime de Moscou. Le Turkestan russe, ou simplement le Turkestan, fait référence aux régions où, à cette époque-là, les turcophones voyagent librement avec leurs troupeaux de chèvres, de moutons et de chameaux, en quête de nourriture et, à l'occasion, détroussent des voyageurs malchanceux. Le Turkestan russe englobe une grande partie de l'Ouzbékistan actuel et de ce que les anciens d'Asie centrale appellent la Kirghizie : le Kirghizistan et le Kazakhstan. Les montagnes du Pamir s'élevant le long des frontières du Raj britannique, de l'Afghanistan et du Turkestan chinois, Tadjikistan actuel, sont la dernière conquête de l'Union soviétique. La langue tadjike est une forme archaïque du Farsi, ou Dari, héritage historique : le pays est l'ancien avant-poste oriental de l'Empire perse).

Toutes les autres tribus importantes d'Asie centrale, les Turkmènes, les Ouzbeks, les Kirghiz et les Kazakhs, sont des peuples turcs. Certains linguistes considèrent leurs langues comme des dialectes issus du turc, d'autres que ce sont des langues distinctes, mais proches du groupe de langues indo-européennes.

La partie occidentale du Turkestan russe qui borde le pays turkmène inclut les émirats encore puissants mais déclinants de Khiva et Boukhara, célèbres pour la cruauté de leurs dirigeants et leurs échanges économiques et culturels dynamiques. Ces derniers illustrent parfaitement la contribution apportée par la Route de la Soie à la culture. Le Turkestan chinois se compose de cités-Etats comme la Kashgarie, appelée aujourd'hui Kachgar ou Kachi, sous influence chinoise symbolique pendant les périodes d'instabilité à Pékin et gouvernées directement par les Chinois à d'autres moments. Il fait aujourd'hui partie de la province chinoise de Xinjiang. On estime, et à juste titre, que le nord de l'Afghanistan fait également partie, topographiquement et démographiquement de l'Asie centrale.

Dans la vie quotidienne, les habitants ignorent les frontières. A cette époque-là, ils se rendent à cheval à l'endroit souhaité, ce qui est encore souvent le cas aujourd'hui. On les voit régulièrement traverser les frontières bien gardées entre la Chine et le Kirghizistan, l'Afghanistan et le Turkménistan, et à d'autres endroits encore, sans qu'un fonctionnaire ne vérifie leurs papiers : ils bénéficient d'un accord tacite. Et c'est, finalement, ce qui s'est toujours passé.

Staline découpe le Turkestan russe, sous domination soviétique à la fin des années 20, en « terres natales », censées accueillir chacune une ethnie majoritaire. Cette dernière doit alors créer une branche de sédentarisation et d'industrialisation de l'Union soviétique. Staline écrit : « une nation est une communauté humaine stable et historiquement constituée sur la base d'une langue communautaire, d'un territoire, d'une économie et d'une unité spirituelle que renferme l'idée de communauté de culture nationale ». Le nomadisme va à l'encontre de la conception soviétique. La plupart des historiens estiment que les frontières actuelles sont maladroites et arbitraires, résultat d'une tentative absurde d'imposer l'idée de nation à des peuples pour qui cette notion constitue un non-sens culturel. « Les responsables de la planification ont redessiné la carte de l'Asie centrale dans les années 20, la divisant approximativement suivant les frontières linguistiques, espérant ainsi établir des nations destinées à accueillir les différentes tribus nomades et semi-nomades, peuples du désert et de la steppe, en insistant sur les différences linguistiques existant entre les dialectes, » peut-on lire dans *The Economist* en 1998. « Ces divisions, imprécises dès le départ, sont par la suite devenues encore plus floues à cause d'une importante immigration russe, et du déplacement vers l'est de groupes ethniques tels que les Allemands de la Volga et les Tatars dans les années 30. Malgré l'exode de grande ampleur de ces dernières années, plus d'un tiers des habitants du Kazakhstan et 18 % de ceux du Kirghizistan sont russes ».

D'autres analystes y voient la sinistre stratégie consistant à dresser les ethnies les unes contre les autres, et ce, dans une suprême manipulation électorale. Selon un journal datant de 2005 destiné à une cellule de réflexion des services de renseignement américains : « Staline s'est servi des frontières des cinq républiques nouvellement créées comme moyen de diviser des ethnies unies, les éloignant le plus possible de leurs terres ancestrales afin de créer des tensions internes irrédentistes. L'impossibilité pour ces groupes ethniques d'exploiter les ressources naturelles qui devraient leur revenir, crée une interdépendance économique dont Moscou peut profiter. Cette stratégie de « diviser pour mieux régner » fonctionne à la perfection. Les cinq républiques sont entrées en compétition les unes contre les autres, chacune souhaitant obtenir les faveurs de Moscou. De plus, les dirigeants de ces nouvelles républiques sont trop occupés à aplanir les tensions entre les clans et groupes ethniques sur leur propre territoire, pour pouvoir entreprendre une quelconque action de résistance contre Moscou ».

Quelles que soient les intentions de Staline, ses incursions dans la géographie créent un méli-mélo d'identités tribales, parfois plus imaginaires que réelles, dans lequel la notion de nation n'a plus qu'un rapport très lointain avec les communautés ethniques. Voici un aperçu des principales tribus d'Asie centrale :

Les Tadjiks

Les Tadjiks (du mot « *taj* » (couronne) et « *ik* » (tête), faisant référence à toutes personnes d'origine perse, et donc à « ceux qui portent une couronne sur la tête »), descendent principalement des Aryens, un des plus anciens groupes ethniques d'Asie centrale. Descendants également des peuples bactriens, sogdiens, parthes et perses qui ont fui vers les chaînes de montagnes du Pamir lors des invasions musulmanes, les Tadjiks parlent la seule langue d'Asie centrale sans lien avec le turc. Les gens parlant le tadjik, le farsi et le dari (variante afghane du farsi) peuvent discuter ensemble assez facilement.

Les Tadjiks ont les cheveux et les yeux noirs, et ressemblent aux Iraniens d'aujourd'hui, bien que nombre d'entre eux aient des yeux et des cheveux plus clairs. Ils sont au moins cinq millions, trois millions vivent au Tadjikistan, deux millions en Ouzbékistan et entre cinq cent mille et un million de réfugiés de la guerre civile afghane vivent à la frontière nord-ouest du Pakistan.

Les Ouzbeks

Bien que les Ouzbeks (le nom fait référence soit à Oz Beg, chef tribal historique, ou aux mots « *oz* » (authentique) et « *beg* » (homme)) fassent remonter leurs origines culturelles au conquérant turco-mongol Tamerlan, aujourd'hui enterré dans la ville ouzbek à majorité tadjike de Samarkand, l'identité ouzbek se forme aux XVe et XVIe siècles lorsque Mohamed Shaybani unifie les Kipchaks, Naymans, Kanglis, Kungrats, Mangits et autres tribus des steppes et s'autoproclame Khan des Ouzbeks. La langue ouzbek est plus proche de l'ouïgour, langue parlée par la tribu turque dominante habitant aujourd'hui la Chine occidentale, que du kazakh ou du turkmène. Comme toutes les tribus d'Asie centrale, les Ouzbeks sont ethniquement et génétiquement hétérogènes grâce aux mariages mixtes, à leurs contacts constants avec d'autres ethnies le long de la Route de la Soie, et plus récemment, à la politique d'exil forcé et de colonisation des peuples européens de Staline sous l'ère soviétique. Pour l'œil occidental, les Ouzbeks représentent la tribu eurasienne par excellence : leurs traits sont à la fois européens et asiatiques. Dans la région, on considère les Ouzbeks comme des gens agressifs, parfois hostiles et arrogants. Ceci tient

Une femme en habits de mariage ouzbek traditionnel, vers 1860.

davantage à leur politique étrangère nationale qu'à la réalité.

Les Ouzbeks sont actuellement 26 millions : 20 millions habitent en Ouzbékistan, 3 millions en Afghanistan et un million cinq cent mille au Tadjikistan. La langue Ouzbek peut s'écrire en alphabet arabe, latin ou cyrillique : ce dernier a laissé la place à l'alphabet latin depuis la réapparition du mouvement panturquisme.

Les Turkmènes

Tous les peuples turcs à l'ouest du fleuve Amu Darya sont traditionnellement appelés Turkmènes (« *Turk* » et le mot farsi « *manand* », signifiant ainsi « pur turc »). Mais aujourd'hui les Oghouzes turcs, génétiquement identiques aux Turcs, sont les seuls Turkmènes. Leur langue est une variante de l'azerbaidjanais méridional parlé de l'autre côté de la mer Caspienne, apparue avec les migrations en provenance d'Asie centrale orientale aux IXe et Xe siècles.

Le turkmène ne devient une langue écrite qu'après l'intervention des linguistes soviétiques, et ni la tradition orale, ni aucune forme de proto-littérature n'ont survécu. Les Turkmènes sont, depuis toujours, la plus nomade et la plus fière des tribus d'Asie centrale.

De nombreux habitants d'Asie centrale n'ont qu'une vague idée de ces 7 millions de Turkmènes dont 4,3 millions sont au Turkménistan, 2 millions en Iran et 555 000 en Afghanistan. Ils les

Chamelier turkmène, vers 1915.

imaginent violents, fourbes et surtout idiots. Le régime autoritaire et grandguignolesque du Turkménistan y est sans doute pour quelque chose. Les Turkmènes les plus âgés portent de larges chapeaux de fourrure (telpeks) pour se protéger du soleil, un trait culturel commun à tous les peuples turcs.

Les Kirghiz

Les Kirghiz (« *quarante filles* », fait référence au nombre original de tribus unifiées qui ont repoussé l'expansion mongole et chinoise sur deux fronts, dont la description figure dans les *Manas* - épopée kirghize issue de la tradition orale), sont à bien des égards semblables à leurs voisins du nord, les Kazakhs. Les hommes les plus âgés portent souvent le chapeau de feutre caractéristique, pointu et blanc que vous verrez sur les photographies exotiques de la région. Une minorité non négligeable de montagnards pratique toujours le chamanisme.

Le Kirghizistan est souvent surnommé la Suisse de l'Asie centrale en raison de ses montagnes et du calme de ses habitants ; les Kirghiz sont appréciés de leurs voisins pour leur patience et leur générosité. Bien que cela doive parfois se produire, je n'ai jamais entendu quelqu'un critiquer les Kirghiz.

Les Kazakhs

Les Kazakhs (« *libre* » en turc, venant de « *Cosaques* ») illustrent la tradition culturelle de l'époque située entre l'invasion mongole de Gengis Khan et l'arrivée des peuples turcs de la steppe à la fin du Moyen Âge. Plus mongols qu'européens, les Kazakhs sont organisés selon une hiérarchie tribale subtile dans laquelle la plupart des membres appartiennent à l'un des trois *juz* (supérieur, intermédiaire, inférieur), puis à l'une des *taypa* (sous tribu), enfin à un *rw* (clan) dans sa sous-tribu. Le président actuel du Kazakhstan, Noursultan Nazerbaïev, appartient au groupe des *tore*, indépendant des *juz* ; les *tore* sont les descendants de la Horde d'Or de Gengis Khan. Il y a aussi ceux que l'on appelle les *qoja* (descendants de guerriers et missionnaires arabes) et les *tolengit* (descendants des oirat, ou esclaves).

Des nomades kazakhs dans la steppe, vers 1911.

Les Kazakhs traditionnels doivent être capables de réciter leur lignée et affiliation tribale sur sept générations et ne peuvent épouser une femme avec laquelle ils ont un ancêtre commun au cours de ces sept générations. Les Kazakhs ne s'affrontent pas entre clans.

Les onze millions de Kazakhs se partagent entre le Kazakhstan (huit millions et demi), la Chine occidentale (un million et demi) et l'Ouzbékistan (un million). Le Kazakh utilise l'alphabet cyrillique modifié.

Les Karakalpaks

La tribu turque des Karakalpak (ou *Qoraqalpog*, signifiant « chapeau noir ») constitue une modeste population de cinq cent mille personnes. 2,5 % des citoyens ouzbeks sont des Karakalpaks. Bien qu'un pourcentage encore plus faible de cette ethnie se trouve au Turkménistan et au Kazakhstan, les Karakalpaks se sentent réellement « assiégés ». En plus d'être victimes de mesures discriminatoires de la part du gouvernement ouzbek, ils vivent dans le désert grandissant formé par la mer d'Aral qui, elle, s'assèche et s'appelle désormais le désert d'Aral Kum, avec rien d'autre que les terres arides et brûlantes du Kyzylkum autour d'eux. Leur langue est proche du kazakh, probable héritage de leur affiliation à la horde kazakh mineure datant du XVe siècle.

Les Tatars

Les Tatars (venant du désert de Gobi Ta-ta au Ve siècle), qui constituent 1,5 % de la population ouzbek. Ce terme générique désigne les tribus turques d'Europe de l'Est et d'Asie centrale. Avant la révolution russe, le terme de « *Tatar* » s'applique aux habitants des dominions tsaristes méridionaux. Il fait aujourd'hui surtout référence aux soi-disant Tatars de la Volga, anciens bulgares vaincus par Gengis Khan au XIIIe siècle, mais autorisés à garder leur identité tribale : probablement par respect pour leurs prouesses guerrières.

Les mariages et les migrations expliquent la grande diversité ethnique des Tatars. Leurs traits physiques s'apparentent aussi bien à ceux des Mongols qu'à ceux des Caucasiens.

Les Ouïgours

Bien que leur nombre diminue concrètement et proportionnellement, les 9 millions d'Ouïgours restent le groupe ethnique dominant dans la vaste région autonome ouïgour du Xinjiang, province occidentale chinoise représentant un sixième du territoire du pays. Le gouvernement central de Pékin mène une guerre de faible intensité contre la présence ouïgour au Xinjiang, dont la situation est analogue à celle des Tibétains : immigration de colons chinois Han vers les villes de Ürümqi et Kachgar, démolition de vieux quartiers ouïgours, discrimination économique et professionnelle systématique et, très récemment, arrestation, exécution et parfois même déportation de militants ouïgours appartenant au Mouvement pour l'Indépendance du Turkestan Oriental vers le camp de détention américain de Guantanamo à Cuba, sous le prétexte de « la lutte contre le terrorisme ».

La fédération tribale ouïgour est, à la fin du Ve et au début du VIe siècle avant d'être assimilée par le khanat de Gokturk, dirigée par les Juan Juan (ou Ruanruan). Puis, en 744 les Ouïgours parviennent à se rebeller contre l'Empire turc et forment un nouvel Empire ouïgour à Otuken régnant sur l'Asie centrale méridionale, de la mer Caspienne à la Mandchourie. L'indépendance ne devait pas durer. Les Kirghiz les envahissent en 840, les repoussant jusque sur les terres qu'ils occupent aujourd'hui en Chine occidentale. Leur royaume Indiqut capitule de la même façon devant Gengis Khan en 1209. Plus tard l'histoire ouïgour se façonne au gré des influences chinoises, selon la puissance de l'Empire et des époques ; et selon les influences de leur héritage mongol et turc , source de mépris des Hans, ainsi que des actes répétés de rébellion contre la colonisation chinoise.

On peut aussi les trouver au Kirghizistan et au Kazakhstan voisins.

Un musicien ouïgour et son sitar. C'est le muqamchi, ou chanteur principal qui habituellement joue du sitar, interprétant des muqams, séries très structurées de mélodies, poésies et chansons populaires que l'on peut continuer à l'infini. Pour les Ouïgours, elles revêtent une importance tant culturelle que spirituelle.

Le rayon de la soie sur le marché du dimanche de Kashgar, dans le sud-ouest du Xinjiang. Plus d'un million de personnes fréquentent ce bazar.

Ouïgours à vendre
ou pourquoi ils nous détestent de plus en plus

Quatre jours à bord du train express en direction de l'ouest au départ de Pékin vous mènent jusqu'au Far West chinois. La province du Xinjiang se trouve à des centaines de kilomètres, au-delà d'un monticule érodé représentant alors la Grande Muraille. Elle se situe au sud-ouest de la Mongolie, à l'est de l'Afghanistan et au nord du plateau tibétain. Composé de déserts de terre, de montagnes vertigineuses et de 8 millions de musulmans, le Xinjiang est, comme tant d'endroits sensibles d'un point de vue géopolitique, au milieu de nulle part mais au coeur de beaucoup d'attentions. L'explorateur britannique du début du XXe siècle Aurel Stein écrit, à son époque, sur « cette étendue désolée, portant à chaque pas l'empreinte de la mort. » Aujourd'hui l'Asie centrale sous occupation chinoise est un cas d'école permettant de comprendre comment la politique étrangère américaine transforme des musulmans pro américains en ennemis mortels.

« De l'époque pré-moderne jusqu'au milieu du XVIIIe siècle, le Xinjiang est soit dirigé de loin par les Empires d'Asie centrale, soit livré à lui-même, » explique Joshua Kurlantzick dans *Foreign Affairs*. Dans les années 1950, le parti communiste de Mao travaille à consolider son pouvoir en centralisant la politique et la culture chinoise à Pékin. Cela signifie l'éradication des cultures et religions ne s'accordant pas avec la majorité ethnique Han de la Chine, comme c'est le cas au Tibet ou en Mongolie. C'est dans la province du Xinjiang que la répression est la plus dure : en 1955 plus de 90 % de la population est composée de musulmans turcs, à majorité ouïgour mais également d'autres tribus d'Asie centrale - Kazakhs, Kirghiz, Ouzbeks, Tadjiks et Tatars. Les Ouïgours, dont la riche culture bouddhiste pré musulmane donne leur langue (pouvant s'écrire en alphabet arabe ou romain) à l'Empire mongol de Gengis Khan, sont considérés par le nouveau gouvernement chinois comme une menace à la cohésion nationale. Cela peut être avéré. Après tout, ils se sont révoltés contre la Chine précommuniste à quarante deux reprises en l'espace de deux cents ans.

La motivation principale d'alors du gouvernement chinois dans la répression exercée contre les ouïgours est son désir de maintenir le contrôle sur ses régions frontalières les plus éloignées. Ce souci devient primordial lorsque le Xinjiang devint un des acteurs majeurs dans les enjeux énergétiques en Asie centrale, d'abord comme région de transit avec la création d'un nouvel oléoduc transportant le pétrole du Kazakhstan vers l'océan Pacifique puis comme détenteur de nouvelles réserves pétrolières. « Le Xinjiang va devenir le premier centre de production de pétrole et de gaz de Chine avec une production pouvant atteindre 60 millions de tonnes dès 2010 et cent millions de tonnes dès 2020 », selon Ismail Tiliwaldi, président du gouvernement du peuple de la région autonome ouïgour du Xinjiang, rapporte, en mars 2006, le *China Daily*, contrôlé par l'État. Les géologues des compagnies pétrolières estiment que le bassin de Santanghu contient un milliard de tonnes de brut.

La campagne anti-ouïgour actuelle, fait suite à des décennies d'exactions similaires. « Des milliers de mosquées sont détruites, les imams sont emprisonnés, les Ouïgours portant des foulards ou autres vêtements musulmans sont arrêtés, et pendant la Révolution Culturelle, le parti communiste chinois souille délibérément les mosquées en y installant des cochons, écrit Kurlantzick. De nombreux dirigeants musulmans sont tout simplement exécutés. La langue ouïgour est retirée des programmes scolaires, et des milliers d'écrivains ouïgours sont arrêtés pour avoir "prôné le séparatisme". En réalité, leur unique crime est d'avoir écrit en ouïgour ».

Les manipulations démographiques entreprises par des responsables chinois se sont révélées encore plus dévastatrices pour le peuple ouïgour. Les Chinois leur imposent un contrôle des naissances forcé tandis que 300 000 colons Hans sont déplacés chaque année vers l'ouest; soit le nombre total de Hans présents dans la province avant cette vaste opération. Dès 1997, plus de six millions de colons chinois vivent au Xinjiang. Les Ouïgours deviennent alors une minorité sur leur propre terre. Et la région est encore loin d'être pacifiée quand, cet été-là, je rends à Ürümqi, la capitale.

Quelques mois plus tôt, à la veille du ramadan, la police arrête trente imams à Ghulja. Alors que six cents jeunes musulmans en colère marchent en direction de la permanence du gouvernement local, afin d'exiger leur libération, la police disperse les manifestants à l'aide de matraques électriques et de gaz lacrymogène. Davantage d'Ouïgours retournent sur les lieux le lendemain. Dépassée, la police ouvre le feu, tuant 167 personnes et en arrêtant 5 000. Les Chinois dévoilent alors leur nouvelle tactique qui sera par la suite fréquemment utilisée : ils font le tour du quartier du bazar dans un camion, à l'arrière duquel se trouvent sept Ouïgours et les exécutent un par un. Neuf témoins scandalisés sont également abattus.

A cette époque, il est impossible d'ignorer la tension qui règne dans l'air étouffant de chaleur de la ville la plus enclavée de la planète. Les séparatistes Ouïgours, associés au Mouvement indépendantiste du Turkestan Oriental et à d'autres groupes, ont fait exploser des bombes dans toute la Chine, dont trois dans des bus à Ürümqi quelques mois plus tôt.

XINJIANG – RÉGION AUTONOME OUÏGOUR

Capitale administrative : Ürümqi
Type de gouvernement : Province chinoise.
Population (juillet 2005) : 19 250 000
Groupes ethniques principaux (2000) :
Ouïgours 45,2 % ; Chinois Hans 40,6 % ; Kazakhs 6,7 % ; Hui 4,6 % ; Kirghiz 0,9 % ; Mongols 0,8 % Dongxiang 0,3 % ; Tadjiks 0,2 %
Surface : 1 000 000 km2 (un sixième de la Chine)
Géographie : « surtout montagneux, hauts plateaux, déserts ».
Devise/Taux de change (2008) :
1 Euro = 10,7 Yuans (ou RMB)
Réserves pétrolières (confirmées) : 20 milliards de barils
Le truc le plus cool du Xinjiang : les nouilles Laghman, un mets délicat qui vous met l'eau à la bouche et qui ensuite vous manquera pour le restant de vos jours.
Le truc le moins cool du Xinjiang :
Que de poussière…
Le meilleur moyen d'être jeté en prison : acheter de la drogue.
Revenu annuel par personne : 240 dollars.
Taux de chômage : 4 %
Espérance de vie : 71 ans

Le Xinjiang est non seulement la plus grande province chinoise mais aussi son Far-West. Sa situation politique est comparable à celle du Tibet. Le gouvernement central tente de supprimer ces deux peuples de culture non chinoise, en les opprimant, ou en faisant coloniser leurs terres par des Chinois Hans venant de l'est. Dans le Xinjiang, on voit, on entend et on sent qu'on est en Asie centrale ; les Ouïgours dominants sont un peuple turc, proche des Kazakhs, qui ne se sont jamais soumis de leur plein gré aux dirigeants chinois. La révolte de Tungani de 1862 conduit à l'indépendance de la Kashgarie sous le règne de Yakub Beg de 1865 à 1877, année où la dynastie des Qing reconquiert l'ouest. Durant la guerre civile chinoise, les Ouïgours profitent de la confusion pour instaurer une République Islamique Indépendante du Turkestan oriental en 1933 et 1944 ; toutes deux sont réprimées grâce à l'intervention soviétique. Lorsque Mao accède au pouvoir en 1949 il envoie des troupes pour écraser les rebelles ouïgours, une bonne fois pour toutes. En 1990, les Ouïgours, Kirghiz et Kazakhs du Xinjiang initient un soulèvement de tout le pays qui perdure encore aujourd'hui. Attaques de bâtiments gouvernementaux, assassinats de fonctionnaires, rapidement suivis de regroupements de masse et d'exécutions publiques sommaires, font partie du quotidien. L'agitation politique mise à part, le Xinjiang est un endroit très intéressant à visiter. La vieille ville de Kashgar sur la Route de la Soie (aussi appelée Kashi), est à la fois le point de départ de la route de haute altitude du Karakorum en direction du Cachemire occupé par le Pakistan, et le terminus méridional de la route reliant la Chine à la république kirghize. C'est aussi là que se trouve le marché du dimanche, où se retrouvent un million de personnes, venant de partout (Afghanistan, Tadjikistan, Tibet) pour acheter et vendre des victuailles, des chameaux, des armes et beaucoup d'autres choses, y compris de la soie.

Les Chinois envoient des centaines de dissidents ouïgours suspects en camps de rééducation. Des dizaines d'autres sont jugés et exécutés sommairement. Les emplois intéressants, au gouvernement ou dans des entreprises privées, sont exclusivement réservés aux Hans, ajoutant ainsi un chômage de masse aux ravages de l'apartheid culturel. Les policiers chinois de service sur les barrages routiers autour du vieux quartier musulman tentent de me dissuader de pénétrer dans la zone encerclée. « Il n'y a rien d'intéressant à voir » m'assure un flic. J'insiste. Lorsque j'arrive sur la place devant la mosquée délabrée, des Ouïgours portant une calotte blanche regardent d'un air furieux et menaçant les colons chinois qui passent en trombe dans leurs nouvelles Volvo rutilantes. Par chance, leur visage s'illumine quand ils apprennent que je suis américain.

« Nous adorons les États-Unis ! » me dit un homme. Ils vont venir nous aider à virer les Chinois. » Le groupe indépendantiste ouïgour le plus important, l'ETIM, souhaite ardemment recréer la république libre du Turkestan oriental, formée dans le passé par des rebelles ouïgours. La Maison de la Jeunesse du Turkestan Oriental, connue sous le nom de « Hamas du Xinjiang », compte deux mille membres.

« J'écoute Radio Free Asia », me confie un homme mûr d'un air entendu. Radio Free Asie diffuse des émissions en ouïgour. « L'Amérique va venir nous apporter la liberté, ça nous le savons bien, mais quand exactement ? ».

Comment puis-je avouer à ces gens que la plupart des Américains n'ont jamais entendu parler des Ouïgours, du Turkestan oriental ou du Xinjiang ? Que la cavalerie n'est pas en route ? Étant donné leur non-existence, être traités avec autant de mépris que les Kurdes, par exemple, constituerait déjà un réel progrès.

En 1999, au moment de mon voyage sur la Route de la Soie vers la ville de Kashgar située dans le sud du Xinjiang, ce que les médias occidentaux appellent « des troubles de faible ampleur » commence à en prendre, de l'ampleur. Les Chinois ont entièrement démoli l'ancienne Cité à l'exception de quelques bâtiments pour y construire des préfabriqués. Mais les Ouïgours n'ont aucunement l'intention de les laisser faire les bras croisés. Les séparatistes de l'ETIM, dont certains ont suivi une formation dans les camps jihadistes afghans, font sauter plusieurs bâtiments officiels chinois chaque semaine. « Bye bye, ministère de l'Intérieur, » exulte le serveur d'une gargote servant des nouilles tandis que l'écho d'une explosion résonne sur le boulevard. « Nous nous battons de toutes nos forces contre la Chine pour vous montrer, à vous autres Américains, que nous ne sommes pas des plaisantins. Les États-Unis sont pour la liberté. »

Puis arrive le 11 septembre. Afin d'éviter un veto chinois sur l'invasion de l'Afghanistan et de l'Irak, lors du vote au conseil de sécurité de l'ONU, l'administration Bush enrôle la Chine dans sa « guerre contre le terrorisme », en lui garantissant un libre accès aux territoires tibétains et ouïgours, pour écraser ces populations. Sous prétexte que les membres de l'ETIM ont reçu des armes et un entraînement des talibans afghans (uniquement pour combattre les Chinois), la Chine réussit à convaincre le Département d'État américain et les Nations Unies, de déclarer le mouvement « organisation terroriste », affiliée à Al Qaida. « Cela représente un pas important vers une plus grande coopération en Asie centrale contre des menaces terroristes communes, l'instabilité et l'horreur qu'elles engendrent, » explique un porte-parole du Département d'État liant les tactiques terroristes aux attaques du 11 septembre. Dans le « Xinjiang : région frontalière musulmane de la Chine », Graham Fuller et Jonathan Lippman écrivent que cette « déclaration américaine [est] une catastrophe » pour le peuple ouïgour. Les États-Unis donnent alors carte blanche à Pékin pour déclarer organisation terroriste tout mouvement nationaliste. Brad Adams de Human Rights Watch ajoute, à l'époque, que « la campagne mondiale antiterroriste donne à Pékin une excellente excuse pour intensifier davantage la répression au Xinjiang. Les autres Chinois profitent d'une plus grande liberté de culte, mais les Ouïgours et les Tibétains ont la nette impression que leur religion sert de moyen de contrôle ».

23 Ouïgours ont, depuis lors, rejoint les rangs des terroristes incarcérés au camp de concentration de Guantanamo. Deux Ouïgours de 29 et 31 ans passent devant un tribunal militaire le 19 novembre 2005, simplement accusés d'avoir été membres de l'ETIM et de s'être rendus dans un camp d'entraînement taliban de combattants antichinois. Bien qu'un homme appelé Mahmut ait initialement plaidé coupable afin de ne pas être renvoyé en Chine, (« Si on me renvoie en Chine, ils me tortureront à mort, explique-t-il au tribunal, ils utiliseront les chiens... ils m'arracheront les ongles ».) on n'accordera pas à ces trois hommes le statut de combattant ennemi. Les États-Unis rejettent leur demande d'asile politique. Après une attente relativement longue, l'Albanie finit par accueillir les anciens détenus. Des militaires disent que la plupart des Ouïgours seront finalement libérés, sans être renvoyés vers la Chine, notre allié dans la « guerre contre le terrorisme », car ils y seraient probablement torturés et / ou exécutés.

Les fonctionnaires chinois de l'époque ordonnent aux étudiants de l'université ouïgour de passer davantage de temps à étudier le politiquement correct idéologique, et de dénoncer tout camarade qui observerait le jeûne du Ramadan. « Nous avons un accord avec le gouvernement chinois stipulant qu'il est de ma responsabilité d'empêcher les étudiants de jeûner pendant le Ramadan » admet ouvertement un représentant du comité des affaires religieuses de Kashagari en 2004. C'est ce même homme, parlant sur Radio Free Asia, qui est chargé de veiller à ce que la vie nocturne au Xinjiang soit accessible 12 mois par an : « je dois m'assurer que les restaurants restent ouverts aux horaires habituels [pendant le Ramadan]. Chaque jour, je dois rédiger un rapport à mes supérieurs hiérarchiques et je dispose également de deux agents pour transmettre informations et rapports à la hiérarchie.»

Certains fonctionnaires ont même fait pression sur des employeurs afin qu'ils emmènent leur personnel déjeuner pendant le Ramadan. Le génocide culturel est une chose bien étrange.

Les mesures répressives touchent même le rédacteur en chef du *Kashgar Literature Journal* : il a publié une nouvelle originale 'Wild Pigeon' (*Le Pigeon Sauvage*), dont l'auteur purge déjà une peine de dix ans de prison, décrivant ce que les autorités estiment être une allégorie à peine voilée de la dureté des dirigeants chinois au Xinjiang. Le rédacteur en chef, Korash Huseyin, risque une peine plus sévère s'il est condamné. Comme si la persécution de militants ouïgours en Chine ne suffisait pas, le gouvernement exige également la coopération de pays voisins. Les gouvernements kirghiz et kazakh, violant le principe de « non-refoulement », ont arrêté et extradé des Ouïgours recherchés pour crime politique.

La loi martiale reste en vigueur au Xinjiang. La répression de l'après 11 septembre commence par des centaines d'arrestations, et l'exécution de neuf « terroristes et extrémistes religieux ». L'un des condamnés à mort, accusé d'avoir contribué aux troubles fomentés par les forces séparatistes nationalistes, est alors surpris en train de plaisanter, exprimant son espoir : « l'Amérique viendra au Xinjiang pour libérer les Ouïgours du joug chinois ».

Bonne Bouffe

En ce qui concerne leur nourriture et leurs victuailles, il faut savoir qu'ils mangent tous leurs animaux morts sans exception, et avec le nombre de troupeaux et de hordes en leur possession, ils ne peuvent qu'avoir profusion de cadavres à leur disposition. Néanmoins, en été, tant qu'il leur reste du kumi, du lait de jument, ils ne consomment point d'autre nourriture. Mais si un bœuf ou un cheval vient à mourir, ils en découpent la viande en fines lanières qu'ils font faisander au soleil et au vent. La viande sèche rapidement, sans sel et sans odeur désagréable. Avec les intestins des chevaux, ils fabriquent des saucisses, meilleures que celles de porc, qu'ils mangent fraîches.

Guillaume de Rubruck,
émissaire du roi Louis IX auprès des Mongols, 1253-1255.

Vous avez quelques kilos à perdre ? Le régime du Docteur Atkins ne marche pas ? Essayez de courir dix kilomètres par jour, tous les jours. Arrêtez les pommes de terre. Arrêtez aussi la bière. Envisagez peut-être un anneau gastrique. Mais si vous êtes prêts à recourir à un régime radicalement efficace, je n'ai qu'un endroit à vous conseiller : votre agence de voyage.

Je mesure un mètre quatre-vingt-cinq. À la fin de l'été 1997, en l'espace de six semaines, j'ai perdu 20 kg (j'en faisais 89). Comment est-ce possible ? La diarrhée. Et la giardiase. Le régime d'Asie centrale n'est pas fait pour les petites natures, mais contrairement aux méthodes qu'on vous présente quotidiennement à la télévision, je vous garantis le résultat.

La troisième semaine de notre voyage, Alan et moi entrons dans le restaurant Dishold, un événement qui ne figurera certainement pas dans les annales de la république d'Ouzbékistan, mais qui restera gravé dans ma mémoire, bien après que le reste de mon cerveau aura commencé à se gâter. Grâce aux précédentes attaques gastronomiques du voyage, je suis passé du premier au dernier cran de ma ceinture. Par la suite, j'utiliserai un poinçon pour faire de nouveaux trous. Je me suis habitué à me vider au moins une fois par heure, réussissant à tenir deux ou trois heures d'affilée la nuit. Heureusement, mon anus, qui saignait lors d'un périple tortueux en bus à travers les montagnes du Tian Shan séparant le Turkestan chinois du sud-est duKazakhstan, s'est recouvert d'une croûte avant notre arrivée en Ouzbékistan. J'apprécie cette évolution car cette croûte fait alors office de bouchon naturel, modérant le flux diarrhéique.

Comment les choses pourraient-elles empirer ?

Le restaurant Dilshod de Samarkand est un amas en béton préfabriqué, fermé depuis, grâce à l'intervention personnelle d'Allah, et qui se trouve à environ 30 mètres de la rue Kommunistichestskaïa. Cette distance par rapport à la rue principale permet aux dîneurs d'avoir le plaisir de manger dehors, où, en ce jour d'août particulièrement frais, il ne fait que 55 degrés, température plutôt agréable comparée à celle régnant à l'intérieur du four non climatisé qu'est le restaurant, tout en évitant les gaz d'échappement. Il n'y a pratiquement pas de circulation puisque personne n'a les moyens d'acheter de l'essence depuis l'effondrement économique du milieu des années 1990. Cependant, ce revers de fortune révèle l'inclination naturelle des Ouzbeks à rester optimistes malgré la sombre conjoncture.

Des pieds de veau proposés sur un marché : l'une des nombreuses raisons pour lesquelles l'obésité n'est pas un problème en Asie centrale.

Ayant passé la plus grande partie de la nuit à massacrer les moustiques dans notre chambre de l'hôtel Vatan, nous avons terminé notre nuit au-dessus du plat de concombre, tranches de tomates et feta offert au petit-déjeuner et, à l'heure du déjeuner, nous mourrons de faim. Etant les seuls clients, nous pensons alors que le service du Dilshod sera rapide.

Alan, le genre de gars qui habituellement fume uniquement en cachette de sa copine, est devenu un gros fumeur vers la frontière Kazakho-Kirghiz. « Achète des allumettes lui suggéré-je. Je veux des allumettes du restaurant Dilshod ». Le serveur emporte la cigarette Hollywood à la cuisine et nous la rapporte allumée.

Comme le veut la coutume dans les plus grands restaurants du tiers monde, le serveur nous présente un menu comprenant de nombreuses pages et recouvert d'un plastique épais. Les entrées sont écrites en cyrillique, auxquelles ont été ajoutées des traductions anglaises énigmatiques : « un oiseau dans une jolie sauce, deuxième sorte ». Je montre du doigt une série de lettres qui ressemble plus ou moins à un plat que j'ai déjà commandé ailleurs et, comme je n'en suis pas mort, ça devrait être relativement peu toxique. « Désolé Monsieur, pas aujourd'hui ».

J'ai oublié de mentionner que le serveur porte un gilet noir, une veste et un nœud papillon.

J'essaye quelque chose d'autre. Pas de chance. Alan essaye à son tour.

Alan fait trois ou quatre tentatives, aucune ne semble disponible ce jour-là.

Finalement je demande s'il y a quelque chose à manger pour le déjeuner. Notre

BONNE BOUFFE

De Achgabat à Almaty, au dîner, au déjeuner et au petit-déjeuner, vous pouvez manger des shashlyks. Il s'agit la viande, principalement du mouton, sur une brochette. Gras et délicieusement épicé à la première bouchée, le caractère répétitif de l'alimentation en Asie centrale altère rapidement la santé et le mental du voyageur.

serveur nous répond, sans sourire :

« Il y a [inintelligible] »

« Qu'est-ce que c'est ?» demandé-je.

« [inintelligible] » répète-t-il, plus fort.

Alan met sa main en cornet contre son oreille.

« [ININTELLIGIBLE] ! »

« Deux » dis-je. Je fais un geste amical pour soutenir notre tentative de communication. Le serveur disparaît après un semblant de courbette.

Nous nous affalons dans nos chaises de plastique blanc pour observer la vue. A gauche, à droite, personne en vue. Quelques chiens sauvages errent parmi les parpaings abandonnés, les bouteilles d'eau vides et les câbles rouillés traînant dans la « cour » entre le restaurant et la rue. Le mâle dominant, dont la supériorité se remarque à sa relative bonne santé et aux restes de fourrure accrochée sur ses côtes saillantes, donne des coups de crocs à ses sous-fifres pour leur rappeler leur place dans la hiérarchie canine.

Notre serveur nous sort de notre torpeur déshydratée. « Voilà ! » annonce-t-il, en déposant deux assiettes couvertes sur la toile cirée à carreaux recouvrant notre table, elle aussi en plastique. (bon d'accord, il n'a pas dit « voilà », mais c'est tout comme). La nourriture étant complètement froide dans l'assiette, la présence des couvercles a pour but évident de la protéger de la chaleur extérieure torride.

Mais quelle nourriture froide avons-nous là !

« Qu'est-ce que c'est ? » demandé-je à Alan, sans attendre de réponse.

Un Stan Trekker, Bill goûte du kumi, du lait de jument fermenté. La boisson salée, aliment basique des nomades kirghiz et kazakhs, vous permet, paraît-il, d'éviter le mal des montagnes.

« C'est peut-être une sorte de *shashlyk*. »

Le shashlyk, qui signifie en turc brochette de viande, est le repas que l'on trouve partout en ville, en Russie, dans le Caucase, en Asie centrale et dans la plupart des pays du Moyen-Orient. Normalement vous achetez un kebab de mouton graisseux, grillé au charbon de bois. On utilise également d'autres viandes, de l'agneau ou, plus rarement, du boeuf. La qualité peut varier du tout au tout, allant de presque savoureux au pire étouffe-chrétien. Le problème est qu'il n'y a généralement rien d'autre. Imaginez le cruel dilemme du voyageur : vous tombez malade si vous ne mangez pas, mais manger vous rendra tout aussi malade.

Le shashlyk se compose parfois de viande hachée mélangée à des épices et collée sur une brochette. Les habitants d'Asie centrale ne seront peut-être pas d'accord, mais la plupart des Occidentaux trouvent en général cette variante encore plus répugnante que le shashlyk normal.

« Possible, réponds-je. Mais regarde la forme. Les shashlyks écrasés sont normalement plus fins sur les extrémités... Et ils sont beaucoup plus minces au milieu ».

« Et ça a normalement la couleur de la viande » ajoute Alan.

Nous avons vu quantité de shashlyks.

« Ce ne sont pas des shashlyks, déclaré-je. Ce sont des couilles. »

Alan prend sa brochette et la renifle. « De la sciure mélangée à de l'urine, suggère-t-il.

Le testicule qu'on m'a servi est marron clair. Ca me perturbe car, bien que de nombreux produits soient marron clair, je n'ai encore jamais rencontré cette sorte de marron auparavant, ni dans l'alimentaire, ni dans rien d'autre.

« Ça ressemble un peu à du vomi » lui dis-je.

« Plutôt du vomi de chat » corrige Alan. A cette époque, nous sommes tous deux propriétaires de chat.

Nous nous regardons. Puis nous examinons le périmètre du patio. « Le serveur n'est toujours pas revenu, » dit Alan en lançant sa couille de je ne sais quoi aux chiens juste avant que je fasse la même chose. Les bêtes affamées se jettent sur notre offrande, la langue pendante, les pattes saignantes d'avoir marché sur des morceaux de verre. C'est alors que quelque chose de terrible se produit.

Mâle Dominant mord un morceau de viande. Il fait une drôle de tête. Il laisse échapper un glapissement horrifié, et part à toute allure, balançant ses pattes de devant entre celles de derrière tandis que ses congénères le suivent.

Rappelez-vous que ces chiens se trouvent alors à l'article de la mort, faisant les poubelles sous une chaleur torride. Notez bien que même lorsqu'ils sont robustes les chiens ne sont pas difficiles... Ils mangent des trucs dégoûtants et ils aiment ça. Et bien ce hachis de couilles les dégoûte au point de partir la queue entre les jambes, terrorisés. *Et dire que j'ai failli en manger.*

L'Asie centrale est une région dirigée par des despotes corrompus, ayant sous leurs ordres une police militaire stupide et perverse, et dans laquelle des violences, allant du petit conflit frontalier aux attentats à la bombe, en passant par les invasions, peuvent se déclencher à tout moment. Elle recèle les montagnes les plus dantesques de la planète et les moyens de transport les plus rudimentaires, les déserts les plus chauds, et les plateaux les plus froids. Mais tous ces inconvénients ne sont rien comparés à sa nourriture.

Les histoires de voyage rigolotes parlent souvent de bouffe, et une de mes préférées concerne les fameux shashlyks. En 2000, lors du Stan Trek*, j'encourage les conducteurs

de mon bus à nous emmener dans l'est du Kirghizistan, le long de la rive orientale du lac Issyk-Koul, nous faisant ainsi passer par un poste frontière du Kazakhstan rarement utilisé. Les hommes de la *militsia*, déjà proches du coma éthylique en plein milieu de l'après midi, sont stupéfiés de nous voir, ou plutôt de voir quelqu'un débarquer. Je tends à un flic assez gras, dont les boutons de chemise sont sous pression en raison de son ventre, une pile de passeports à vérifier. Il ouvre son registre, puis s'arrête.

« Combien y en a-t-il ? »

« 24 » réponds-je.

Il réfléchit. « Trop de travail », dit-il, en me les rendant. Il nous fit signe de la main.

« Allez y ! » nous ordonne-t-il, écœuré.

Les Stantrekkers, qui ont quitté Almaty le matin du jour précédent, ont terminé leurs barres de céréales et commencent à avoir faim. « La prochaine fois que vous voyez un étal de shashlyks, arrêtez-vous, » demandé-je au conducteur du bus. Les conducteurs de bus d'Asie centrale sont du genre indolent, prêts à faire à peu près n'importe quoi plutôt que de conduire. Je suppose alors qu'il accueillera chaleureusement une occasion supplémentaire de faire la sieste. Pourtant nous dépassons les étals de shashlyks les uns après les autres, sans jamais nous arrêter. Je finis par demander une explication. « Les shashlyks ne sont pas bons ici », me répond-il.

« Les shashlyks ne sont jamais bons. On s'arrête ! » Il pile.

Je ne sais pas si son refus de s'arrêter est une forme de résistance passive ou quelque chose de pire encore : des shashlyks plus mauvais que d'habitude.

Mais, des spécialités culinaires délicieuses, il y en a : une infinie variété de melons au goût si exquis que vous délaisseriez les melons de supermarché à tout jamais. Les nouilles Laghman, grosses pâtes épaisses du Xinjiang, d'Afghanistan oriental et du Tadjikistan, sont l'ingrédient de base d'une soupe si délicieuse qu'il est incompréhensible qu'elle ne soit pas vendue à chaque coin de rue, dans le monde entier. Le Kazakhstan sud oriental, est une zone de choc culturel si

*Stan trek : voyage organisé par Ted Rall en Asie centrale pour un groupe de touristes américains.

La seule alternative agréable au shashlyk : l'immense variété de succulents melons.

Marchands de légumes Ouzbeks sur un marché de construction typiquement soviétique.

proche de la Chine qu'on y mange avec des baguettes : les cuisines turque et chinoise se mêlent en un parfait mélange entre Orient et Occident. Mais ces aliments, qui sont préparés dans des taudis infestés d'insectes et servis dans des bols rincés à l'eau froide, sale de surcroît, vous rendront malades. De plus, ils sont rares.

D'un fuseau horaire à l'autre, de l'Azerbaïdjan à l'ouest de la mer Caspienne, et jusqu'à Almaty au sud du Kazakhstan, les shashlyks douteux sont la règle. Vous tomberez parfois sur quelques radis et concombres égarés, peut-être sur une petite tomate, mais rien de plus côté légumes.

La bière, en revanche, n'est pas chère, a du goût et coule à flots. Et comme ses calories sont les seules que vous garderez plus d'une heure d'affilée, elles sont essentielles à votre survie.

Les moments de réconfort sont peu nombreux dans les anciennes républiques soviétiques. À la campagne vous trouverez un trou dans le sol en guise de toilettes. La version urbaine est ce que nous appelons des toilettes à la turque, utilisées par des clients soûls, et donc peu précis. Il n'y a de papiers toilettes ni dans un cas ni dans l'autre. Les habitués de l'Asie centrale viennent avec des paquets de mouchoirs en papier et des lingettes pour apaiser leurs hémorroïdes naissantes. Pire que tout, pour les femmes en particulier, le plus souvent les toilettes sont en plein air, chez Dame Nature.

Comme presque tout le monde, locaux inclus, souffre de diarrhée chronique, les longs trajets en bus sont ponctués de fréquents arrêts permettant aux passagers d'uriner ou de déféquer. Entre les arrêts, personne ne parle beaucoup. Les hommes libèrent leur ventre douloureux de l'étau de leur ceinture. Les hommes comme les femmes gémissent doucement sous les douleurs que leur font subir leurs boyaux tout en espérant ne pas se faire dessus. Le conducteur s'arrête, tout le monde descend en quête d'un endroit recouvert d'herbes hautes ou d'un arbre, et fait sa commission là, tout de suite. Le besoin d'intimité peut conduire les gens à des mesures extrêmes. Cela entraîne également de bien curieux arrêts aux stands.

En 1997, sur une route de montagnes dans le sud est du Kazakhstan, notre bus s'arrête devant une datcha d'été dans les contreforts des montagnes de Tian Shan. La porte principale a été forcée. Nous pénétrons à l'intérieur pour utiliser la salle de bain du propriétaire absent. C'est en tout cas ce que je suppose ce moment-là, mais je me trompe. Nous nous retrouvons dans la version russe d'un salon banlieusard. Canapé, tables basses, lampes et rideaux. Mais quelque chose ne va pas du tout.

Éparpillés sur le sol, dans chaque pièce et même à l'étage, se trouvent des morceaux de mouchoirs en papier fin et rose que je reconnais immédiatement : il s'agissait de ces serviettes en papier que l'on trouve dans les restaurants, et que tous les habitants des pays du tiers monde volent et utilisent comme papier toilette. Et près de chaque morceau de papier en boule on pouvait voir une ou deux crottes.

Beaucoup de ces crottes ont durci avec le temps. Certaines semblent assez récentes, elles datent d'il y a une semaine peut-être. Les gens de mon groupe cherchent un petit espace encore disponible pour déféquer. Je rejoins Alan dehors. « C'est une *maison de merde** ! » m'exclamé-je. « C'est le cas de le dire ! » me rétorque-t-il. Nous explosons de rire. Mais bon Dieu, pourquoi nous sommes nous arrêtés là ? Qui mérite de voir ce genre de choses se produire dans sa maison ? Pourquoi les passagers du bus n'hésitent-ils pas une seconde à déposer leur pêche dans le salon de quelqu'un ? C'est l'un des grands mystères de ma vie, et je suis bien décidé à le résoudre. Finalement, après avoir beaucoup insisté, le conducteur du bus finit par nous confier que la maison appartient à un homme qui lui a volé sa femme pour l'épouser.

---

* *En français dans le texte original.*

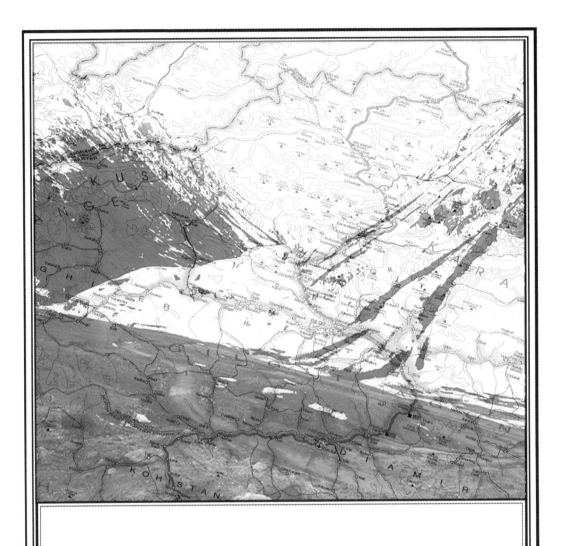

La route du Karakorum 1999

En 1999, POV me renvoie en Asie centrale, cette fois-ci pour écrire sur « La route la plus dangereuse au monde », la route du Karakorum reliant Kashgar, dans la région autonome chinoise ouïgoure du Xinjiang, à Islamabad, capitale pakistanaise. Mon meilleur ami et moi décollons pour Tashkent, passons quelques jours à Almaty avant de traverser le Kirghizistan pour atteindre le col de Torugart menant à la Chine, col de haute montagne alors officiellement interdit aux étrangers, permettant d'accéder à la route vers Kashgar. Tandis que notre bus remonte la route sinueuse, dans les montagnes du Karakorum, du col Khunjerab marquant la frontière avec le Cachemire occupé par les Pakistanais, le général Pervez Musharraf prend le pouvoir par la force au Pakistan et ouvre la frontière cachemire aux insurgés talibans.

LA ROUTE DU KARAKORUM 1999

Mon second voyage en Asie centrale commença sous de mauvais auspices. Quelques jours après que des centaines de guérilleros du Mouvement Islamique d'Ouzbékistan aient quitté leur campement du Tadjikistan pour passer dans le sud du Kirghizistan, le président ouzbek Islam Karimov bombarda 4 villages kirghizs sous contrôle du MIO*. Les bombes ouzbeks frappèrent également des villages tadjiks de l'autre côté de la frontière.

Les gouvernements kirghiz et tadjik rappelèrent leurs ambassadeurs et fermèrent leurs frontières avec l'Ouzbékistan. Cole et moi devions nous rendre à Bichkek, ce qui implique d'entrer d'abord au Kazakhstan, mais les Kazakhs avaient eux aussi fermé leurs frontières.

Les combats faisaient rage à quelques kilomètres à l'est de Tachkent : l'avenir de l'Asie centrale était en jeu. Pourtant, ma seule préoccupation, c'était ma douleur à l'aine. J'avais été opéré d'une hernie un mois auparavant.

*MIO : Mouvement Islamique d'Ouzbekistan.

Lorsque Cole et moi descendîmes de l'avion à Tachkent, ce fut pour trouver les gares routières et ferroviaires fermées. Même les chauffeurs de taxis les plus casse-cou refusaient de nous faire quitter l'Ouzbékistan.

FRONTIÈRE FERMÉE. RIEN NE MARCHE. NIET.

Nous partîmes à pied sur la route sinueuse, en compagnie d'un flot de réfugiés convaincus que le régime Karimov allait bientôt basculer. Scène mémorable mais qui n'était rien en comparaison de ce qui nous attendait au Cachemire occupé.

ÇA, CE SONT LES BONS MOMENTS.

MAIS JE VAIS TROP VITE, JE DOIS D'ABORD VOUS DONNER QUELQUES INFORMATIONS SUR LE

CACHEMIRE

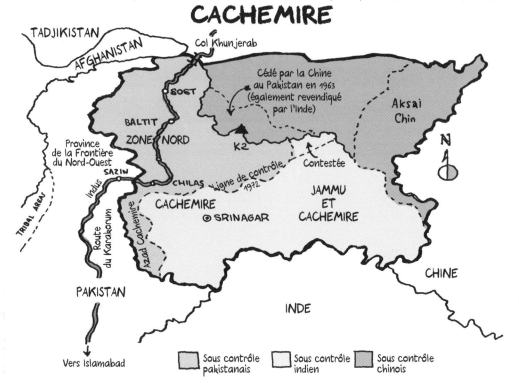

LE CACHEMIRE EST UN CHAMP DE BATAILLE EN HAUTE ALTITUDE, OBJET DU CONFLIT TERRITORIAL LE PLUS DANGEREUX AU MONDE. L'INDE ET LE PAKISTAN SE SONT FAIT LA GUERRE À TROIS REPRISES POUR LE CONTRÔLE DE CE SUPERBE ENCHEVÊTREMENT DE VALLÉES ET DE MONTAGNES VERTIGINEUSES. SANS ISSUE CLAIRE ! LE CACHEMIRE, QUI FUT FRAPPÉ PAR UN TREMBLEMENT DE TERRE DE MAGNITUDE 7,8 EN 2005, EST D'AUTANT PLUS MAUDIT QUE L'INDE ET LE PAKISTAN DÉTIENNENT TOUS DEUX L'ARME ATOMIQUE.

ET POUR RENDRE LA SITUATION ENCORE PLUS PASSIONNANTE, LA CHINE AUSSI EN VEUT UN MORCEAU.

PARFAIT.

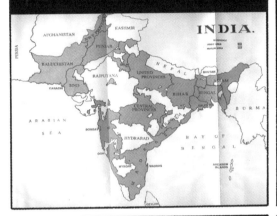

LES FORCES ARMÉES INDIENNES OCCUPÈRENT SRINAGAR, « LA CAPITALE D'HIVER » DU CACHEMIRE ET COMMENCÈRENT À REFOULER LES PACHTOUNES VERS LA PROVINCE DE LA FRONTIÈRE PAKISTANAISE DU NORD-OUEST.

C'EST TROP LE PIED, LA GUERRE EN HAUTE ALTITUDE.

EN 1949, À L'ISSUE DU CESSEZ-LE-FEU, LE PAKISTAN CONTRÔLAIT LES DEUX CINQUIÈMES DU CACHEMIRE ET ON DÉNOMBRAIT 3000 MORTS. L'INDE PROMIT QUE LES CACHEMIRIS VIVANT SOUS SON CONTRÔLE POURRAIENT PRENDRE LA NATIONALITÉ DE LEUR CHOIX.

"NOTRE OBJECTIF EST DE LAISSER LA LIBERTÉ DE CHOIX AU PEUPLE DU CACHEMIRE. LE RÉFÉRENDUM SERA ORGANISÉ POUR L'ÉTAT TOUT ENTIER."

– Le premier ministre indien Jawahar Lal Nehru s'adressant au premier ministre pakistanais en 1953.

LE RÉFÉRENDUM N'EUT JAMAIS LIEU.

LA GUERRE SINO-INDIENNE DÉBUTA EN 1962 LORSQUE LA CHINE ATTAQUA LA PARTIE INDIENNE DU CACHEMIRE À AKSAI CHIN. LA CHINE ÉCRASA SON ENNEMI PUIS DÉCLARA LA PAIX DE FAÇON UNILATÉRALE.

LE PAKISTAN, ENHARDI PAR LA VICTOIRE CHINOISE CONTRE L'INDE, LANÇA LA DEUXIÈME GUERRE DU CACHEMIRE EN 1965. LE CONFLIT SE CONCLUT PAR UN CESSEZ-LE-FEU NÉGOCIÉ À TACHKENT SOUS L'ÉGIDE DES SOVIÉTIQUES.

BONNE CHANCE POUR LA PROCHAINE FOIS, TROUDUC.

TOI DE MÊME.

L'INDE ET LE PAKISTAN REMIRENT LE COUVERT EN 1971 APRÈS QUE L'INDE, ALIGNÉE SUR L'URSS, EUT SOUTENU LE BANGLADESH DANS SA GUERRE D'INDÉPENDANCE CONTRE LE PAKISTAN. AU MOINS 300 000 PERSONNES PÉRIRENT MAIS LE DESTIN DU CACHEMIRE DEMEURA EN SUSPENS. UN ACCORD DE PAIX SIGNÉ EN 1972 VIT LA CRÉATION D'UNE « LIGNE DE CONTRÔLE » SÉPARANT LE CACHEMIRE PAKISTANAIS DU CACHEMIRE INDIEN.

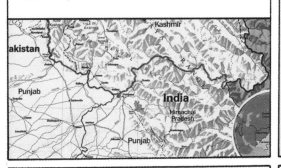

LA TROISIÈME GUERRE DU CACHEMIRE FUT DÉCLENCHÉE À L'INITIATIVE DU GÉNÉRAL PERVEZ MUSHARRAF, CHEF D'ÉTAT-MAJOR MILITAIRE PAKISTANAIS, QUI DEMANDA AUX TALIBANS AFGHANS L'AIDE DE JIHADISTES POUR LIBÉRER LES MUSULMANS CACHEMIRIS DU POUVOIR INDIEN.

LE CONFLIT DE KARGIL (OU GUERRE DES GLACIERS) DE 1999 SURVINT PEU DE TEMPS APRÈS LE PREMIER ESSAI NUCLÉAIRE PAKISTANAIS. LES MIG-27 INDIENS MITRAILLÈRENT LES POSITIONS PAKISTANAISES À PLUS DE 5000 MÈTRES D'ALTITUDE, COMME LE MONDE ENTIER PUT LE DÉCOUVRIR AVEC HORREUR.

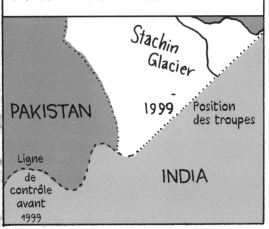

ENCORE UNE FOIS, LE PAKISTAN PERDIT. À L'ISSUE DU CONFLIT, MUSHARRAF RENVERSA LE PREMIER MINISTRE NAWAZ SHARIF ET S'AUTOPROCLAMA DICTATEUR MILITAIRE. APRÈS LE COUP D'ÉTAT, NAWAZ FUT EMPRISONNÉ ET TORTURÉ.

LA ROUTE DU KARAKORUM 1999

LA GUERRE SINO-INDIENNE DE 1962 A TISSÉ DES LIENS PLUS ÉTROITS ENTRE LA CHINE ET LE PAKISTAN.
UNE DES CONSÉQUENCES FUT LE KKH OU KARAKORAM HIGHWAY (ROUTE DU KARAKORUM).

OUVERTE EN 1986, LA KKH EST UN MIRACLE D'INGÉNIERIE QUI RELIE KASHGAR À ISLAMABAD PAR LA ROUTE CARROSSABLE INTERNATIONALE LA PLUS HAUTE DU MONDE.

LA KKH EST À LA FOIS UNE VOIE COMMERCIALE TRAVERSANT LES MONTAGNES DU PAMIR ET DU KARAKORUM, ET UNE RAMPE DE LANCEMENT PERMETTANT AUX ALPINISTES D'ACCÉDER À DES MONUMENTS TELS QUE LE K-2, SECOND SOMMET LE PLUS HAUT DU MONDE.

PLUSIEURS CENTAINES D'OUVRIERS CHINOIS ET PAKISTANAIS ONT PÉRI AU COURS DES VINGT ANNÉES QUE DURA SA CONSTRUCTION.

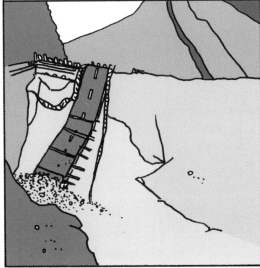

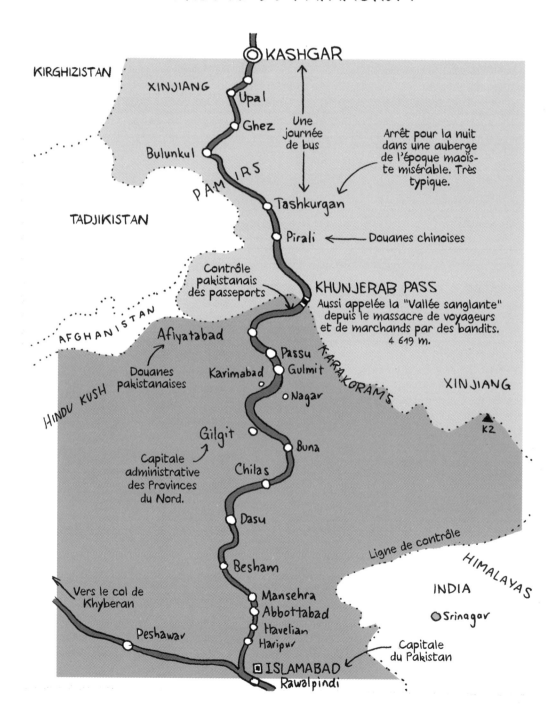

LA ROUTE DU KARAKORUM 1999

LA KKH OFFRE UN LARGE CHOIX DE PÉRILS, NOTAMMENT :
1. DES CHUTES DE ROCHERS PROVOQUÉES PAR LES FRÉQUENTS TREMBLEMENTS DE TERRE.

AIE !

2. L'ÉROSION : LA FONTE DES GLACES SAPE LES FONDATIONS D'UNE ROUTE SITUÉE DES CENTAINES DE MÈTRES AU-DESSUS DES RAPIDES...

3. LE BANDITISME : LES RÉGIONS DU NORD SONT SI DANGEREUSES QUE L'ARMÉE RÉGULIÈRE S'Y AVENTURE RAREMENT.

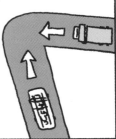

4. LES ACCIDENTS : LA PRISE DE RISQUES EST FAVORISÉE PAR UNE CIRCULATION ÉPISODIQUE.

VIRAGE SANS VISIBILITÉ
(VUE AÉRIENNE)

PROCÉDURE :
1. KLAXONNER
2. ACCÉLÉRER
POUR PASSER LA ZONE DANGEREUSE LE PLUS RAPIDEMENT POSSIBLE.

5. LE MAL DES MONTAGNES :
IL FRAPPE À 2 500 M, LA ROUTE MONTE À 4 500. AUCUN HÔPITAL AUX ENVIRONS.

« LE TRAITEMENT POUR LE MAL DES MONTAGNES EST DE REDESCENDRE. » MOUAIS. Z'AVEZ UNE PELLE ?

6. LES TROUBLES POLITIQUES. ILS NOUS AFFECTERONT PLUS QUE TOUS LES AUTRES DANGERS RÉUNIS.

DES AFGHANS ? QU'EST-CE QU'ILS FOUTENT DANS LE COIN ?

DONC... OÙ EN ÉTAIS-JE ? AH OUI ! LA KKH. COLE ET MOI N'AVIONS PAS EU DE CONTACT AVEC LE MONDE EXTÉRIEUR DEPUIS QUE NOUS AVIONS QUITTÉ KASHGAR. ET MÊME SI NOUS AVIONS EU ACCÈS AUX MÉDIAS OCCIDENTAUX, COMMENT DEVINER CE QUI SE TRAMAIT AU CACHEMIRE ?

LE CONFLIT DE KARGIL, OU TROISIÈME GUERRE DU CACHEMIRE, S'ÉTAIT OFFICIELLEMENT TERMINÉ PAR UN CESSEZ-LE-FEU PROVISOIRE. MAIS PERSONNE N'AVAIT PRIS LA PEINE DE PRÉVENIR LES TROUPES AVANT NOTRE ARRIVÉE UN MOIS PLUS TARD.

SANS QUE NOUS LE SACHIONS, LE PUTSCH DE MUSHARRAF ÉTAIT EN COURS À ISLAMABAD. CELUI-CI AVAIT ORDONNÉ D'OUVRIR LES FRONTIÈRES DU CACHEMIRE PAKISTANAIS À TOUT ARRIVANT. QUAND NOUS NOUS SOMMES POINTÉS AU COL DE KUNJERAB, NOUS AVONS REMARQUÉ QUE LA CARAVANE SERVANT DE POSTE FRONTIÈRE AVAIT ÉTÉ PRÉCIPITAMMENT ABANDONNÉE.

CONSÉQUENCE DIRECTE DU COUP D'ÉTAT, NOS PASSEPORTS NE FURENT PAS TAMPONNÉS À LA FRONTIÈRE CHINOISE. CÔTÉ FRONTIÈRE AFGHANE, C'ÉTAIT UNE TOUTE AUTRE HISTOIRE. DES MILLIERS DE SOLDATS TALIBANS ET DE MILITANTS ISLAMISTES LA FRANCHISSAIENT POUR ALLER SE BATTRE CONTRE L'INDE AU NOM DE MUSHARRAF.

LE PAKISTAN AVAIT ÉTÉ TALIBANISÉ !

LORSQUE LES INDIENS PROTESTÈRENT, MUSHARRAF PRÉTENDIT QU'IL NE POUVAIT CONTRÔLER LA FRONTIÈRE. IL UTILISAIT LES TALIBANS POUR S'ASSURER LE SOUTIEN D'OFFICIERS AMERS APRÈS L'OFFENSIVE BÂCLÉE DE KARGIL ET D'ISLAMISTES OBSÉDÉS PAR LE CACHEMIRE.

Saturday, 25 May, 2002, 14:58 GMT 15:58 UK

Les USA font pression sur Musharraf

About one million troops are amassed on the border

US President George W Bush has said he is "deeply concerned" about the tension between India and Pakistan over Kashmir which risks a conflict between the nuclear-armed neighbours.

In what is believed to be Mr Bush's first public intervention since the current escalation began, he urged Pakistani President Pervez Musharraf to prevent incursions of Muslim militants into Indian-administered Kashmir.

> We don't want war, but we are ready for war
>
> Pakistan's President Musharraf

The remarks came hours after Pakistan announced it had successfully test-fired a medium-range ballistic missile

MÊME APRÈS LE 11 SEPTEMBRE, MUSHARRAF A CONTINUÉ LE JEU DU BRAS DE FER NUCLÉAIRE AVEC L'INDE, EXERCICE PARTICULIÈREMENT DANGEREUX.

LA ROUTE DU KARAKORUM 1999

COMME MA MÈRE EST FRANÇAISE, JE DÉTIENS UN PASSEPORT DE L'UNION EUROPÉENNE, EN PLUS DE CELUI DES ETATS-UNIS. J'AVAIS EMPORTÉ LES DEUX AVEC MOI EN ASIE CENTRALE CAR, SELON L'ENDROIT ET LA SITUATION, IL VAUT MIEUX MONTRER L'UN OU L'AUTRE.

LES TALIBANS HAÏSSENT LES AMÉRICAINS. SI JE LEUR DONNE MON PASSEPORT FRANÇAIS, J'AI PLUS DE CHANCES DE M'EN SORTIR VIVANT.

MAIS COLE N'A QU'UN PASSEPORT AMÉRICAIN. ET S'ILS S'EN PRENAIENT À LUI ET ME LAISSAIENT PARTIR ?

JE SERAIS VIVANT...

MAIS JE NE POURRAI PLUS ME REGARDER DANS LA GLACE...

LA ROUTE DU KARAKORUM 1999

* Université de New York.

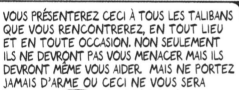

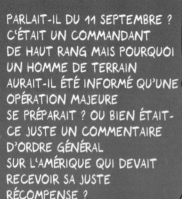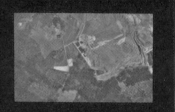

Radicalisation, Répression et Révolution

L'Asie centrale souffre d'un vide culturel qui ne peut être comblé par l'imitation de la culture occidentale.
Ahmed Rashid, Jihad: The Rise of Militant Islam in Central Asia*

En avril 1966, Tachkent est frappé par un tremblement de terre de magnitude de 6,5 sur l'échelle de Richter faisant 200 victimes. Ce chiffre officiel de morts fait mentir l'ampleur et le côté catastrophique de la secousse. La quasi totalité des principaux bâtiments, y compris les mosquées timourides vieilles de plus de six cents ans, sont alors au centre du plus vaste projet de reconstruction jamais entrepris sous l'ère soviétique. La nouvelle capitale de la république socialiste soviétique ouzbèke qui en émerge ainsi que ses nouvelles infrastructures sont construites dans l'intention de faire de Tachkent la ville plus grande et la plus moderne d'Asie centrale, et ainsi détrôner Samarkand. (Lorsque l'armée d'envahisseurs mongols arrive à Samarkand, au sud du Tachkent d'aujourd'hui, ses 400 000 habitants occupent alors la deuxième plus grande ville du monde. Seules quelques centaines de personnes survivent au massacre). Contrairement à d'autres villes aussi isolées, comme Douchanbe et Bichkek, Tachkent est desservie par la plupart des compagnies aériennes internationales plusieurs fois par jour ; il existe même des vols directs au départ de New York. S'il est impossible d'obtenir un visa tadjik au Kirghizistan voisin, ce n'est pas le cas à Tachkent. Est-ce parce que l'Ouzbékistan est la seule république d'Asie centrale à posséder une frontière avec toutes les autres, que la majorité des nations mondiales offrent, aux deux millions d'âmes de Tachkent, une représentation consulaire ? Tachkent possède même l'unique réseau de métro d'Asie centrale, dont la conception et l'efficacité rivalisent avec celles du métro de Moscou.

*Jihad, la montée de l'Islam militant en Asie centrale. Cet ouvrage n'a pas été traduit en français.

Le président ouzbek, Islam Karimov, gouverne ce joyau relatif de modernité occidentale. Ce dictateur, militant laïc de soixante-huit ans, dirige l'Etat policier dans lequel la présence militaire est la plus agressive et la plus omniprésente de la région. Si le culte de la personnalité de Turkmenbachi ne tolère aucune contestation, au moins la plupart de ses opposants politiques pourrissent-ils en prison. Des dissidents turkmènes sont même relâchés à certaines occasions. En revanche, les Ouzbeks savent qu'il est préférable d'organiser ses funérailles avant de déblatérer sur Karimov. La *militsia* ouzbèke s'est récemment et tristement rendue célèbre en ébouillantant vifs ses prisonniers. Les programmes diffusés sur la chaîne publique remportant le plus de succès sont les procès spectacles de la plus pure tradition stalinienne dans lesquels de malheureux accusés confessent des crimes délirants, perpétrés contre leur mère patrie et la décence, avant de disparaître à jamais. Les flics turkmènes extorquent l'argent des voyageurs en y mettant tout leur coeur, mais il n'y a qu'en Ouzbékistan que vous pourrez louer les services d'un milicien en uniforme afin qu'il vous fasse traverser les barrages de police, qui se succèdent les uns après les autres.

La politique étrangère du régime ressemble à celle des États-Unis. S'il se passe quelque chose dans une région proche de l'Ouzbékistan, ou qui peut le toucher d'une manière aussi mystérieuse soit-elle, Karimov considère que cela concerne son pays. Il a donc récemment pourchassé des militants islamistes qu'il considère alors comme une menace. Il va même jusqu'à appliquer les principes de la guerre préventive en bombardant des villages kirghiz, occupés par des militants venus du Tadjikistan en qui il voit également une menace. Les pays voisins protestent et ferment leurs frontières après ces incidents, mais tout le monde sait bien qu'ils ne peuvent pas faire

La madrasa de Miri Arab à Bukhara. Cette école de théologie musulmane vieille de 500 ans, une des rares à avoir survécu à la période soviétique, a été entièrement restaurée au cours des dernières années.

grand-chose. « Les Ouzbeks sont nos États-Unis » soupire un fonctionnaire tadjik en prenant le thé un après midi printanier à Douchanbé. « Ils se prennent pour la police de l'Asie centrale ». Après tout, l'Ouzbékistan est fier de posséder les prestigieuses villes de Khiva, Boukhara et Samarkand, situées sur la Route de la Soie. Ces villes sont aussi des centres d'échanges commerciaux et des sources de revenus touristiques. Le pays peut se targuer de la plus grande armée de la région, dirigée par un commandant en chef qui n'hésite pas à faire appel à leurs services.

Karimov symbolise l'opposition existant entre l'autoritarisme postsoviétique et le fondamentalisme islamiste croissant qui semble destiner à façonner l'Asie centrale dans un avenir proche.

L'islam est un sujet délicat en Asie centrale. 95% de la population se dit de confession musulmane. « Al-hamdulillah [Loué soit Allah], je suis musulman », vous répondront la plupart des gens auxquels vous poserez la question. Bien que remontant aux vagues d'invasions turques du VIIIe siècle, les origines historiques de l'Islam d'Asie centrale, sunnite mais aussi à la branche libérale madhab hanafi du sunnisme, en font un Islam bien plus modéré que celui de l'Arabie saoudite ou du Pakistan. Les bergers des montagnes consomment traditionnellement du *kumi*, lait de jument fermenté. Les citadins ne refusent jamais un verre de vodka, ou d'un autre alcool. Les nomades kazakhs et kirghiz se considèrent musulmans et traitent les femmes comme leurs égales. Non seulement, elles montent à cheval et se découvrent comme les hommes mais elles jouissent également d'une sorte de supériorité culturelle sur les hommes. Par exemple, dans le jeu traditionnel « embrassez la fille », une femme en âge de se marier teste la capacité de ses prétendants à l'embrasser tout en chevauchant. Elle peut refuser leurs avances en utilisant tous les moyens à sa disposition, y compris une brutalité incroyable. Lors d'une partie d'« embrassez la fille » à Almaty en

1997, je vois une future mariée, déjà sortie victorieuse de ce jeu à cent quarante-sept reprises, cravacher un jeune homme aux yeux avec la froide efficacité d'un éboueur. Probablement aveuglé à vie, le pauvre crétin n'a pas tenu plus de trente secondes. Hélas, la yourte de l'amour installée près du champ de bataille et destinée à abriter l'improbable nuit de noce en cas de victoire, reste encore une fois déserte. Tout Almaty parle de cette fille. « Elle est si belle et si forte » confie se pâmant un jeune de vingt et un ans se trouvant dans un bar en plein air près du casino. « Être avec une telle femme vaut bien de perdre la vue ». C'est certes idiot, mais un wahhabite ne tiendrait pas ce genre de propos.

Répression soviétique, confusion postsoviétique

Quand, après la révolution d'Octobre, l'Asie centrale tombe sous domination soviétique, les dirigeants communistes interdisent toute pratique religieuse, et mettent tout en oeuvre pour décourager les récalcitrants. Les mosquées sont transformées en musées et en lieux publics, et l'Islam, pratiquée de manière modérée et discrète, disparaît. « Les institutions religieuses et nationales doivent lutter et essuient des pertes lors des expéditions russes dans la région et après la création de l'Etat bolchevique, » raconte, ce jour-là, Abdul Hakim Juzjani, professeur de droit à l'université islamique de Tachkent. « D'importantes [collections montrent la] richesse de l'art et de la science ont été pillées, les ouvrages ont été minutieusement contrôlés, les gens en possession [de livres religieux] ont été jugés ou déportés en Sibérie, ou, si le livre traitait d'une doctrine religieuse, son propriétaire a en général été condamné à une peine plus lourde encore. »

La fin du régime soviétique mène à la résurgence d'une expression publique de la foi, longtemps réprimée, notamment dans les régions rurales, la vallée de Ferghana par exemple, où les frontières du Kirghizistan, de l'Ouzbékistan et du Tadjikistan se rejoignent. « Il est évident que le militantisme islamique des Ouzbeks d'Och s'est intensifié depuis l'indépendance du Kirghizistan en 1991. » écrit, en 2000, Morgan Liu pour *Eurasianet*. « Des centaines de petites mosquées locales, utilisées comme entrepôts et boutiques sous l'ère soviétique, ont été restaurées et rouvertes. Les jours fériés religieux, précédemment interdits, sont célébrés par tous. Tous les ans, des centaines de pèlerins partent d'Och et se rendent au pèlerinage de La Mecque, en supportant un pénible voyage en bus d'environ une semaine. Des groupes d'études islamiques se sont spontanément formés dans le voisinage d'Och ces dix dernières années. Ces groupes autonomes d'environ quinze personnes, les ziyofats, se rassemblent chaque semaine et étudient l'Islam autour d'un repas et d'un thé... En même temps, la plupart des Ouzbeks d'Och parlent avec horreur et dégoût du wahhabisme, le distinguant nettement de l'Islam de leurs ancêtres. Ils s'opposent aux mouvements qui visent à renverser le gouvernement actuel et à appliquer la sharia ».

« Tout le monde sait parfaitement que les habitants de cette région sont liés à l'Islam de part leurs racines historiques, leur large contribution à la culture musulmane et leurs pensées, » nous explique Magda Makhloof, professeur d'études turques et perses à l'université Ain Shams du Caire. « Cependant, la région est restée sous le contrôle des Soviétiques pendant un siècle ou plus précisément trois quarts de siècle. Et cela a sans aucun doute altéré la connaissance réelle de la religion musulmane. Il y a à présent un sentiment, une sensibilité musulmane, mais il manque une connaissance approfondie du sujet ». Cette ignorance permet une étrange interprétation de la religion. Par exemple, le dictateur turkmène Saparmourat Niazov, « Turkmenbachi », est même parvenu à

* Fondé en 1990, le parti Erk (Liberté en ouzbek) est officiellement reconnu comme parti politique d'opposition l'année suivante avant d'être interdit dès 1993.

renforcer son culte de la personnalité en associant des citations de son *Rukhnama*, son « Petit Livre Vert » fait d'observations politiques fantasques, à d'autres, tirées du Coran. Elles sont inscrites sur les murs de la nouvelle mosquée nationale, construite à Kipchak, ville natale de Turkmenbachi. « Les imams du Turkménistan doivent citer le *Rukhnama*, organiser des cours sur le *Rukhnama* dans les mosquées et posséder des exemplaires de ce petit livre vert, rangées sur la même étagère que le Coran, » dit Félix Corley, rédacteur en chef de *Forum-18*, agence de presse norvégienne publiant des articles sur la religion.

Chaque république d'Asie centrale contrôle soigneusement la ferveur religieuse sur son territoire. Chaque mosquée, chaque madrasa doivent être enregistrées auprès de son gouvernement. Les politiciens nomment et destituent les ecclésiastiques. Ces dispositions sont appréciées des dictateurs, inquiets de devoir affronter une révolution, et d'une partie de la population, déjà majeurs à l'époque soviétique.

« Si Islam Abduganievich [Karimov] est amené à quitter le pouvoir, » raconte alors un habitant de Tachkent à un journaliste du *New Yorker*, « il sera remplacé en moins de six mois par un gouvernement fondamentaliste. » Un homme d'affaires ajoute : « Je présenterais avec joie mes papiers dix fois par jour si cela permettait de garantir la paix et la stabilité de la région. » Ces contrôles policiers massifs sont en train d'être mis en place, et pourtant la paix et la sécurité font toujours défaut. De plus, l'approche de Karimov est largement imitée dans toute la région.

Le 11 septembre de l'Ouzbékistan

Le 16 février 1999, Karimov a quinze minutes de retard à une réunion prévue à 11 heures du matin, dans le bâtiment du cabinet des ministres, dans le centre de Tachkent. Au moment où il arrive, une voiture s'écrase contre des barricades entourant la place de l'Indépendance. Une fusillade s'ensuit entre les conducteurs du véhicule et la police. C'est alors que la première des six énormes bombes explose sur la place, détruisant la façade du bâtiment, ainsi que la banque nationale ouzbèke pour les affaires économiques étrangères. Karimov échappe de peu à la mort (il se trouve à cent mètres de l'explosion). Deux autres bombes détruisent le ministère de l'Intérieur. Une autre explose quarante-cinq minutes plus tard près de l'aéroport. Quinze personnes trouveront la mort.

C'est un président en colère que l'on voit apparaître à la télévision publique, s'engageant à « éliminer les voyous » responsables des attentats. Ce n'était pas une parole en l'air.

Le premier réflexe de Karimov est répressif. « L'Ouzbékistan est la cible principale de militants islamiques basés en Afghanistan qui visent à déstabiliser la région, » rapporte Dilip Hiro dans *Asia Times*. « Le président Islam Karimov réagit par une répression massive, emprisonnant plus de quinze cents personnes, supposées avoir de la sympathie pour les rebelles. » En quelques semaines, l'Ouzbékistan devient le centre d'une purge brutale à l'encontre de ses musulmans pratiquants déjà maltraités. Ce même mois, un décret autorise l'arrestation punitive du père d'un suspect, si son extrémiste de fils reste introuvable. « Si mon fils choisissait une telle voie, » dit Karimov, « je lui arracherais la tête moi-même. » Arracher les têtes est un thème récurrent dans la rhétorique de Karimov. Il fait aussi la promesse d'arracher la tête de deux cents personnes pour protéger la liberté et la

OUZBÉKISTAN

Capitale : Tachkent
Type de gouvernement : dictature
Dirigeant : Abduganievitch Karimov (né en 1938)
Population (juillet 2005) : 26 851 195
Groupes ethniques principaux (2003) :
Ouzbeks 80 % ; Russes 5,5 % ; Tadjiks 5 % ; Kazakhs 3 % ; Karakalpaks 2,5 % ; Tatars 1,5 %
Surface (kilomètres carrés) : 442 000
Géographie : « essentiellement constitué d'étendues de dunes de sable, larges vallées fortement irriguées sur le cours de l'Amu-Darya, du Syr-Darya et du Zarafshon. À l'est, vallée de Ferghana entourée par les montagnes du Tadjikistan et du Kirghizistan. À l'ouest, la mer d'Aral qui se réduit comme peau de chagrin.»
Devise/Taux de change (2008) : 1 euro = 2 569 soms
Réserves pétrolières (connues) : 600 millions de barils
Réserves en gaz naturel (connues) : 1,9 billion de mètres cube
Le truc le plus cool en Ouzbékistan : le complexe de mosquées et de madrasas timourides de Registan, dans la vielle ville de Samarkand. Où la grandeur et la grâce se marient dans une célébration glorieuse de l'asymétrie et de l'architecture consacrée au divin.
Le truc le moins cool en Ouzbékistan : les contrôles incessants de la *militsia* rendent quasiment impossible tout déplacement dans le pays, comme d'en sortir ou d'y entrer.
Le meilleur moyen de se faire jeter en prison : se laisser pousser la barbe.
Revenu annuel par personne : 440 $
Taux de chômage : le régime annonce 0,6 % sans rigoler. Les experts estiment le taux à 80 %
Espérance de vie : 64 ans

Le seul pays d'Asie central ayant une frontière avec tous les autres possède aussi, comme aiment à s'en vanter les habitants, les plus belles villes de la région : Bukhara, Khiva, Samarkand et Tachkent, unique véritable métropole d'Asie centrale. Sa position géographique centrale et sa politique extérieure agressive expliquent son surnom de « États-Unis d'Asie centrale ». C'est un pays qui ne manque que trop rarement une occasion de se mêler des affaires de ses voisins, y compris par des incursions frontalières. L'altitude s'élève graduellement d'ouest en est, marquant la transition progressive entre les étendues balayées par le sable des déserts du Kysil Kum et du Kara Kum qui s'enfoncent au Turkménistan et le climat montagnard plus doux qui prévaut au Kirghizistan et au Kazakhstan. Ce pays qui abrite de nombreuses ethnies, y compris une communauté juive à Bukhara, est devenu un chaudron de tensions ethniques et politiques, allant des émeutes aux attentats suicide dans la vallée de Ferghana tenue par des musulmans conservateurs, en passant par de fréquentes tentatives pour renverser le régime d'Islam Karimov, détenteur de la palme du dictateur ayant fait tuer le plus grand nombre de ses concitoyens. Tout comme les autres grandes villes de la Route de la Soie, Samarkand possède un intérêt touristique valant celui de Paris ou d'Istanbul. Ce qui mérite également le détour, c'est le cauchemar écologique créé par l'irrigation tirée de la mer d'Aral. De toutes les républiques d'Asie centrale, l'Ouzbékistan est sans doute celle qui risque le plus de connaître une guerre civile si Karimov venait à disparaître.

stabilité de l'Ouzbékistan. On ne sait pas si Karimov supervise alors personnellement les actes de représailles, mais des rapports publiés affirment que c'est exactement le nombre de musulmans « extrémistes », - il suffit souvent de porter une longue barbe pour être classé extrémiste - que l'on retrouvera pendus aux réverbères de Tachkent au cours du mois de mai. Reconnu comme exceptionnellement violent et corrompu, même selon les critères d'Asie centrale, le gouvernement ouzbek est la preuve qu'un dirigeant peut rester au pouvoir en dépit du mépris quasi universel de ses sujets. Deux ans plus tard, Karimov sera réhabilité par le président américain Georges W. Bush, car il est, entre-temps, devenu un allié de poids dans la « guerre contre le terrorisme ». Il sera ensuite lâché après avoir perpétré un autre massacre avant d'être de nouveau courtisé. Pendant ce temps l'Ouzbékistan avance en chancelant à travers les phases répressives, suivies depuis peu par des kamikazes qui se font sauter aux barrages de police de la *militsia*. Les attentats sont coordonnés mais personne ne peut dire s'ils sont réellement motivés par la foi musulmane, l'oppression généralisée ou la misère économique, et si une quelconque organisation en est responsable. L'échec du système est tel dans la société ouzbek qu'il est impossible de distinguer les réelles motivations des dissidents. Tous les Ouzbeks sont des ennemis potentiels du régime.

« Les attentats [de Tachkent] sont l'équivalent ouzbek de l'attaque du World Trade Center, à beaucoup plus petite échelle cependant, » explique le *New Yorker*. « Les gens sont scandalisés et terrifiés. Dans ce pays où les musulmans représentent près de 95% de la population, les extrémistes islamistes sont accusés de transformer l'Etat laïc de Karimov en une autre version de l'Iran ou de l'Afghanistan. Les militants des droits de l'homme estiment que quarante mille policiers patrouillent actuellement dans les rues de Tachkent; il y a dix ans, ce même nombre quadrillait tout le pays. Les barrages routiers et les vérifications d'identité sont fréquents. La lutte contre le fondamentalisme entraîne la disparition des haut-parleurs des mosquées, réduisant l'appel à la prière au silence, et l'incarcération de milliers de musulmans, proclamant leur foi d'une manière non avalisée par l'État. Ces mesures renforcent l'ordre autoritaire déjà en place, qui réprime la presse libre et l'opposition politique. En Ouzbékistan, la loi interdit d'insulter publiquement le président. Pour ce qui est de la démocratie, lors de la dernière élection présidentielle, l'an passé, Abdulhasiz Dzhalalov, qui n'est, à l'époque, le rival de Karimov que de nom, et l'unique candidat autorisé à se présenter, annonce qu'il a voté pour Karimov. »

Les 800 clubs du Mouvement Islamique d'Ouzbékistan

Le Mouvement Islamique d'Ouzbékistan, ou MIO, organisation islamique entraînée par les talibans, fait la une des journaux internationaux, pour ses incursions frontalières audacieuses, ses enlèvements d'étrangers et son chef charismatique ouzbek, Juma Namangani. Karimov accuse le MIO d'avoir commis les attentats du 16 février. Cette organisation est l'héritière idéologique de l'Opposition Tadjik Unie, une des principales factions musulmanes ayant lutté pour accéder au pouvoir lors de la guerre civile tadjike des années 90. Ce conflit, qui à son apogée voit la partition de Douchanbe entre plusieurs gouvernements rivaux, situation rappelant celle de Beyrouth, finit, comme celui du Liban, dans une impasse engendrée par un épuisement de toutes les parties.

À mon arrivée à Tachkent en août 1999, un groupe du MIO, fort de huit cents hommes, vient de traverser l'enchevêtrement de frontières dans la vallée de Ferghana, là où l'Ouzbékistan

Une des rares images connues de Tahir Yuldash, chef du Mouvement Islamique d'Ouzbékistan, (second à partir de la droite dans cette capture d'un film vidéo). On le voit ici à l'été 2004, en compagnie d'Ayman Al-Zawahiri, le numéro 2 d'Al-Qaïda, qui se tient à sa droite.

touche le Kirghizistan et le Tadjikistan, en s'emparant d'au moins quatre villages kirghiz sur leur route. L'enlèvement de quatre géologues d'une compagnie énergétique japonaise, dont l'un sera exécuté, incite les forces aériennes ouzbeks à bombarder le Kirghizistan, qui, en représailles, ferme ses frontières, et demande à son armée d'expulser les forces du MIO vers l'Ouzbékistan.

Namangani, influencé à la fois par la pratique afghane de la guerre saisonnière, et par la rançon de millions de dollars payée par le gouvernement japonais, se retire sur ses bases, dans le sud du Tadjikistan le long de la longue frontière isolée avec l'Afghanistan. Pourtant, les contrôles aux frontières restent si tendus que les taxis, les bus, les trains et tout particulièrement les voitures sont interdits de passage. À peine un mois après avoir subi une intervention chirurgicale à cause d'une hernie, je me retrouve avec mon compagnon de voyage à transporter nos bagages sur une brouette que nous avons louée. C'est ainsi que nous franchissons, à pied, la frontière poussiéreuse entre l'Ouzbékistan et le Kazakhstan, accompagnés de centaines de réfugiés. Mais Namangani a tiré la leçon de sa campagne de 1999 : les Kirghiz sont, à l'époque, davantage enclins à repousser ses forces vers son véritable ennemi, l'Ouzbékistan, que vers le Tadjikistan.

L'année suivante, je croise de nouveau le MIO. Je suis assis en compagnie de certains des vingt-trois voyageurs que j'emmène dans mon Star Trek 2000, pour une traversée en bus de l'Asie centrale, sponsorisée par la station de radio KFI. Nous étions dans un bar d'hôtel à Och, capitale administrative de la vallée de Ferghana, lorsqu'un officier de l'armée kirghiz, paniqué, entre en courant et nous ordonne d'évacuer.

« La route est ouverte, dit-il en haletant, la ville va tomber demain. »

Je le prends à part pour éviter la panique parmi mes trekkeurs.

« J'ai perdu trente hommes, poursuit-t-il. Ils arrivent.»

Les Américains, habitués à des conflits comme la guerre du Vietnam et la guerre en Irak, pourraient trouver la perte de trente soldats négligeable. Mais dans une province rurale du deuxième pays le plus pauvre au monde, une garnison entière peut ne comprendre que quarante ou cinquante hommes, parfois avec des matraques comme seules armes. Je demande à mon accompagnateur local de nous trouver des places sur le prochain, dernier et unique vol de la compagnie kirghiz à destination de Bichkek. « Le prix normal est de quarante dollars, » dit-il prononçant drôlement ce dernier mot, *dole-arse*, « mais il me faudra quarante dollars de plus pour la réservation. » Nous savons tous les deux ce que cela signifie. Le vol est complet mais le directeur de l'aéroport annulera les billets de passagers qui ont déjà réservé pour nous laisser leurs places. Je lui tends deux mille dollars. « Fais ça », lui ordonné-je, après avoir obtenu la ferme assurance que les passagers annulés sont des *biznezmen* locaux. Ce sera un inconvénient pour eux de se retrouver bloqués à Och sous l'occupation du MIO. Les Américains, eux, risquent d'être exécutés.

Tôt le matin, les rues sont désertes sur le chemin de l'aéroport. En dehors de dix-huit kirghiz en colère fulminant contre la police, tandis que dix-sept Américains et un Mexicain traversent la salle d'embarquement VIP, passent devant les détecteurs de métaux inutilisés en direction du tarmac, rien ne semble alors insolite. Nous embarquons à bord d'un Yak-40 de taille moyenne datant de l'époque soviétique, qui met ses moteurs en marche et commence à rouler vers la piste dès la fermeture des portes.

Emblème du Parti de Libération Islamique, organisation qui partage les objectifs d'un groupe d'Ouzbeks accusés de terrorisme, mais qui espère atteindre son but sans recourir à la violence.

La vue sur les monts Tian Shan est magnifique, de la neige partout, des pics beaux à couper le souffle, des nuages étincelants. Nous montons de quelques centaines de mètres et je regarde en bas pour apercevoir la fumée au-dessus des bâtiments de la partie est de la ville, là où le front a été percé la nuit précédente. Des hommes sautent de leur jeep et se dispersent dans les rues latérales. Deux véhicules s'arrêtent au-dessous de nous, à l'endroit d'où nous avons décollé. Un homme en treillis descend, met son arme en joue dans notre direction. Mises à part quelques détonations rien ne se produit. Ceux d'entre nous qui se trouvent du côté gauche de l'avion se regardent, les yeux écarquillés. Autant que je sache, aucun d'entre nous, à ce moment-là, ne raconte aux autres que nous avons vraiment failli tomber aux mains des rebelles, qui quelques jours plus tôt ont pris en otage un groupe d'alpinistes américains.

Och tombe, mais pour peu de temps. Le MIO repartira quelques jours plus tard, traversera rapidement la frontière ouzbek, et approchera à moins de quinze kilomètres de Tachkent qu'ils ont alors l'intention de prendre. Namangani espère instaurer son nouveau califat Ouzbek. Mais cette brève prise d'Och en 2000 a eu plus de répercussions qu'on ne le pense. Le MIO laisse derrière lui suffisamment d'agents et de sympathisants pour réussir à regrouper les jeunes musulmans mécontents en une force révolutionnaire organisée. Ces prémices amorcées en 2000, associées aux financements de la CIA s'efforçant de saper le pouvoir du président kirghiz jugé non coopératif dans la « lutte contre le terrorisme » de l'après 11 septembre, provoqueront, lors de ladite « révolution des tulipes» de 2005, le renversement du seul dirigeant d'Asie centrale élu démocratiquement.

Le Département d'État américain finit par déclarer le MIO, entraîné par les talibans et financé par la CIA, organisation terroriste. Les planificateurs de la politique américaine voient alors se répéter cet enchaînement de cause à effet : la réaction américaine accélère le recrutement du MIO et incite ses dirigeants à être plus ambitieux. Pendant l'été 2001 par exemple, le MIO tenta de s'emparer d'un relais de télévision kirghiz diffusant ses émissions en Ouzbékistan et au Kirghizistan. Un peu plus tard cette même année, le MIO prend le nom de Mouvement Islamique du Turkestan. Sa nouvelle mission, plus importante que la précédente, consiste à unir le Turkménistan, l'Ouzbékistan, le Kirghizistan, le Kazakhstan, le Tadjikistan et la province chinoise du Xinjiang en un califat islamique. Turkestan est l'ancien nom désignant l'ensemble de l'Asie centrale.

Selon une rumeur, Namangani aurait trouvé la mort lors d'un combat contre les forces alliées américaines dans la zone tribale du Pakistan occidental, juste après l'invasion de l'Afghanistan en 2001. Que ce soit vrai ou non, l'ancien MIO (MIT actuel), maintient sa « base opérationnelle avancée » dans la ville kirghize de Batken près de la frontière tadjik.

L'une des dernières activités connues de Namangani est sa campagne visant à rapprocher son armée de guérilleros, les partis et groupes d'opposition politiques non armés, notamment le Parti de Libération Islamique, le Hizb-Ut-Tahrir al-Islami. Le HUT partage l'objectif du MIT : créer un califat mais, au moins jusqu'en 2002, il espère y parvenir sans avoir recours à la violence.

« Auparavant, le Hizb-Ut-Tahrir disait vouloir créer un califat musulman par la négociation, » explique Nikolai Tanayev, premier ministre kirghiz du gouvernement d'Askar Akaïev, dans une interview de 2002. « Nous assistons désormais à la résurgence de la radicalisation du Hizb-Ut-Tahrir. Nous devons prendre les mesures adéquates, accroître notre vigilance et renforcer nos méthodes d'influence ». De plus, certains doutent de la mort du charismatique Namangani. « Selon nos renseignements, Namangani aurait survécu à sa blessure en Afghanistan [lors du bombardement antiterroriste], » annonce le ministre kirghiz Misir Ashirkulov, un an plus tard. Les associations des droits de l'homme ayant des contacts en Ouzbékistan estiment qu'au moins sept mille membres du Hizb-Ut-Tahrir Islami sont en prison ou au goulag.

Le mouvement HUT serait-il devenu un groupe terroriste ? Les autorités ouzbeks les accusent d'une vague d'explosions et d'attentats-suicide perpétrés contre des barrages de la *militsia* entre le 28 mars et le 1er avril 2004, dans laquelle plus de quarante personnes, dont des policiers et des terroristes perdent la vie. Ils tentent de bombarder le réservoir Chorvak dans la région de Bostanlik ; en cas de rupture du barrage, Tachkent se retrouverait sous les eaux. Une seconde vague d'attentats s'abat sur Tachkent avec l'explosion de bombes le 30 juillet, contre les ambassades américaines et israéliennes, ainsi que contre le bureau du procureur général de l'État. Six personnes sont tuées et au moins neuf autres blessées. Le Zhaomoat (société), nouveau groupe inspiré par l'idéologie du HUT, est également accusé. Les partisans du HUT nient toute implication, affirmant que les attentats sont une expression spontanée d'écœurement vis-à-vis du régime et des méthodes de la police militaire. « Toutes les personnes interviewées, ou presque… expriment bien peu de sympathie envers la police et affirment que les politiques gouvernementales incitent les gens à la révolte » écrit, à cette époque, Esmer Islamov sur *EurasiaNet*.

Lorsque la réalité n'est plus de mise

On peut dire qu'à certains égards il n'est pas important de savoir si le défi lancé par les islamistes aux dictateurs d'Asie centrale est réel. « Promouvoir la menace du MIO peut être utile à l'objectif poursuivi par les dirigeants d'Asie centrale, » remarque un analyste de *EurasiaNet* le jour du premier anniversaire des attentats du 11 septembre 2001 de New York et Washington. Il ajoute que « le spectre d'un MIO revigoré permet de s'assurer de l'aide militaire et économique américaine sur le long terme. Bien avant le 11 septembre, le dirigeant ouzbek Islam Karimov utilisait déjà la menace du terrorisme islamique pour justifier le maintien d'un contrôle strict des libertés individuelles. Et la position de Karimov s'est davantage durcie au cours de l'année… Les dirigeants kazakhs et kirghiz ont pris exemple sur Karimov, s'efforçant d'établir un lien entre la menace terroriste et les actions politiques de l'opposition. »

Les autocrates exploitent les menaces, à la fois réelles et imaginaires, posées par le MIO, le HUT et d'autres organisations similaires, afin de justifier leurs mesures répressives draconiennes : passeports intérieurs, incarcérations préventives, tortures et même exécutions de masse. Mais que les tensions causées par la popularité croissante du fondamentalisme musulman ne puissent tout simplement pas être contenues, ou que les régimes répressifs aient besoin de boucs émissaires extérieurs et intérieurs, l'Islam est également devenu un sujet de controverse à l'échelle régionale. Non seulement Karimov ordonne un bombardement en territoire kirghiz en représailles à, selon ses termes, l'incompétence des autorités du Kirghizistan à traiter l'incursion du MIO en 1999 mais il décide aussi de manière unilatérale de redessiner les frontières dans la vallée de Ferghana. En juillet 2002, le ministre kirghiz à la sécurité, Misir Ashirkulov, dévoile un secret de Polichinelle : les combattants du MIO se trouvent au Tadjikistan. En réponse de quoi, le gouvernement tadjik, furieux, ferme sa frontière et rappelle son ambassadeur. En septembre, un inconnu tente d'assassiner Ashirkulov à l'aide d'une grenade.

Les habitants de l'Asie centrale ont tendance à se tourner vers la religion, du fait de la répression politique accrue, et de l'effondrement de l'économie postsoviétique. Farkhad Iliassov, appartenant à la cellule de réflexion russe Vlast, raconte à *Voice of America*, (équivalent américain de RFI ou de BBC International), que le fondamentalisme islamique attire car il n'y a rien d'autre : « en l'absence d'alternatives démocratiques, les valeurs socialistes ayant fait leur temps, le seul espoir et la seule idéologie restants pour les pauvres et les opprimés, c'est l'Islam. [Les gens] ne peuvent ni attendre d'aide, ni se tourner vers une idéologie alternative ». Ahmed Rashid ajoute : « les impressionnantes mesures répressives mises en place par les régimes d'Asie centrale et le manque total de liberté d'expression politique, poussent tout naturellement les militants politiques à passer dans la clandestinité, à se radicaliser et à rejoindre des groupes islamiques. » Mais ce n'est qu'en 2005 que l'Islam politique radical participe au renversement d'un gouvernement.

« Le peuple a gagné » s'exclame alors un dirigeant du parti de l'opposition kirghize, tandis que le président Askar Akaïev, démocratiquement élu depuis quatorze ans, fuit en direction du Kazakhstan pour s'exiler en Russie. « Mais maintenant, nous ne savons pas comment arrêter ces jeunes types ».

Ces « jeunes types » sont un mélange d'opportunistes au chômage et d'islamistes membres du MIO ou du HUT, venus à Och pour tenter un timide renversement d'Akaïev, dont le régime de l'époque s'enlise dans la faillite économique et une politique inappropriée. Ces jeunes se rassemblent sur la place Ala Too dans le centre-ville de Bichkek, allument des feux et lancent des pierres en direction de la police anti-émeute. Lorsque les flics reculent, les rebelles saisissent leur chance. Ils prennent d'assaut le bâtiment du gouvernement, et Akaïev, ayant refusé aux forces de sécurité l'autorisation de tirer sur les assaillants, s'enfuit au Kazakhstan et se retranche à Moscou.

La place Tian An Men ouzbek

Aucun autre événement ne reflète mieux le caractère explosif du conflit opposant l'Islam et l'autoritarisme façon soviétique, que le massacre de centaines de manifestants anti-gouvernementaux perpétré en 2005 par les forces ouzbeks à Andijan. Andijan est une ville de trois cent mille âmes située dans la vallée de Ferghana au sud-est de l'Ouzbékistan et proche de la frontière kirghize. Ed Vulliamy du *UK Guardian* qualifie cet acte d'« une des pires atrocités de notre époque, un massacre que ses auteurs ont tenté de garder secret, et dont la communauté internationale est complice en gardant le silence. » L'origine de la tragédie d'Andijan remonte à 2004, lorsque vingt-trois hommes d'affaires locaux sont arrêtés et jugés pour « extrémisme religieux » et jetés en prison.

Les procureurs les accusent d'être membres d'une antenne du HUT appelée Akramiya, d'après le nom d'Akram Yuldoshev, et formée en 1992. Yuldoshev purge une peine de

Des habitants d'Andijan attendent des nouvelles de leurs proches après que des centaines de manifestants, comprenant des femmes et des enfants, sont abattus par les forces de sécurité ouzbèkes en mai 2005.

prison de dix-sept ans pour avoir prétendument participé à l'attentat de Tachkent en 1999. Les hommes d'affaires sont, à ce moment-là, emprisonnés depuis trois mois, lorsque leurs partisans et leurs employés, qui déclarent que le seul crime des dissidents est d'avoir refusé de payer des pots-de-vin à des policiers et des politiciens corrompus, prennent d'assaut le poste de la milice locale dans la nuit du 12 mai 2005, où ils saisissent les armes nécessaires à la libération des prisonniers. Le lendemain matin, le 13 mai, aux alentours de sept heures, les habitants commencent à se joindre aux militants sur la place centrale. « Malheureusement pour le régime », écrit Vulliamy, « une correspondante de l'Institute for War and Peace Reporting*, basé à Londres, Galima Bukharbaeva, est présente sur la place Bobur lorsque la milice se précipite sur la foule des manifestants composée de dix à trente mille personnes, et se met à tirer sans discernement. Sans la présence de Galima, l'Ouest n'aurait probablement jamais entendu parler du massacre qui s'ensuit. Son carnet et sa carte de presse sont troués d'une balle, souvenir de ce jour mémorable ».

Les survivants, dont certains se réfugient en Roumanie, rapportent que la manifestation était motivée par des raisons économiques et non religieuses. « Nous espérions que le gouvernement local viendrait entendre nos doléances. Les gens disaient que Karimov lui-même viendrait » raconte un homme du nom de Dolim au journal *The Guardian*. Karimov se rend effectivement bien à Andijan, mais pour superviser personnellement le bain de sang.

Les manifestants avaient deux exigences : que les prisonniers retrouvent la liberté et que Akram Yuldoshev les rejoignent. Des gens ayant d'autres doléances les ont suivis. « Nous sommes allés à la manifestation à cause du chômage, des bas salaires, des retraites non perçues. Nous sommes partis pour entendre des discours, pas pour prendre des balles ». Mais le combat inégal qui suivit, durant lequel un millier de personnes seraient tombées sous les balles des forces gouvernementales, en contact direct avec Karimov, renforce alors le mouvement islamique. « [Les troupes de soldats et les groupes de paramilitaires] ont ouvert le feu directement sur nous, » dit Yuldash, un des survivants. « J'ai vu des gens tomber autour de moi, des femmes et même des enfants; les gens criaient, il y avait du sang partout. J'ai vu au moins cinq cadavres d'enfants en bas âge. »

La plupart des témoins oculaires racontent que la tuerie s'est poursuivie pendant environ quatre-vingt-dix minutes. « Les morts s'entassaient devant moi sur une hauteur de trois cadavres, » dit un certain Baltabai. « À un moment je me suis évanoui. Quand j'ai repris connaissance, il pleuvait, je voyais couler sur le sol l'eau et le sang, mêlés. » Comme les autres, il a survécu en restant caché pendant des heures sous une pile de cadavres. « Ensuite, j'ai rampé derrière un arbre, je me suis redressé et j'ai regardé ce que je voyais. Des corps partout, certains encore vivants, qui bougeaient encore un peu. J'ai eu envie de vomir à cause de tout ce qui avait giclé sur mes vêtements. Je suis entré dans le lycée et j'ai vu un véhicule blindé de transport de troupes qui roulait sur les corps. Ils voulaient achever tous les blessés. Les soldats marchaient le long du trottoir, tirant sur tout ce qui bougeait. Cette scène directement sortie de l'enfer, je l'ai vue, il y a exactement cent jours de cela. » Baltabai et les autres survivants ont fui jusqu'à la frontière kirghize par une route de cinquante kilomètres transformée en champ de tir pour tireurs embusqués et hélicoptères de combat fournis par les Américains. Les gardes-frontières, choqués, ouvrent tout grand la barrière du poste de contrôle en les voyant trempés de sang.

Le régime de Karimov admettra plus tard avoir tué cent quatre-vingt-sept « terroristes

---

* *Institut de la guerre et de la paix, qui renforce le journalisme local dans les zones de conflit, en formant les journalistes, en facilitant le dialogue et en fournissant des informations fiables. Il soutient la paix, la démocratie et le développement dans les sociétés en situation de crise et de changement.*

et extrémistes », en train de lancer une « action terroriste » orchestrée par des « forces étrangères » anonymes. Les estimations occidentales les plus modérées, se basant sur les registres judiciaires locaux, commencent à sept cent cinquante morts.

Si vous êtes un tant soit peu familiarisé avec les passages de frontière en Asie centrale où se multiplient les barrages de police, vous trouverez inimaginable cette scène montrant des policiers Ouzbeks franchir en trombe la frontière kirghize, menaçant d'exécuter les familles de ceux qui ont fait le choix de rester. « Le fils d'un homme décide de [rentrer], » dit Yuldash, « et ils lui ont cassé les bras et les jambes à la frontière. Ce sort est clairement celui qui attend tous ceux qui rentreraient : la prison et la torture ». Un homme appelé Pulat se rappelle « Un homme qui y est retourné a été emmené à l'interrogatoire avec des aiguilles sous les ongles. Ils l'ont ensuite exécuté avant de rapporter son corps chez ses parents en leur disant : «Voici votre fils. Que ça serve d'exemple». Pendant que j'écris, les forces de sécurité ouzbeks continuent d'effectuer des raids sur le territoire kirghiz, prouesse aisée en raison de l'agitation perpétuelle faisant suite à la révolution des tulipes, à la recherche de survivants de ce que l'on nomme ici désormais la Place Tian An Men ouzbèke, et qui partout ailleurs dans le monde est oubliée ou ignorée.

Les gouvernements d'Ouzbékistan et des autres nations d'Asie centrale en guerre contre un Islam politique espèrent écraser cette religion par la même brutalité que celle employée à Andijan, mais ils apprennent la difficile expérience à laquelle ont dû faire face les autorités d'occupation israéliennes : la radicalisation des modérées en raison de la répression. Suhrob Sharifov, directeur du centre des relations internationales à Douchanbe, explique : « de nombreux experts pensent que le régime ouzbek est responsable du développement de l'extrémisme religieux dans le pays car il arrête et insulte des coupables mais aussi des innocents.

Les gens rejoignent des groupes extrémistes en signe de protestation contre le régime ».

Hikmatulloh Saifullohzoda, porte-parole du seul parti musulman officiel d'Asie centrale, le Parti de la Renaissance Islamique du Tadjikistan, acquiesce : « Si les autorités font pression sur les croyants, il arrive que ces derniers réagissent de manière agressive face à ce comportement violent des autorités. En d'autres termes, on les oblige à réagir de cette façon. Si l'on négociait de manière modérée avec eux, ils ne se comporteraient pas, me semble-t-il, de manière violente, extrémiste ou radicale ». Rien n'indique que les régimes actuellement au pouvoir à Achgabat, Tachkent et dans d'autres capitales d'Asie centrale comprennent cette simple vérité, cette dure leçon.

La révolution des tulipes kirghize.

Quand on pense « Jockey* », on pense « caleçons blancs moulants ». Mais il y a de cela quelques années, loin du regard inquisiteur des écrivains spécialisés dans le business occidental, loin de tout, dans la capitale poussiéreuse de l'ancienne république soviétique du Kirghizistan, Jockey tente de se repenser comme un créateur de vêtements masculins haut de gamme.

L'électricité est, à l'époque, régulièrement coupée. La guerre civile fait rage dans le Tadjikistan voisin, mais le Kirghizistan est submergé de prêts provenant de banques occidentales, attirées par le statut unique de cette république relativement bienveillante et dirigée par un président élu démocratiquement. La seule existence d'un magasin Jockey et de son armée de vendeuses top-modèles toutes vêtues de la même micro minijupe noire, témoigne de l'optimisme envahissant Bichkek, lors de l'été fou de 1997. « Est-ce qu'il y a des gens qui font leurs courses ici ? » demandé-je à une vendeuse. Elle m'assure que oui. « Est-ce qu'ils achètent quelque chose ? » Elle rit nerveusement. Un travailleur kirghiz moyen dépenserait l'équivalent de dix ans de salaire pour pouvoir rapporter chez lui un élégant costume Jockey.

Seul, parmi les républiques d'Asie centrale ayant émergé après l'effondrement de l'Union soviétique en 1991, le Kirghizistan est alors gouverné par un véritable parlement avec des groupes d'opposition politique, pouvant faire campagne et gagner des postes électifs. Alors que ses voisins musellent les médias, créent des cultes de la personnalité staliniens ridicules, et président des états policiers violents et corrompus, Askar Akaïev fonde la « Suisse de l'Asie centrale », oasis montagneuse calme et amicale, dans une région où règnent habituellement une misère et un climat d'oppression scandaleux. Les barrages de police omniprésents, les prisons politiques et les espions du KGB-OVIR, spécialités de l'Asie centrale, n'y existent pas. Les Kirghiz avaient peu de pétrole et de gaz, mais qui sait ? Les alpinistes européens et les passionnés de rafting pourraient aider au développement d'un secteur touristique.

Le FMI (Fonds Monétaire International), dirigé par les Américains, prend rapidement conscience que les pierres, la seule ressource naturelle du pays, ne sont pas la meilleure garantie de paiement. Il coupe son aide financière et fait éclater la bulle économique kirghize.

Dès 1999, le magasin Jockey disparaît pour laisser place à un café, qui l'a de toute évidence suivi dans les oubliettes du commerce de détail au beau milieu du repas.

On aurait pu faire un somme au milieu de la rue, autrefois encombrée par la circulation, sans crainte d'être dérangé. Les nuits, quant à elles, sont ponctuées de coups de feu.

* *Jockey International, Inc. est un fabriquant de sous-vêtements pour hommes, femmes, garçons, filles et bébés.*

En mars 2005, des milliers de manifestants se rassemblent sur la place Ala Too de Bichkek, et finissent par provoquer l'exil du président kirghiz élu démocratiquement. Ce coup d'état devient célèbre sous le nom de révolution des tulipes.

Le problème du chômage s'amplifiant, le MIO, installé dans des camps au Tadjikistan, franchit la frontière sud du Kirghizistan, afin de tenter de renverser le dictateur ouzbek Islam Karimov. L'armée kirghize appauvrie et sous-équipée en artillerie lourde, est écrasée deux fois, lors de l'invasion, puis de la retraite du MIO. Les combattants du MIO trouvent refuge dans la vallée de Ferghana, bastion musulman conservateur de l'Asie centrale, dont la vieille cité kirghize méridionale d'Och est le centre.

Akaïev tient compte de l'incursion du MIO. Privé de l'aide étrangère, et la moitié du pays échappant au contrôle du gouvernement, il a recours à une version édulcorée des tactiques utilisées par ses voisins, les hommes forts d'Asie centrale. Il fait mettre en prison l'ancien général soviétique Félix Kulov, chef de l'opposition, et truque les scrutins lors des élections parlementaires du 13 mars. Ces initiatives déclenchent une série de manifestations organisées par les habitants de la vallée de Ferghana, qui s'emparent des villes d'Och et de Tokmak, avant de traverser les montagnes du Tian Shan en direction de la capitale.

Bien que la quête de liberté soit compréhensible et louable, les récents événements au Kirghizistan ressemblent moins à une révolution, qu'à un raid effectué par de fougueux pillards venus du sud. Et la période post-Akaïev force les Kirghiz à choisir entre deux options peu attrayantes : garder à la tête de l'État un chef appartenant à l'ancien régime autocratique tel que Kulov (Premier Ministre par intérim lors de la Révolution des Tulipes), ou les islamistes influencés par les talibans qui chasseront le président du pouvoir.

De cyniques experts régionaux reconnaissent la marque des changements de régimes inspirés et financés par les Américains, dans certaines révolutions dites « colorées », qui s'abattent sur l'ancienne Union soviétique à partir de 2003. A d'abord lieu la « révolution des roses » en Géorgie en novembre 2003, qui précipite la chute de Chevardnadzé sous la pression de dizaines de milliers de manifestants. Chef de l'opposition de longue date, Mikhael Saakashvili gagne l'élection présidentielle, mais est nettement battu aux élections parlementaires deux ans plus tard : les Géorgiens l'accusent alors d'avoir trahi ses promesses pour une plus grande transparence. En décembre 2004, des millions de manifestants prennent possession des rues de Kiev, apportant avec eux la révolution orange en Ukraine. En novembre 2005, des milliers d'autres tentent en vain de renverser le régime autoritaire d'Ilham Aliev en Azerbaïdjan. Un autre coup d'Etat avorté a lieu en Biélorussie en mars 2006. Il prend fin lorsque la *militsia* d'Alexandre Lukashenko arrête les manifestants et détruit leur campement.

La révolution des tulipes fait suite aux élections parlementaires de février et mars 2005, les partis de l'opposition politique conservatrice du sud du pays ayant protesté d'en avoir été écartés. Avec le recul, il paraît incroyable que le régime d'Akaïev, dont la milice n'était pas armée, a réussi ait tenir aussi longtemps.

En mars 2005, les manifestants s'emparent des bureaux du gouverneur à Jalalabad et à Och, où plusieurs jours s'écoulent avant qu'un millier de manifestants n'occupent les bureaux gouvernementaux et l'aéroport. Une vague de militants anti-gouvernementaux organise un sit-in sur une place centrale de Bichkek, tandis que les villes du Sud commencent à tomber les unes après les autres. Le jeudi 24 mars, une foule, estimée à plusieurs

KIRGHIZISTAN

Capitale : Bichkek
Type de gouvernement : intérim (dirigeants du coup d'Etat de 2005)
Dirigeant : Président par intérim Kurmanbek Bakiev (né en 1949)
Population (juillet 2005) : 5 146 281.
Groupes ethniques principaux (2003) :
Kirghizes 64,9 % ; Ouzbeks 13,8 % ; Russes 12,5 % ; Doungames 1,1 % ; Ukrainiens 1 % ; Ouïgours 1 %
Surface (kilomètres carrés) : 196 000.
Géographie : « les pics des Tian Shan et les vallées associées et cuvettes couvrent la nation tout entière »
Devise/Taux de change (2008) :
1 euro = 54 soms
Réserves pétrolières (connues) :
40 millions de barils
Réserves en gaz naturel (connues) :
20 milliards de mètres cube
Le truc le plus cool au Kirghizistan : le « grand lac » en haute altitude de Issyk-Kul ; on peut s'y baigner dans une eau assez chaude tout au long de l'année.
Le truc le moins cool au Kirghizistan : les nuits terrifiantes dans les rues des villes.
Le meilleur moyen de se faire jeter en prison : être tadjik
Revenu annuel par personne : 1 150 $
Taux de chômage : 28 %
Espérance de vie : 68 ans

Durant la première décennie qui suit l'indépendance, la république kirghize est le chouchou des instances internationales. Sous la direction libérale d'Askar Akaïev, seul président élu démocratiquement de la région, le Kirghizistan est considéré comme la Suisse de l'Asie centrale : montagneux, tranquille, apaisant. Les miliciens sont seulement honnêtes mais aussi aimables. Les fonds issus du FMI, de la banque mondiale, et les autres soutiens financiers occidentaux, disparaissent en 1999, après que les découvertes de pétrole au Kazakhstan ne transforment ce pays à son tour en objet de toutes les attentions.
Le Kirghizistan, pauvre en énergie, dont les infimes réserves en pétrole et en gaz sont tout sauf exploitables, n'a alors plus un sou. L'effondrement économique entraîne une désintégration politique, une forte inflation et un chômage jetant les habitants de la région d'Och, capitale historique de la vallée de Ferghana, dans les bras du Mouvement Islamique d'Ouzbékistan, et d'autres organisations extrémistes venues du Tadjikistan.
Dès le début 2005, Akaïev est déjà assailli par une population méridionale rétive. Puis il commet une erreur fatale : il demande à ce que l'administration Bush ferme la base aérienne « temporaire » ouverte en 2001 à la suite du 11 septembre, afin de mener des opérations contre les Talibans. Des rumeurs rapportant que des armes venant de la CIA et de l'argent liquide sont transférés vers la guérilla du MIO, commencent à circuler, et en l'espace de quelques semaines, une caravane de jeunes gens armés, quitte Och avant de franchir les montagnes du Tian Shan en direction de Bichkek pour tenter de renverser Akaïev. La république kirghize espère aujourd'hui attirer le tourisme international, et plus particulièrement celui venant d'Europe, en vantant les beautés des ruines de l'époque de la Route de la Soie, et les anciens sites archéologiques. Elle souhaite aussi développer les sports de plein air, tels que le rafting et le delta-plane, mais à ce jour, ce n'est pas l'endroit idéal où passer ses vacances pour un occidental. Le pays est sur le point d'être proclamé en faillite, conséquence de la révolution des tulipes de 2005.

Après un affrontement avec la milice et la prise des bâtiments gouvernementaux à Bichkek lors de la révolution des tulipes, les manifestants font la fête.

dizaines de milliers de personnes, composée principalement de l'ethnie ouzbek de la vallée de Ferghana, se rassemble près des principaux bâtiments gouvernementaux dans le centre-ville de Bichkek. Lorsque la *militsia* tente de repousser assez brutalement les jeunes du devant de la foule, ceux qui se trouvent à l'arrière poussent vers l'avant, projetant un élan d'humanité sur les marches du bâtiment et dans l'Histoire.

En mai, Akaïev, en exil, accuse les Américains d'être les réels instigateurs de la révolution des tulipes. L'administration Bush, prétend-t-il, l'a évincé pour le punir d'avoir permis à la Russie de construire une base aérienne. Il pose aussi la question de savoir si, et pourquoi, les États-Unis ont besoin de maintenir une présence militaire indéfiniment. Le refroidissement des relations américano-kirghiz débute lorsque Akaïev demande aux forces américaines de ne pas utiliser la base aérienne de Manas, lors d'opérations d'invasion de l'Irak en mars 2003. À ce moment-là, le parti Ar-namys critique énergiquement la position d'Akaïev, et se déclare en faveur de la présence américaine.

« Le régime qui se met en place actuellement a sans aucun doute reçu un soutien extérieur. Il est évident qu'à l'époque, la révolution bénéficie du soutien technique et financier américain. Les États-Unis semblent avoir décidé que [la base russe de Kant] contrecarrait leurs intérêts, déclare Akaïev. Cela marque le début de ma disgrâce. » Il devient rapidement clair que les États-Unis ont délibérément déstabilisé le gouvernement d'Akaïev. Parmi d'autres activités secrètes, un journal du parti d'opposition publie des photos d'un nouveau palais présidentiel en construction, peu de temps avant les élections parlementaires contestées. La publication est financée par *Freedom House* (organisation basée à Washington, qui étudie l'étendue de la démocratie dans le monde), et dont le président est l'ancien directeur de la CIA, James Woolsey. Lorne Craner, Secrétaire d'État adjoint américain à la démocratie, aux droits de l'homme et au travail d'alors s'accorde à dire que « les États-Unis financent des programmes pro démocratiques au Kirghizistan selon le « Freedom Support Act » de 1992. Nous avons récemment réalisé un projet au Kirghizistan où il n'y a jamais eu qu'une seule imprimerie de presse. Nous avons créé une autre imprimerie, afin que les journaux dans l'impossibilité de publier chaque jour, à cause de la censure et du manque de moyens, puissent maintenant le faire beaucoup plus souvent, et même de façon quotidienne ». Les médias kirghiz publient une note signée par l'ambassadeur américain, Stephen Young, demandant un changement de régime. Ce dernier dément et affirme que le document a été falsifié.

Les nouveaux dirigeants du Kirghizistan souhaiteront peut-être tenir compte des avertissements d'Akaïev, quant à la volonté américaine d'avoir recours aux changements de régime pour défendre ses intérêts militaires. En août 2005, Valentin Bogatyryov, directeur de l'institut officiel international kirghiz des études stratégiques, confie à l'agence de presse Interfax que son gouvernement souhaite, à ce moment-là, fermer la base américaine : « La vie politique en Afghanistan redevenant normale, les corps constitués, au sein desquels le président et le parlement, devraient être rétablis... Et il sera nécessaire de soulever le problème des bases militaires de la coalition anti-terroriste et de la fin de leur mission [en Asie centrale] ».

Le président par intérim, Bakiev, devrait peut-être demander à Akaïev s'il a une chambre d'ami.

Un partenaire vicieux dans la guerre contre le terrorisme.

Ainsi donc, qui est le plus brutal ? Saddam Hussein ou Islam Karimov ? Les gens sensés ne sont pas d'accord sur le sujet. A l'époque, les hommes de main de Saddam électrocutent les dissidents. D'un autre côté, Karimov pille tant la richesse pétrolière de son pays que les tortionnaires de son État n'ont même pas de quoi acheter une grille électrifiée. Ils doivent donc avoir recours à des méthodes moyenâgeuses. Ils plongent les « extrémistes terroristes », c'est-à-dire les hommes d'affaires refusant de payer des pots-de-vin, dans de l'eau bouillante jusqu'à ce que mort s'ensuive.

Inutile de se demander qui est le tyran le plus haï. Saddam a volé des millions au Trésor irakien, mais il a aussi distribué suffisamment d'argent pour construire à la fois des infrastructures potables et un pouvoir économique parmi les Sunnites, qui constituent environ quarante pour cent de la population. Karimov, despote absolu de l'Ouzbékistan depuis l'effondrement de l'Union soviétique en 1991, est vorace et sa devise personnelle fait écho aux slogans promotionnels de David Bowie pour MTV : trop n'est jamais assez.

L'Ouzbékistan est un acteur essentiel dans le grand jeu des énergies fossiles de la mer Caspienne. Le pays, du moins sur le papier, est prêt à devenir un exemple du succès économique. C'est un des plus grands producteurs au monde de gaz naturel et il possède de vastes réserves de pétrole brut non exploitées. L'importance stratégique de l'Ouzbékistan dépasse le fait que le pays a des frontières communes avec tous les autres pays d'Asie centrale. Mais contrairement à l'Irak de Saddam Hussein, chaque cent gagné grâce aux vastes ressources énergétiques va directement dans la poche d'Islam Karimov. Sa pingrerie s'étend même à sa *militsia* composée de voyous : plutôt que de leur verser un salaire digne de ce nom, il leur accorde le droit de contraindre, voler, mettre en prison ou même tuer. Les miliciens, ne

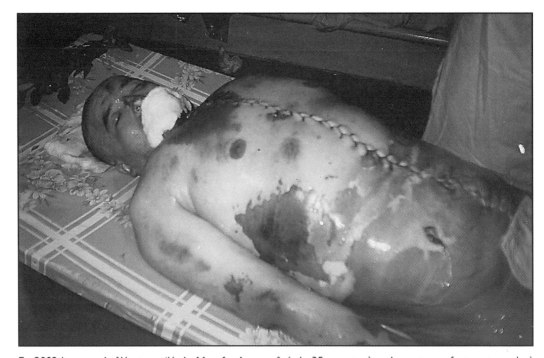

En 2002 le corps brûlé et mutilé de Muzafar Azazov âgé de 35 ans et père de quatre enfants, est rendu à sa famille pour les obsèques. Azazov était détenu à la prison de Jaslyk qui, selon Human Rights Watch, est réputée pour les dures conditions de vie imposées aux prisonniers, et les tortures infligées aux détenus religieux. Les docteurs ayant examiné le corps d'Azazov ont déclaré qu'il avait été sévèrement battu, on lui avait arraché les ongles et soixante à soixante dix pour cent de son corps étaient couverts de brûlures, indiquant qu'on l'avait plongé dans l'eau bouillante jusqu'à ce que mort s'ensuive.

respectant pas les lois, n'en sont que plus loyaux. Chaque flic sait que ses voisins le tueraient si Karimov venait à disparaître.

L'Ouzbékistan a une population ethniquement et politiquement diversifiée, comprenant des Ouzbeks, des Tadjiks, des Kazakhs et même des juifs de Bukhara. Alors que l'on voit fréquemment des femmes en minijupes dans les rues de ces centres urbains séculaires que sont Khiva et Samarkand, la vallée de Ferghana rurale abrite un courant fondamentaliste de l'Islam qui n'est pas sans rappeler les Talibans. Mais tous les Ouzbeks ont quelque chose en commun. Peu importe que vous parliez à un guérillero du mouvement islamique radical d'Ouzbékistan, à une prostituée travaillant au bar du Sheraton de Tachkent, ou à un enfant vendant des sodas dans un bazar ; tous détestent Karimov et sa milice.

La réelle puissance de cette police hors-la-loi ouzbèke s'abat sur les émeutiers anti-gouvernementaux, réclamant la « liberté » à grands cris, ainsi que des élections libres et la fin de la corruption officielle régnant dans la ville d'Andijan, située dans la vallée de Ferghana, ce 13 mai 2005. Bien que Karimov déclare aujourd'hui que la police agit seule, le journal britannique *The Independent* rapporte qu'il contrôle la situation d'alors, ayant quitté la capitale Tachkent pour se rendre à Andijan, et il est presque certain que c'est lui, en personne, qui donne l'autorisation de tuer les manifestants. »

On peut lire : « On a établi que la foule a été fauchée par de puissantes mitrailleuses 7,62 mm coaxiales, montées sur deux véhicules de transport de troupes blindés, des BTR-80 de construction russe. Ces armes peuvent tirer deux mille cartouches et se rechargent en un rien de temps. Un hélicoptère militaire a servi à la reconnaissance et les troupes ouzbèkes armées de Kalachnikov ont ouvert le feu sur les manifestants en compagnie des BTR-80, créant ainsi une pluie de plomb à laquelle nul ne pouvait échapper. Les soldats se sont assurés d'avoir consciencieusement effectué leur mission. Après cette fusillade, ils allaient d'un corps à l'autre, tirant une balle dans la tête des rebelles pour être sûrs de ne pas laisser de blessés. Ils passèrent les rues de la ville au peigne fin, afin d'achever les survivants. »

Avant cette « saignée », Karimov a fait remarquer que l'ordre de l'ex président du Kirghizistan Askar Akaïev, de ne pas tirer sur les manifestants, était une erreur fatale qui a entraîné sa chute.

L'administration Bush, si véhémente lorsqu'il s'agit de promouvoir la libération, grâce à un changement de régime, de l'Irak, de l'Ukraine et, ironiquement lorsque les islamistes renversent le président kirghiz démocratiquement élu, minimise le massacre ouzbek. « Après le 11 septembre, » explique *Newsweek*, « l'administration Bush a établi un partenariat stratégique avec Karimov, mettant sur la table cinq cents millions de dollars

Karimov rencontre Bush à la Maison Blanche lors de sa première visite officielle en 2001.

pour utiliser une base militaire dans le sud de l'Ouzbékistan, en vue d'opérations en Afghanistan, et offrant au moins soixante millions de dollars par an en aide militaire et en formation ».

Bush et toute sa clique ont parfaitement connaissance de l'atroce record de Karimov. Le rapport de 2001 de Human Rights Watch sur l'Ouzbékistan, donne comme « estimation basse » 7 000 prisonniers politiques ouzbeks. Selon HRW : « Le personnel pénitentiaire frappe systématiquement les prisonniers avec des matraques en bois et en caoutchouc et réserve un traitement particulièrement éprouvant à ceux accusés de militantisme religieux, leur faisant subir d'autres passages à tabac. La torture est systématique lors des détentions provisoires précédant le procès.» Georges W. Bush s'en moque. Peu après ces événements, il accorde à Karimov tous les honneurs que l'on réserve à un chef d'État invité à la Maison Blanche.

Les pressions exercées par diverses organisations des droits de l'homme incitent les États-Unis à suspendre temporairement leurs subventions à court terme, ainsi que les manoeuvres militaires communes. Karimov est incapable de comprendre les subtilités de la realpolitik. De tels gestes constituent le modus operandi standard et hypocrite des pays occidentaux, qui font quelques remarques polies sur les droits de l'homme tout en couvrant les agissements des dictateurs locaux. Il annule donc le contrat américain obtenu après le 11 septembre, sur l'utilisation de la base aérienne de Karshi-Khanabad, aussi appelée K-2, qui devait entrer en vigueur fin 2005. Mais une autre sale affaire est en cours à ce momentt-là.

Deux semaines après Andijan, le *New York Times* rapporte que « des preuves de plus en plus nombreuses indiquent que les États-Unis ont envoyé des hommes suspectés de terrorisme en Ouzbékistan, pour y être détenus et interrogés, et ceci même si les traitements infligés par l'Ouzbékistan à ses propres prisonniers continuent d'être dénoncés dans le monde entier, y compris par le Département d'État américain. Le fait que l'Ouzbékistan sert de geôlier de substitution aux États-Unis, est confirmé par une demi-douzaine d'agents de renseignements en poste, ou l'ayant été, en Europe, au Moyen-Orient et aux États-Unis. La CIA refuse tout commentaire sur le programme de transfert de prisonniers, mais un agent de renseignements estime alors que le nombre de suspects de terrorisme envoyé vers Tachkent par les États-Unis s'élève à « plusieurs dizaines ».

Les États-Unis continuent de sous-traiter la torture en Ouzbékistan.

Néanmoins les responsables russes utilisent l'expulsion américaine d'Ouzbékistan pour pousser le Kirghizistan à en faire autant, tandis que l'Ouzbékistan retrouve le giron de la Mère Patrie soviétique. En 2005, dans le journal contrôlé par l'État, *Novosti Uzbakistana*, on peut lire que, « l'enthousiasme pour les « révolutions colorées » diminue dans la Communauté des États Indépendants, » faisant remarquer que « ceux qui souhaitent la démocratie [au Kirghizistan] [sans doute les États-Unis] obtiennent une anarchie totale ».

Chris Pattern écrit dans *The International Herald Tribune* : « l'onde de choc provoquée par le massacre d'Andijan continue à se propager en Asie centrale. Immédiatement après cette tragédie, des centaines de personnes tentent de fuir au Kirghizistan, qui n'est lui-même pas loin de la catastrophe et qui est ébranlé au point de risquer de s'effondrer complètement. Faible mais combatif, le Kirghizistan et le Tadjikistan dépendent essentiellement de l'Ouzbékistan en ce qui concerne l'énergie et le transport. Même le Kazakhstan, relativement prospère, aurait de graves problèmes si la violence devait conduire les Ouzbeks à franchir sa frontière. »

Alexei Malachenko, un expert d'Asie centrale au Carnegie Moscow Center, affirme que le gouvernement ouzbek estime que sa coopération avec les États-Unis lui permettrait de ne pas payer le prix fort pour les mauvais traitements infligés à ses prisonniers politiques. Karimov est « stupéfié » de lire des critiques pourtant tièdes dans les médias. « Ils montraient à tous, à l'Occident et surtout aux États-Unis, qu'ils étaient en première ligne face au terrorisme. Ils se sentent désormais déconcertés, car ils ont toujours cru que l'Amérique était leur alliée, et que la lutte contre le terrorisme était un parfait prétexte pour faire tout ce qu'ils voulaient en Ouzbékistan, en matière de droits de l'homme et d'opposants politiques. »

Le désaccord entre Tachkent et Washington semble donc avoir pour cause un terrible malentendu que les États-Unis aimeraient bien régler. Plus de cinq mois après le massacre d'Andijan, Daniel Fried, Secrétaire d'État adjoint pour l'Europe et l'Eurasie, annonce au Congrès qu'il a exprimé la position du gouvernement américain sur l'Ouzbékistan : « Mon message a été de dire que nous voulons de meilleures relations avec vous, mais qu'il y a un grave problème à résoudre ». Quand on lui demande quelles sont les sanctions possibles, il répond : « je ne rentrerai pas dans les détails pour l'instant. » Tandis que j'écris ces lignes personne n'en a dit davantage.

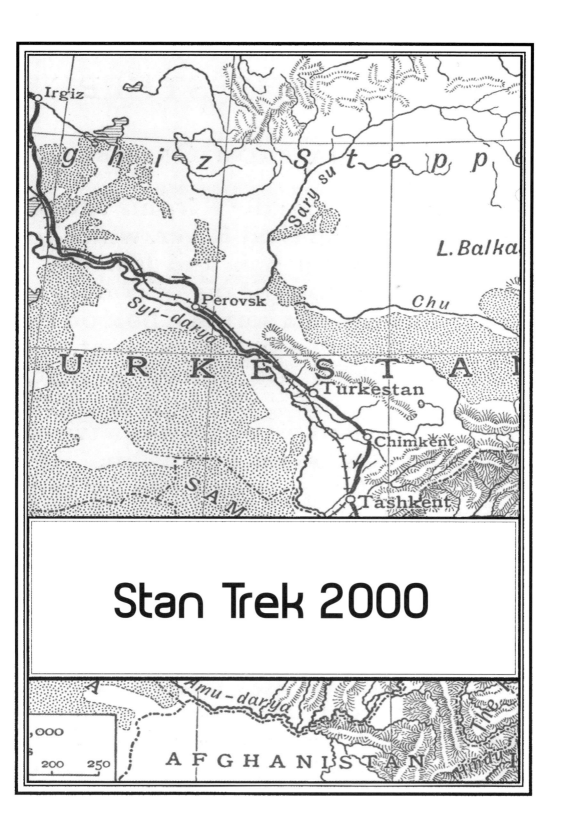

Stan Trek 2000

Sur la radio KFI basée à Los Angeles, une des rubriques les plus populaires de mon talk-show s'intitule : « Stan Watch : Breaking News from Central Asia. ». A cette époque, j'ai envie de tenter une nouvelle expérience, une sorte de plaisanterie : inviter un groupe d'auditeurs à prendre part à un voyage extrême en bus en partance pour l'enfer : « Stan Trek 2000 »... En août, nous décollons donc de Los Angeles pour Moscou puis Bakou et enfin Achgabat d'où nous prenons le premier bus d'une longue série pour traverser le Turkménistan, l'Ouzbékistan, le Kazakhstan et le Kirghizistan. Notre projet de prendre la route du Pamir jusqu'à Douchanbe puis d'entrer en Afghanistan à bord d'un hélicoptère militaire avorte lorsque les militants du Mouvement Islamique d'Ouzbékistan assiègent Och, ville où nous nous trouvons à ce moment-là.

STAN TREK 2000

* To the Stans : jeu de mots signifiant à la fois les pays d'Asie centrale, mais aussi sur le fil du rasoir, Stanley knife étant un cutter. (NDT.)

* Intourist : agence de voyage se trouvant en situation de monopole à l'époque soviétique.

FINALEMENT TOUT FUT BOUCLÉ. NOUS AURIONS DEUX ESCALES, LA PREMIÈRE D'UNE NUIT À MOSCOU ET L'AUTRE D'UNE JOURNÉE À BAKOU. PUIS NOUS PRENDRIONS DES BUS AFFRÉTÉS DE ACHGABAT À MERV BOUKHARA, SAMARKAND, TACHKENT, BICHKEK ET ALMATY. ENSUITE NOUS TRAVERSERIONS LES MONTAGNES TIAN SHAN EN DIRECTION D'OCH ET DE LA ROUTE DE PAMIR AU TADJIKISTAN. UN HÉLICO DE L'ALLIANCE DU NORD NOUS FERAIT ENSUITE SURVOLER LES MONTAGNES À DESTINATION DE FAISALABAD OÙ EST INSTALLÉ LE Q.G. DE L'ALLIANCE AU BADAKHCHAN. DE LÀ, NOUS IRIONS PAR VOIE DE TERRE JUSQU'À LA LIGNE DE FRONT, NÉGOCIERIONS UN PASSAGE SANS RISQUE VERS KABOUL ET KANDAHAR PUIS FERIONS DEMI-TOUR ET RETOURNERIONS À BICHKEK. DE LÀ NOUS REPRENDRIONS L'AVION POUR MOSCOU OÙ NOUS PROFITERIONS DE QUELQUES JOURS DE FARNIENTE.

OUI. JE SAVAIS QUE C'ÉTAIT COMPLÈTEMENT DINGUE. NOUS LE SAVIONS TOUS. C'ÉTAIT MÊME ÇA L'ENJEU.

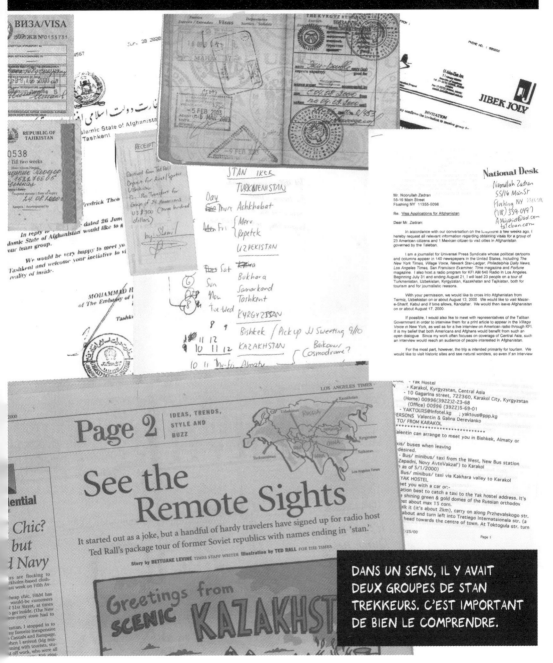

LE GROUPE PRINCIPAL COMPRENAIT 23 PERSONNES : ILS AVAIENT TOUS SIGNÉ APRÈS AVOIR ÉTÉ SÉDUITS PAR "STAN WATCH" ET SES REPORTAGES SUR LES BOULEVERSEMENTS SURVENUS DANS LA RÉGION. ILS DÉSIRAIENT DES SENSATIONS EXTRÊMES.

NOUVEL ATTENTAT À LA BOMBE, AUJOURD'HUI, À TACHKENT.

IL N'Y AVAIT QU'UNE PERSONNE DANS LE SECOND GROUPE : MOI. J'ÉTAIS DÉTERMINÉ À APPLIQUER CE QUE J'AVAIS PÉNIBLEMENT APPRIS AU COURS DE MES PRÉCÉDENTS VOYAGES DE 1997 ET 1999. J'ÉTAIS DÉTERMINÉ À ÉVITER LES ERREURS... C'EST À DIRE, LES FRISSONS.

TU PRÉVOIS DE FUMER COMME UN POMPIER ?

LA MILICE VEUT DES POTS-DE-VIN. POURQUOI LUTTER ?

LE CONFLIT ÉTAIT INÉVITABLE.

J'IDENTIFIAIS MA PRINCIPALE SOURCE D'ENNUIS DÈS MOSCOU. J'AVAIS CHOISI GLENN PARCE QU'IL AVAIT DÉJÀ VOYAGÉ DANS DES PAYS À RISQUE, COMME LA SOMALIE. MAIS SON EXPÉRIENCE L'AVAIT RENDU SUFFISANT...
ET CE QUI MARCHE EN AFRIQUE PEUT VOUS COÛTER LA VIE EN ASIE CENTRALE.

REFUSANT MON CONSEIL D'ALLER DORMIR, GLENN EMMENA UN DÉTACHEMENT EN VILLE VISITER LA PLACE ROUGE.

TU NE VEUX PAS VENIR ?

AMUSEZ-VOUS BIEN. LA PLACE ROUGE EST À 2 HEURES D'ICI. J'AI BESOIN DE DORMIR ET NOUS PARTONS DANS 8 HEURES.

— C'ÉTAIT SYMPA, MAIS JE VAIS ALLER VOMIR.

— MONTEZ DANS LE BUS. NE NOUS METTONS PAS EN RETARD.

CELA DEVIENDRAIT UNE CONSTANTE. LE GROUPE DE GLENN REVENAIT DE SES ESCAPADES NOCTURNES DÉPHASÉ, AVEC LA GUEULE DE BOIS, ÉPUISÉS ET HORS SERVICE.

ILS FAILLIRENT RATER L'AVION POUR L'AZERBAÏDJAN.

JE DONNAIS DES CONSEILS. C'ÉTAIT AUX GENS DE DÉCIDER DE LES SUIVRE OU PAS. NOUS ÉTIONS DES ADULTES. POURQUOI M'INQUIÉTER SI L'UN D'EUX ÉTAIT UN COUILLON ?

— IL SERAIT PRÉFÉRABLE QUE NOUS RESTIONS GROUPÉS POUR PASSER LA FRONTIÈRE AZÉRIE.

NOUS PRÎMES UNE CAMIONNETTE TAXI POUR BAKOU ET NOUS NOUS DISPERSÂMES. ENTRE LE DÉCALAGE HORAIRE ET LA CHALEUR – IL FAISAIT 50°C – J'ÉTAIS TOTALEMENT VANNÉ.

— J'AI TROUVÉ UNE SORTE DE PUB BRITISH QUI VENDAIT DE LA BIÈRE ET DE **L'EXPRESSION ALTERNATIVE** INCROYABLE, ET JE M'ÉCROULAI.

FIDÈLES À EUX-MÊMES, LES ÉLECTRONS LIBRES DE LA BANDE À GLENN AVAIENT PRIS DU BON TEMPS MAIS AUSSI DE SÉRIEUX RISQUES POUR LEUR SANTÉ.

— NOUS AVONS PRIS LE MÉTRO ! ET NOUS AVONS NAGÉ DANS LA CASPIENNE.

TOUT LE MONDE, À PART TRACY, S'ÉTAIT TU AVANT D'ARRIVER À TACHKENT. ILS ÉTAIENT CONCENTRÉS SUR LEURS BOYAUX. HEUREUSEMENT, J'AVAIS RETENU DES CHAMBRES À L'HÔTEL SHERATON DE TASHKENT, ALORS TOUT NOUVEAU, ET QUI ÉTAIT DE LOIN LE MEILLEUR HÔTEL D'ASIE CENTRALE.

C'EST UN PETIT MORCEAU D'AMÉRIQUE...

... POUVOIR APPELER LA RÉCEPTION PENDANT QU'ON CHIE.

IL ÉTAIT AINSI ÉQUIPÉ DE DEUX PISCINES ET DE SYSTÈMES DE SÉCURITÉ AFIN DE PARER À TOUTE ATTAQUE ÉVENTUELLE DU MOUVEMENT ISLAMIQUE D'OUZBÉKISTAN.

CHAQUE ÉTAGE EST ÉQUIPÉ DE PORTES DE SÉCURITÉ BLINDÉES CONDAMNANT L'ACCÈS AUX ESCALIERS ET AUX ASCENSEURS... ELLES SONT SANS DOUTE ACTIVÉES DEPUIS LE HALL D'ENTRÉE.

NOTRE SÉJOUR À TACHKENT FUT L'OCCASION DE NOUS RÉAPPROVISIONNER EN NOURRITURE ET AUTRES. C'ÉTAIT AUSSI NOTRE SEULE CHANCE D'APPRENDRE LES INFORMATIONS.

« EN RÉACTION AUX SANCTIONS DES NATIONS UNIES, LES MILICIENS TALIBANS ONT PRIS EN EMBUSCADE ET MASSACRÉ 22 TRAVAILLEURS D'ONG PRÈS DE TERMIZ. »

ÉTAIT-CE VRAI ? L'AMBASSADEUR AFGHAN À TACHKENT JURA QUE C'ÉTAIT FAUX, BIEN QU'IL FÛT DU CÔTÉ DE L'ALLIANCE DU NORD.

CE NE SONT DONC QUE LES RUMEURS HABITUELLES DANS LE COIN.

ABSOLUMENT. S'IL VOUS PLAÎT, PAYEZ 50 $ POUR CHAQUE VISA.

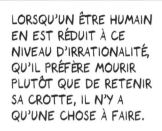

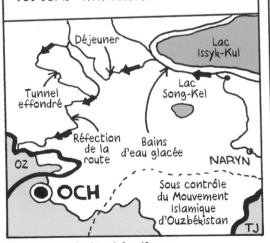

*Som : monnaie kirghize. 1 $ = 40 soms

J'ÉTUDIAIS LA CARTE. OCH EST UN CUL-DE-SAC.
IL N'Y AVAIT QUE 4 MOYENS D'EN SORTIR :

AU NORD, EN REVENANT SUR NOS PAS, EN DIRECTION DE BICHKEK. MAIS QUEL INTÉRÊT ?

AU SUD-EST, COMME NOUS L'AVIONS INITIALEMENT PRÉVU. MAIS LE SUD DU KIRGHIZISTAN ET LE NORD DU TADJIKISTAN ÉTAIENT ATTAQUÉS PAR LE MOUVEMENT ISLAMIQUE D'OUZBÉKISTAN. C'ÉTAIT SA GRANDE OFFENSIVE DE 2000.

PROBLÈMA !

A L'OUEST, VERS LA FRONTIÈRE OUZBEK. MAIS NOUS AVIONS DÉJÀ UTILISÉ NOS VISAS OUZBEKS ET NE POURRIONS EN OBTENIR DE NOUVEAUX À OCH.

Des alpinistes racontent leur fuite dramatique.

DAVIS, Californie (AP). Des alpinistes américains retenus en otage pendant 6 jours par des militants islamistes au Kirghizstan racontent qu'ils ont réussi à s'échapper en parcourant 30 kilomètres sur un terrain très difficile après avoir précipité un garde en bas de la falaise. « C'est très pénible d'y repenser ... Nous avions peur de ne pas nous en sortir vivants », nous a confié jeudi dernier Beth Rodolen, 20 ans.

[QUATRE JEUNES ALPINISTES AMÉRICAINS ONT ÉTÉ KIDNAPPÉS PAR LE MIO NON LOIN DE OCH. LEURS SIX JOURS DE CAPTIVITÉ ONT ÉTÉ RACONTÉS DANS LE LIVRE DE GREG CHILD, *AU-DELÀ DE LA LIMITE**, PARU EN 2001. LA RÉCIT FAIT PAR LES ALPINISTES DE L'INCIDENT ET DE LEUR FUITE A SUSCITÉ LA POLÉMIQUE, SURTOUT APRÈS QUE LE GARDE QU'ILS AVAIENT PRÉTENDU AVOIR BALANCÉ PAR-DESSUS LA FALAISE, S'EST RÉVÉLÉ VIVANT ET EN BONNE SANTÉ.]

* AUX ÉDITIONS GUÉRIN.

BREF, PASSION À LA 4ᵉ SOLUTION : LE DERNIER VOL PARTANT D'OCH, QUI ALLAIT JUSTEMENT À BICHKEK, JUSTE AVANT QUE LA VILLE TOMBE AUX MAINS DU MIO. TANDIS QUE GLENN ET SA BANDE SE DÉTENDAIENT PROBABLEMENT SUR LES BERGES DU LAC ISSYK-KUL, NOUS ÉTIONS BIEN EN VIE MAIS AVEC UN SENTIMENT DE CULPABILITÉ... NOUS AVIONS SOUDOYÉ LA COMPAGNIE AÉRIENNE AFIN QU'ELLE ANNULE LES RÉSERVATIONS DE CEUX QUI AVAIENT RETENU LEUR PLACE POUR QUE NOUS PUISSIONS PARTIR.

EN FAIT JE N'AVAIS PAS DE SCRUPULES TROP ENVAHISSANTS. CELA M'ÉTAIT DÉJÀ ARRIVÉ ET AUCUN DE CEUX DONT LES RÉSERVATIONS AVAIENT ÉTÉ ANNULÉES N'AVAIENT À CRAINDRE DE REPRÉSAILLES S'ILS TOMBAIENT ENTRE LES GRIFFES DU MIO.

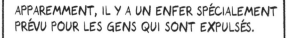

Une des frontières du Cachemire pakistanais avec la Chine : le passage du col de Khunjerab sur la route du Karakorum, route bitumée la plus élevée au monde.

Grosse Frayeur

> GILGIT, Cachemire : la route du Karakorum (KKH) a été bloquée samedi soir à la suite de plusieurs glissements de terrain. Le trafic a été rouvert sur une voie dès dimanche matin mais de nouveaux glissements de terrain l'ont fermée depuis. La Frontier Works Organisation a déclaré que de gros rochers avaient heurté la route et endommagé 135 mètres de bitume dans la région de Kohistan, coupant ainsi la circulation entre Gilgit et Rawalpindi. La FWO a dépêché du matériel lourd en plusieurs endroits de la KKH pour dégager la route. Selon des sources proches de la FWO, le recours aux explosifs n'était pas exclu pour déblayer les rochers. Selon les commerçants, la fermeture de la route pendant 2 jours a occasionné des pénuries de nourriture et autres produits de première nécessité dans les régions du nord.
>
> <div align="right">Journal <i>DAWN</i>, Pakistan, 27 février 2006</div>

Sur une carte lambda, cette route c'est 1400 kilomètres de bitume reliant la Chine au Pakistan. Mais à la même échelle, New York n'est qu'un cercle noir avec un gros point au milieu. En fait, la route du Karakorum est une route complètement démente dans une région elle-même déjà pleine de toutes les folies concevables. Pour bien comprendre cette psychose, il faut l'avoir vécue. Au cours de ces 1400 kilomètres de traversée en compagnie de mon ami Cole, j'ai affronté des animaux sauvages, un coup d'Etat militaire au Pakistan et une invasion par les Talibans. Tous ces événements concourant à égalité pour agrémenter un voyage sur la route la plus dangereuse du monde.

Ce qu'il faut d'abord savoir sur la KKH – c'est son nom du côté pakistanais- c'est que ce ruban d'asphalte est certainement la plus grande prouesse technique jamais entreprise depuis la construction de la Grande Muraille de Chine : une route à deux voies de 1400 kilomètres accrochée aux flancs de montagnes immenses et instables, courant le long des eaux blanches de torrents prompts à inonder et éroder la région et s'élevant à des altitudes comprises entre 3 000 et 6 000 mètres. Le tout dans des zones si instables politiquement, qu'il est impossible de trouver deux cartes datées de deux années différentes portant les mêmes tracés de frontière. Si les Autobahns allemandes sont le triomphe ultime de l'homme sur la Nature, la KKH, elle, ne sait pas encore exactement quel camp va remporter la victoire.

LA KKH serpente à travers le Pamir, le Kunlun, le Karakorum, l'Hindu Kuch et l'Himalaya. Ces régions, théâtre du choc entre les plaques tectoniques asiatique et du sous-continent indien, sont les zones sismiques les plus actives de la planète.

Des tremblements de terre suffisamment puissants pour raser une ville américaine en quelques secondes y sont fréquents. Heureusement, on n'y trouve rien d'autre que quelques animaux, une histoire riche et la route. Mais même cela n'y survit pas. En octobre 2005, près de 100 000 Cachemiriens perdent la vie dans un tremblement de terre de 7,6 sur l'échelle de Richter. Les montagnes s'écroulent sans cesse et tombent sur la KKH.

Col de Torugart, 3 690 m : frontière entre la Chine et le Kirghizistan. En juin, les tempêtes de neige n'y sont pas rares.

Les glissements de terrain obligent à de fréquentes fermetures de cette artère vitale.

En beaucoup d'endroits, cette route construite entre 1966 et 1986 dans le cadre des résolutions sino-pakistanaises réglant un différend de frontière, longe des rivières dont il ne subsiste que quelques flaques en été, mais qui au printemps, se muent en torrents furieux. L'eau s'infiltre sous le revêtement et y ouvre de dangereux nids de poule. Les autorités ferment souvent la route en attendant que les réparations soient effectuées, ce qui peut prendre des semaines voire des mois.

La chaîne du Karakorum, prolongement du plateau tibétain, est si vaste et si haute qu'on y trouve des tempêtes de neige jusqu'en juin. Cela oblige à fermer la route d'octobre à avril voire mai. Il arrive même que la route soit fermée en été pour des durées allant d'une à plusieurs semaines. Pour clore le tout, le mal des montagnes commence à être dangereux à partir de 3 000 mètres au-dessus du niveau de la mer. Les endroits à aussi basse altitude sont rares sur la KKH. Pour faire court, la route du Karakorum est une idée cinglée, une idée condamnée d'avance, qui n'existe peut-être même plus au moment où vous lisez ces lignes. Mais si elle existe toujours et que vous survivez aux glissements de terrain, aux terroristes islamistes et aux léopards des neiges myopes, la route du Karakorum vous offrira une vue imprenable sur les paysages les plus extraordinaires de la planète.

La KKH commence à Kashgar, ville de l'ouest de la Chine située sur la Route de la Soie et s'achève à Islamabad, capitale pakistanaise, dont les habitants disent qu'elle est à un quart d'heure de route du Pakistan, tant son aspect propret et aseptisé contraste avec le reste du pays. Etant dans la région en août et septembre 1999, nous voyageons vers le sud, de Kashgar à Islamabad, afin de moins souffrir de l'hiver himalayen qui a déjà commencé. En mai, il conviendrait plutôt d'aller dans l'autre sens. Il faut des visas pour la

Chine et le Pakistan, mais ils sont difficiles à obtenir car la KKH passe au coeur du Cachemire, où se déroule une guerre depuis 1947, date à laquelle un rajah indou décide de rattacher sa province musulmane à l'Inde. Guerre qui ne semble pas prête de prendre fin.

Aller jusqu'à Kashgar en avion demande tant de correspondances dans tant d'aérodromes miteux que c'est quasi mission impossible. Par la route, le chemin le plus direct est un trajet d'au moins deux jours à partir de l'aéroport de Bishkek, au Kirghizistan, ce qui requiert un troisième visa. Mais il y a un piège. En Asie centrale, il y a toujours un piège. Le passage de la frontière entre le Kirghizistan et la Chine par le col de Torugart est interdit aux étrangers. Oui, Yankee, c'est à toi que je parle.

Mais, depuis toujours, sur cette route millénaire qui relie l'Occident et l'Orient, l'argent ouvre les frontières les plus fermées, ça, c'est le bon côté de l'Asie centrale. Il est néanmoins très risqué de voyager avec un budget limité. Nous croisons alors trois Hollandais qui, ayant pris le bus jusqu'à la frontière, sont autorisés à sortir du pays par la douane Kirghize, mais ont omis d'organiser leur transport en Chine. Ils se retrouvent donc bloqués du coté chinois du vieil arc de triomphe soviet désormais criblé de balles. Les chinois ne vous laissent entrer que si un contact vient vous accueillir à la frontière. D'autre part, retourner au Kirghizistan est interdit. Cette fille et ces deux garçons sont en piteux état. Cela fait maintenant 29 jours qu'ils sont sur le toit du monde, coincés dans ce no man's land truffé de champs de mines et balayé par les vents sans aucun espoir en vue. Brûlés par le soleil, sans tente ni sacs de couchage, à court de nourriture, ils en sont réduits à manger de l'herbe et à survivre des restes que les soldats kirghiz de passage veulent bien leur laisser.

La vieille ville de Kahsgar. Aujourd'hui, cette rue n'existe plus et laisse place à des immeubles d'inspiration chinoise, qui, à leur tour, seront soufflés par un attentat des séparatistes Ouïgours du Mouvement d'Indépendance du Turkménistan Oriental. Depuis 2001, Kashgar est régie sous la loi martiale.

L'arc marquant la frontière du col de Torugart entre le Kirghizistan (ancienne frontière sud de l'URSS avant 1991) et la Chine. Les trois routards hollandais à gauche se sont retrouvé bloqués dans le no man's land quand leur voyage en Chine a échoué.

Sans documents officiels, nous ne pouvons pas les emmener avec nous. Pour autant que je sache, ils sont peut-être encore là-haut.

Trois jours et six cents dollars nous sont alors nécessaires pour nous rendre tous deux de Bichkek à Kashgar. Nous avons embauché deux guides ukrainiens qui savent quel garde-frontière soudoyer et comment éviter les pires barrages de police sur les petites routes.

L'histoire de Kashgar est à la fois lointaine et romantique mais surtout lointaine. La ville est devenue un monument à la gloire de l'efficacité que peuvent avoir l'architecture et la planification urbaine à massacrer un endroit magnifique. Cette cité de légende est un carrefour commercial qui attire chaque dimanche des centaines de milliers de personnes d'Afghanistan, du Tadjikistan, du Kirghizistan et de l'ouest de la Chine, et propose des chameaux comme des coussins de soie ou des détonateurs de missiles de fabrication soviétique dans le quartier Ouïgour musulman du centre-ville. Le gouvernement a détruit le passé glorieux de cette ville à coup de blocs en béton et d'usines qui dégagent des nuages de particules si nauséabondes que même le plus endurci des habitants de Los Angeles y trouverait à redire. De plus, en réaction à la campagne d'attentats à l'explosif contre des bâtiments officiels et d'assassinats d'officiels chinois lancée par les partisans ouïgour du Mouvement d'Indépendance du Turkestan Oriental, entraînés par les Talibans, le gouvernement chinois décrète alors la loi martiale.

Nous nous efforçons d'apprécier Kasghar au mieux, mais Cole souffre toujours du mal de la montagne qui l'a saisi au col de Torugart. Quant à moi, tout mon séjour est accompagné de douleurs à l'estomac et d'une forme particulièrement brutale de diarrhée qu'il m'est impossible de décrire à des non-initiés. La nourriture est tellement infectée (là-bas, on fait la vaisselle avec une eau froide impropre à la consommation et rien d'autre, et surtout pas de détergent) que j'ai bien des fois été obligé de résister à l'envie de goûter à la délicieuse variante locale des nouilles *Laghman*.

Le lendemain, Cole et moi avons attrapé le bus « International » au luxe très relatif à destination de Sost, au Pakistan. Le bus porte ce nom car il a pour point de départ un bâtiment à étages, qui était l'ambassade de Grande-Bretagne à l'époque de sa splendeur coloniale et dont les jours de gloire ont cessé avec la Révolution communiste de 1949. Les ennuis nous tombent immédiatement dessus : un contrebandier pakistanais ressemblant comme deux gouttes d'eau à Ted Danson m'intime l'ordre d'aller caser mon mètre 80 à l'arrière du bus pour que lui et son frère puissent profiter de la vue qu'offre mon siège à l'avant. « Mais il faut que je puisse étendre mes... » commencé-je à argumenter.

« Hé, connard, qu'est-ce que tu comprends pas dans le mot "non" ? » lui crie Cole de l'autre rangée de sièges. Ted Danson laisse tomber, mais cette altercation donne le ton de la journée. Nous voilà donc en route pour la zone de combat du Cachemire, entassés dans ce bus avec des Pakistanais et des Afghans, certains visiblement armés, qui nous regardent de travers.

Comme ces filles à l'apparence facile mais qui ne tiennent pas leurs promesses, la KKH, appelée route Chine-Pakistan ou la G314 par les Chinois, aguiche le conducteur avec son bitume en parfait état et ses marquages au sol tous les cent mètres sur les premiers kilomètres à la sortie de Kashgar. Puis la route s'enfonce dans l'immense canyon du fleuve Ghez Daria. C'est à partir de là que la véritable KKH, la route non entretenue, commence.

La rivière sauvage

En montagne, les routes suivent souvent le lit des rivières car c'est le chemin le plus direct pour traverser les massifs. La KKH ne déroge pas à la règle et suit les méandres des torrents furieux nés de la fonte des neiges. Les éboulements sont fréquents et bien des fois, notre bus a frôlé d'énormes rochers ayant dévalé dans les jours précédents les flancs de la chaîne du Pamir. À gauche du bus, la route disparaît à chaque courbe du Ghez car - splendide illustration de la bêtise humaine - les Chinois n'ont pas, sur leur segment de route, jugé utile de construire des digues pour retenir les eaux. Les cantonniers signalent les endroits sapés par l'eau par de grosses pierres posées à 45°. S'il y a bien quelque chose qui ne manque pas sur la KKH, ce sont les pierres. Dans une scène qu'on croirait tirée du *Salaire de la peur*, le bus est forcé de quitter la route, cahotant sur des pierres de près d'un mètre à une vitesse de quelques mètres à l'heure, pendant que des morceaux entiers d'asphalte craquent sous les roues, avant d'aller se perdre dans le torrent en contrebas. Il n'y a que l'eau, la montagne et vous. Et vous, vous êtes au beau milieu du chemin.

Au regard de leur visage livide, même les autochtones les plus coriaces n'apprécient que modérément les chaos de la route. En ce qui me concerne, je souffre particulièrement, ayant subi l'ablation d'une hernie le mois précédent. Personne ne peut dire qu'il a vécu tant qu'il n'a pas pris pleine conscience de son gros intestin. En Asie centrale, le croisement de véhicules venant en sens inverse est une variante moderne des joutes d'antan. Les deux conducteurs se calent au milieu de la route et mettent le pied au plancher. Peu importe que vous ayez tenu votre droite jusqu'alors, l'important est de bien se déporter vers la gauche dès que l'autre montre son nez. À l'ultime seconde avant la collision frontale (et aux dires des gens

Un bouchon de 24 heures sur la route du Karakorum reliant l'ouest de la Chine au Pakistan. Les poulets au premier plan se sont lentement étiolés dans la chaleur avant de tous mourir.

du coin, parfois après) le plus léger des deux véhicules fait une embardée pour éviter le choc. Il n'est pas rare qu'une roue patine dans le vide au-dessus du précipice. Dans les virages sans visibilité, la coutume veut que l'on accélère tout en klaxonnant furieusement à tout ce qui pourrait surgir. En dépit de la faible densité de son trafic, (il n'est pas rare de ne voir personne pendant des heures) les autorités assurent qu'il ne se passe pas de semaine sans qu'une voiture ou un camion quitte la route en faisant des tonneaux.

Je ne pose pas la question pour les bus. C'est inutile. Leur destin tragique laisse partout ses traces sur les bords de la rivière, à des dizaines de mètres en contrebas de la route. À presque chaque courbe, on peut voir les carcasses rouillées d'innombrables véhicules détruits, des vêtements réduits à l'état de chiffons, des bagages abandonnés.

En plus des parois abruptes et des paysages lunaires qu'elles offrent, les montagnes abritent certaines des espèces les plus menacées, telles que l'ibex à longues cornes, le mouton de Marco Polo et le léopard des neiges. Ici, l'homme et la montagne se heurtent de façon spectaculaire. Par exemple, quelques semaines avant notre arrivée, un léopard des neiges a bondi de son perchoir sur le toit d'une voiture. L'animal a été complètement aplati par l'impact, un peu comme Vil Coyote dans les dessins animés de Bip-bip. La voiture a été réduite en miettes mais pas un mot sur le chauffeur. Deux Kirghiz n'ont pas tardé à dépecer la bête et à la vider avant d'empuantir le bus avec. S'il est fréquent que voitures et animaux cohabitent sur les routes du tiers monde, la KKH détient le record en matière de trafic animal. On double un troupeau de chèvres ou de moutons tous les cent mètres. Je ne compte plus les yacks ou les taureaux suicidaires qui surgissent devant nos roues. On voit aussi des chameaux de Bactriane, mais ils sont assez malins pour s'écarter de la route quand un semi-remorque dont le chargement fait près d'un étage de haut les dépasse à plus de 100 à l'heure.

Quand les sales Yankees s'en mêlent

À la sortie d'un virage à 300 kilomètres du village le plus proche et cinq bonnes heures de route de Kashgar, nous tombons sur une file de camions à l'arrêt. Le chauffeur du véhicule qui nous précède dormait à poings fermés sur une couverture rouge à même le sol. Je me dis alors que c'est mauvais signe.

Nous descendons du bus et nous nous avançons pour apprendre que quelqu'un a abandonné un camion-citerne plein au beau milieu de la route dans une courte montée. Comme les hommes le font depuis la nuit des temps, les gens rassemblés examinent la situation avec soin pour y apporter une solution.

Ou plus précisément, une centaine de types se hurlent dessus en mandarin, en ouïgour, en ourdou et en tadjik, des langues qui n'ont absolument rien en commun. Bizarrement, pour les Chinois, le problème vient des pierres placées *devant* les roues du camion, en haut de la pente et donc à contresens. Les Ouïgours sont plutôt d'accord avec Cole qui propose de retirer les pierres placées *derrière* les roues, permettant ainsi au camion de tomber de la falaise et plonger dans le Ghez Darya. Les Pakistanais, eux, se tournent vers *Allah* et La Mecque pour prier, chacun pointant vers une direction différente.

Après plusieurs heures durant lesquelles les Chinois se divertirent à déplacer puis replacer plusieurs fois les mêmes grosses pierres avec un enthousiasme intact, un camion arrive dans la direction opposée. Son chauffeur fait une marche arrière et se gare juste assez loin du camion-citerne pour que le câble qu'on aurait pu y accrocher soit trop court. Et puis les types se remettent à palabrer pour voir comment on pourrait accrocher le câble. En tout, la discussion dure quatre heures. Cole et moi, nous nous mettons à crier en montrant nos montres, ce qui, avec le recul que j'ai aujourd'hui, est alors parfaitement inutile : en Asie centrale, le temps n'est précieux pour personne. Et le vôtre, encore moins.

« C'est la *Chine*, ici ! » nous crie un type en costume occupé à faire rouler un rocher pour dégager la route. Un moyen clair de nous faire comprendre que nous autres, sales yankees, ferions mieux de nous occuper de nos affaires. Les Chinois partent d'un gros éclat de rire, un peu forcé. Les Ouïgours, qui doivent supporter l'occupation militaire chinoise, grommellent d'un air menaçant, sans que l'on sache s'ils prennent notre parti ou si c'est simplement un moyen d'exprimer leur dégoût devant la situation. Fatigués, humiliés et persuadés que ces crétins vont faire sauter la KKH et l'expédier au Tadjikistan tout proche, Cole et moi retournons vers le bus. Finalement, le camion-citerne est déplacé. Une explosion aurait donné davantage de piquant à mon histoire mais les hasards de l'existence ne vont pas toujours dans le sens de l'écrivain.

Peu de temps après, notre bus désespérément essoufflé redémarre en évitant les chèvres, les rochers, les nids de poule et les camions pakistanais bringuebalants, avec l'espoir de rattraper le temps perdu. Juste avant la tombée de la nuit, la vallée du Ghez s'ouvre sur une plaine verdoyante, l'enclave kirghize idyllique et pastorale de Karakul. Karakul se résume à quelques centaines de personnes, des milliers de yaks, de têtes de bétail et quelques maisons de pierre. Nous y restons deux heures, le temps que l'armée chinoise finisse de reboucher un trou de six mètres dans la route, consécutif à l'effondrement du sol trop meuble. Cole passe son temps à distribuer aux enfants du coin de ces cartes postales gratuites qu'on trouve dans les restaurants américains, au sous-sol, près des toilettes. Les siennes représentent la couverture du Playboy du mois précédent.

Avec cinq heures de retard, épuisés et couverts de suie, nous partons nous affaler sur nos sièges glacés, tandis que l'obscurité enveloppe le bus. Tout à coup, à droite du bus, derrière les cimes d'une chaîne de montagne enneigée, un puissant flash aveuglant nous éclaire comme en plein jour. Une boule de feu jaune et brillante traverse le ciel à sans doute moins de deux kilomètres, suivie par un long panache de lumière. Et le météore disparaît dans la campagne dans une explosion de feu. OK, ça, on peut le voir aussi dans le Wisconsin, mais on peut aussi passer toute sa vie sans voir un météore frapper le sol. Et moi, j'ai vu le mien sur la KKH, dans la Région autonome ouïgour du Xinjiang.

Un camion-citerne abandonné sur la KKH, à des centaines de kilomètres au sud de Kashgar. Le trafic restera bloqué 24 heures pendant lesquelles les voyageurs se disputent en ouïgour, en mandarin, en kirghize, en pachtoune et en anglais, sur la conduite à tenir. Finalement, le chauffeur, parti chercher une pièce, finit par revenir.

Le chant du coq

Un jour ou l'autre, on finit tous par être confronté à un coq. Ce n'est qu'une question de temps, et quand ça se produit, c'est rarement joli à voir.

Le mien, je l'ai rencontré à 4 h 30 du matin après cinq heures d'un sommeil intermittent dans un hôtel miteux à la Georges Orwell (nous occupons la chambre 101), dans un trou perdu du nom de Tashkurgan, dernier avant-poste de la civilisation avant la frontière. Le coq continue ses vocalises jusqu'à 5 h 30, heure à laquelle les haut-parleurs de la rue se mettent à cracher des chants patriotiques communistes et des informations annoncées par la voix de crécelle d'une jeune femme toute pénétrée du sérieux de sa tâche.

Le bus passe nous prendre au petit matin et nous amène au poste frontière chinois, où le moindre livre, tube d'aspirine, bouteille ou banane est scrupuleusement examiné, tandis que les armes et les grosses liasses de billets sont superbement ignorées. Cela prend trois heures durant lesquelles notre chauffeur se saoule consciencieusement. Nous repartons à travers un morceau de désert en longeant le lit à sec de la rivière Tashgurkan. Le bus surchauffe deux fois et entame la lente ascension des montagnes du Pamir, bien au-delà de la limite des neiges éternelles. Et enfin, inévitablement et majestueusement, nous arrivons au col de Khunjerab, lieu magnifique et balayé par les vents. À ce moment-là, notre chauffeur est complètement torché, ce qui ne me pose pas de problème particulier. Pour amener ce bus ici, moi aussi j'aurais eu besoin d'un petit coup de pouce.

À près de 5 000 mètres d'altitude, respirer devient une activité euphorisante, voire génératrice d'un sentiment de triomphe. Le col marque le passage des monts du Pamir, si prompts aux éboulements, aux montagnes du Karakorum faites de roche solide, et d'un chemin de cailloux à une route entretenue. La partie pakistanaise de la KKH dispose de meilleures digues et ouvrages d'art qui retiennent l'eau et les rochers. Mais le revers de la médaille de ces travaux publics de qualité, ce sont les risques : par endroits, la route surplombe la rivière de 150 à 300 mètres. La fonte des glaciers rend la montagne boueuse et ruisselante. Parfois, des coulées de boue se forment sous la saturation d'eau. Des lignes électriques noyées jonchent la route. Notre bus passe au beau milieu de câbles à haute tension crachant des étincelles. Je lève les pieds du sol. Les poteaux téléphoniques et les glissières de sécurité absents ainsi que les petites stèles funéraires musulmanes indiquent les endroits offrant un témoignage muet de tous ceux qui nous ont précédés ici et n'en sont jamais partis. Néanmoins, ce qui rend le franchissement de la frontière sino-pakistanaise encore plus effrayant, est ce qui fait défaut.

Il n'y a personne pour la garder.

Le poste de sécurité de Khunjerab, censé être tenu par l'armée pakistanaise, et qui est normalement le point de contrôle principal entre les deux pays, est désert. Nous poursuivons notre route sur près de cent kilomètres, avant de tomber sur une cabane où l'on demande aux voyageurs de signer un registre d'entrée rempli de faux noms dans le style de « John Blow, le beau gosse ». Le garde, à demi-endormi, ne daigne même pas regarder nos passeports. Nous comprenons vite pourquoi tout semblant d'autorité a alors disparu.

Au nord du col de Torugart, dans le sud du Kirghizistan, la forteresse de Tash Rabat se trouve sur un des axes de la Route de la Soie. Cet édifice, qui daterait du Xe siècle, aurait été à l'origine un monastère des chrétiens nestoriens datant d'avant l'invasion mongole qui répandit l'Islam dans la chaîne du Tian Shan, ou peut-être un refuge pour voyageurs fatigués, ou encore une sorte de poste d'octroi où l'on collectait les droits de passage.

« Les dents de dragon », montagnes situées entre la Chine et le sud du Kirghizistan.

Le bus nous dépose à Sost, d'où nous prenons un taxi jusqu'au village cachemirien de Passu. Trois glaciers magnifiques ceinturant l'endroit, des ponts de cordes franchissant la rivière Hunza et des nuages si proches qu'on peut les toucher. Notre séjour à l'auberge de Passu nous transporte dans un monde arriéré. L'électricité est coupée toutes les cinq minutes, le téléphone fonctionne à l'aide d'une manivelle ! (Le numéro de téléphone de notre hôtel est le 7). Nous passons la matinée du lendemain à faire un peu de trekking et à négocier notre passage pour trente dollars jusqu'à Gilgit avec un propriétaire de jeep peu amène. Mais on ne revient jamais en arrière. Six ans plus tard, Passu est presque entièrement rasé par le tremblement de terre de 2005, et ses célèbres glaciers ont presque tous fondu à cause du réchauffement climatique.

Si vous prenez le bus pour vous rendre de Passu à Gilgit, vous en aurez pour 8 heures, en revanche si, comme nous, vous optez pour une jeep, vous ne mettrez que 3 heures pour arriver à destination. Convaincu d'être sous-payé, et même si le patron de notre hôtel nous a certifié que vingt dollars est un tarif correct, notre chauffeur n'arrête pas de prétendre qu'un japonais l'a payé cent dollars la semaine précédente. En conséquence de quoi, il roule à tombeau ouvert en zigzaguant sur la route, allant même jusqu'à frôler le précipice, alors qu'il n'y a personne en face. Pour ajouter au sentiment de menace, chaque fois que nous traversons un village, les enfants et les hommes jeunes nous lancent des pierres. Cole lit un livre sur le cinéma (il est critique de films), et moi, je m'efforce d'avoir l'air blasé tout en observant le pic de Rakaposhi (8 600 mètres), les champs en terrasse et les canaux d'irrigation bordés de pierres de la vallée de la Hanza. Vous cherchez le royaume perdu de Shangri-la ? La légende le situe ici, au beau milieu de la vallée de la Hanza, même si c'est difficile à imaginer.

En termes de paysages que vous ne verrez nulle part ailleurs, cette portion de la KKH surclasse tout le reste. Les Européens qui ont des mois de vacances, viennent passer ici plusieurs semaines à voyager hors des sentiers battus et de la KKH. Nous avons traversé un canyon à côté duquel celui du Colorado ressemble à une décharge et franchi des ponts suspendus auxquels il manquait une planche sur deux, au-dessus des masses d'eau écumantes de torrents aussi impressionnants que le Mississippi et le Nil réunis. (Cole : « Bon, c'est fini, Ted. Ce fut un plaisir de te connaître. »). A peu près tous les cents mètres, un panneau indique « Détendez-vous, la zone de glissement de terrain s'achève ici, » ce qui n'est pas si facile à faire sachant que personne ne s'est donné la peine d'indiquer où elles *commençaient*. Hunza étant bordée par des alignements de fermes, le bétail errant pose un vrai problème de circulation. En outre, les paysans du coin ne châtrent pas leurs taureaux, résultat : les mâles sont à la fois énormes et féroces.

Parler aux Talibans

Située sur la rive gauche de la rivière Gilgit, la ville de Gilgit est le centre spirituel et politique de la province du Cachemire et un point d'arrêt important de la KKH. La violence fait ici partie du décor depuis la partition de l'Inde en 1947, et les signes de la misère ambiante sont omniprésents. Sur tous les trottoirs, on voit des enfants affamés et des vieillards estropiés. Au cours des années quatre-vingt-dix, rien qu'à Gilgit, près de dix mille personnes sont mortes sous les balles, les bombes et les lynchages ; soit plus que le nombre actuel d'habitants de la ville. À un jet de pierre de la ligne de démarcation entre le Cachemire pakistanais et le Cachemire indien, ce grondement au loin pourrait aussi bien être un tir de mortier que le tonnerre.

Gilgit est un peu à mi-chemin entre *L'Équipée sauvage* et la scène du bar dans *Star Wars*, le tout avec un camp d'entraînement jihadiste en toile de fond. Comme Kashgar, Gilgit est une ville poussiéreuse où Pakistanais, Afghans, Tadjiks ou Chinois peuvent vous procurer ce que vous voulez, du moment que vous êtes prêts à payer le prix. L'électricité y est fluctuante et le tout-à-l'égout inconnu. Même pour avoir une carte postale, il faut graisser la bonne patte. J'adore ça. Où peut-on faire ressemeler ses vieilles Doc Martens pour un dollar ou déguster un rôti tout en observant des chiens errants se battre au milieu du trafic de charrettes tirées par des ânes ? Mais notre objectif est d'atteindre le bout de la KKH. Après quelques jours de détente, nous avons embarqué à bord d'un bus de la NATCO (Northern Areas Transport Corporation) pour le trajet de seize heures qui nous sépare alors d'Islamabad, la capitale.

La première chose que nous remarquons en nous installant à nos places habituelles, à l'avant du bus (nous avons pris nos billets tôt), c'est le garde en uniforme de la NATCO et son fusil à pompe. Il le tient sur ses genoux et parfois, alors qu'il bavarde distraitement avec le chauffeur, le canon est pointé vers moi. Il est installé tout à l'avant, dans un siège spécial, destiné à être bien visible de la route. Puis, nous observons nos compagnons de route. Je n'ai pas vu un tel ramassis de contrebandiers et de crapules depuis, disons, le bus de Kashgar. Juste à la sortie de Chilas, j'aperçois le premier avertissement officiel peint au pochoir sur la roche : « Point d'embuscade – 600 mètres ». Je demande au garde de quoi il s'agit.

« Il y a beaucoup, beaucoup de bandits, répond-il en s'excusant presque. Parfois, tout voler ne leur suffit pas. Des fois, ils tuent tout le monde dans le bus. »

« Ça serait embêtant » tenté-je de répondre l'air dégagé.

« Oui, c'est sûr » acquiesce-t-il. « Plus personne ne voudra prendre le bus ».

La Gilgit se jette dans l'Indus, berceau d'une des grandes civilisations antiques de la planète. Le paysage alterne entre de luxuriantes vallées et des rochers crayeux et blafards chutant dans le néant des parois de canyons interminables. La vue est à couper le souffle, mais au bout d'un moment, s'installe une saturation des sens. C'est une expérience plus agréable à se remémorer qu'à vivre.

Le bus enchaîne les routes en lacet les unes après les autres, jusqu'à ce que, au moment où le soir tombe, les choses deviennent un peu étranges. Des centaines d'hommes enturbannés, portant des lance-roquettes, des fusils d'assaut et des grenades marchent en file indienne le long de la route en traînant leurs munitions derrière eux. Je reconnais leur tenue pour l'avoir vue dans des reportages à la télé.

« Bordel de merde, dis-je à Cole, comprenant la situation. Ce sont des moudjahiddins. »

Nous ignorons alors totalement, qu'une semaine avant notre départ pour le Kirghizistan, les Talibans ont décrété le Cachemire « zone sans Américains ». Ils se sont octroyé le droit d'abattre à vue tout porteur de passeport américain, diplomates compris. Personne n'a, à l'époque, pris cette déclaration au sérieux, d'autant plus que la KKH passe à des centaines de kilomètres du col de Khyber, accès vers l'Afghanistan. Nous apprenons que cette nuit-là, ce qui était jusqu'alors la partie pakistanaise du Cachemire est maintenant occupée par les Talibans. Je comprends enfin pourquoi la frontière sino-pakistanaise n'est pas gardée. Sous le nouveau régime soutenu par les Talibans (qui au même moment, sans que nous le sachions, prennent le pouvoir à Islamabad), les Pakistanais se sont laissés envahir de façon à ce que les Talibans fassent à leur place la guerre à l'Inde, sans risquer de confrontation nucléaire. Les Talibans, de leur côté, sont bien moins intéressés par une guerre contre l'Inde pour des territoires si arides qu'il faut suspendre les combats tout l'hiver, que d'instaurer une république islamique fondamentaliste au Pakistan. Ils se sont fait une réputation de Khmers rouges des années 90, en lapidant à mort les couples adultères et en refusant les soins médicaux aux femmes. Aujourd'hui, en collaboration avec le Général Pervez Musharraf, dont le coup d'Etat réussira quelques semaines plus tard, ils sont en mesure de mettre leurs menaces à exécution.

Le bus arrive dans le hameau de Dasu, dont la partie Nord semble avoir été le théâtre de récents accrochages. Des incendies crépitent dans des ruines fraîchement constituées. Sorti d'on ne sait où, du verre brisé tapisse le sol. Une lueur orangée illumine la fenêtre gauche du bus. Quelque chose de gros vient d'exploser. Des chevaux abandonnés divaguent dans les rues, certains portant des blessures par balle. Une femme marche en cercle, sans but ; en état de choc ? Le corps d'un homme habillé de l'habituel Shalwar kamiz, pantalon marron typique des musulmans pakistanais, git contre une devanture. Il n'y a pas trace de sang. Des carcasses de voitures calcinées s'alignent sur la route tandis que nous traversons ce qui était le quartier du bazar. À la sortie du village, trois Talibans nous font signe de stopper en faisant de grands cercles avec une lampe torche.

Dans les pays du tiers monde, les points de contrôle militaires sont un problème fréquent, des sortes de péages tenus par des hommes armés peu fiables. Dans cette véritable guerre, deux titulaires de passeports américains que les autorités pakistanaises n'ont même pas tamponnés, n'ont aucune chance sous l'occupation talibane. Des check points

Les gouvernements chinois, kirghiz et tadjik laissent les nomades traverser librement leurs frontières. Ici, nous sommes tombés sur des Afghans en Chine, à quelques kilomètres du Tadjikistan.

comme celui-là, il peut en fleurir n'importe où. Le bus s'arrête et la porte avant s'ouvre. Le soldat fait un grand sourire au chauffeur. Les autres passagers, qui nous jettent des regards noirs depuis des centaines de kilomètres, ont l'air un peu trop ravi, à mon goût, de la tournure des événements. Le garde de la NATCO se lève, nous regarde, Cole et moi, et se dirige vers la porte. Est-ce qu'on va nous faire sortir du bus et nous abattre sur le bord de la route ? C'est tout à fait envisageable ; personne dans le bus ne nous regretterait. Je doute même que quelqu'un soit puni pour ça un jour, ou même qu'il y ait une enquête. Je me souviens de mon passeport de l'Union européenne qui se trouve dans mon sac. J'ai la double nationalité française et américaine. Ce petit livret rouge peut me sauver la mise, mais Cole, lui, n'a pas de nationalité de secours. Je réfléchis aux meilleurs arguments que je pourrais utiliser pour sauver ma peau. Finalement, je nous en veux de ne pas nous être mieux préparés. Nous aurions pu acheter des armes à Gilgit.

Et puis le garde a fait quelque chose dont je lui serai éternellement reconnaissant. Arborant un air de profond ennui, il a nonchalamment pointé son fusil sur la tête du moudjahiddin qui commande alors le groupe et dit quelque chose en urdu au chauffeur. Le bus démarre, et c'est fini. Fini jusqu'au check point suivant, où nous sommes obligés de baratiner pour sauver nos peaux. (cf. roman graphique, *La route du Karakorum 1999* pour plus de détails).

Plus de 10 000 stèles, surnommées « bulles », à Cholpon-Ata, au Kirghizistan. Ces figures de pierre, datant du second millénaire avant Jésus-Christ portent des représentations d'ibex, de chevaux, de chameaux et de léopards des neiges.

La portion de la KKH qui relie Dasu à Pattan est connue pour être violente, même en temps de paix. Un certain nombre de voyageurs occidentaux s'y sont fait dépouiller, battre ou violer. Mais la situation militaire est plutôt stable. Les moudjahiddins avancent péniblement, trop épuisés pour prêter attention à autre chose que faire un pas de plus. Des véhicules civils, voitures ou camionnettes, partagent la route avec les centaines de réfugiés qui fuient vers le sud et le Pakistan, et les soldats afghans qui prennent la route de la ligne de démarcation. Finalement, vers 4 heures du matin, la route fait un brusque virage au sud et la KKH est sombre et déserte. Une mule surgit sur la route. Nous heurtons ce crétin d'animal à près de 80 à l'heure. Le chauffeur ne ralentit même pas.

A ce moment-là, il nous reste trois heures de route et je me dis qu'il est désormais possible de dormir un peu. Je me sens faible et affamé, mais je me repasse en boucle les moments où j'ai tutoyé la mort. La dernière partie de la KKH est remarquable pour une chose, elle n'a rien de particulier. La route sort, droite et plate, des montagnes et les risques de se faire tuer par un autre véhicule, une attaque terroriste ou un animal de bât sont minimes. Sans la musique de film pakistanais que crachent les haut-parleurs au-dessus de nos têtes, ça serait même presque calme.

Heureusement, Cole avait une pince coupante.

Un beau jour pour mourir

> *Il existe deux variantes du buzkachi : la variante traditionnelle, appelée tudabaray (Perse [dari] : « sortir de la foule ») et la version moderne, soutenue par le gouvernement, appelée qarajay (« l'endroit sombre »). Dans les deux cas, il s'agit pour deux équipes de cavaliers de s'arracher une carcasse de chèvre décapitée, dont on a retiré les sabots et parfois les viscères pesant entre vingt et cinquante kilos, la version éviscérée étant plus légère. Aucune des deux variantes n'a de règles établies. Il est en général interdit de mordre ses adversaires, de leur tirer les cheveux, de saisir leurs rênes ou d'utiliser des armes.*
>
> Encyclopedia Britannica

Il y a une minute de cela, vous n'étiez qu'une figure sale au milieu d'une foule d'amateurs transpirants qui, avec leurs casques de tankistes soviétiques, font penser à Han Solo. Alors que maintenant, vous êtes le centre de toutes les attentions. Et ça, vous savez que ce n'est pas bon du tout. Deux ou trois cents cavaliers remontés comme des ressorts et très énervés - qui pourrait compter tous ces malades - vous pourchassent au grand galop. De la main gauche vous tenez les cinquante kilos de la carcasse de chèvre tandis que de la droite, vous cravachez comme un dément votre cheval complètement paniqué, alors que vous chargez à travers un nuage de poussière vers la gloire et une chance de survivre.

Soudain, deux types vous rattrapent, un à droite et l'autre à gauche. L'un d'eux vous cravache au visage et le sang vous gicle dans un œil. Son crasseux de copain laisse entendre un cri de sauvage à glacer le sang pendant qu'il parvient à enrouler son fouet autour des testicules de votre cheval. Vous avez entraîné votre monture à continuer à courir malgré la douleur intenable, mais sous l'effet de la surprise, un de ses sabots se prend dans une ornière. Vous vous écroulez tous les deux. Vous avez l'impression de vous être cassé quelque chose, mais de toute façon cela n'a pas beaucoup d'importance parce que vous êtes écrasé sous l'énorme poids mort de votre cheval. Des milliers de sabots passent près de votre tête tandis que vous sombrez dans l'inconscience.

Quand vous signez pour une partie de buzkachi, vous avez le choix entre la victoire ou la mort. Aujourd'hui, malheureusement, la victoire sera pour un autre.

Oubliez la boxe thaïe, la Nascar et la chute libre. Le buzkachi (buz veut dire « chèvre » en Turc et kachi, « attraper ») est le sport le plus sanglant et le plus anarchique de tous ceux pratiqués par la race humaine. On pratique le buzkachi dans les rassemblements locaux, régionaux et nationaux de toute l'Asie centrale, mais les plus grands et les plus violents tournois ont lieu sur deux terrains poussiéreux aux abords de Douchanbé, capitale miséreuse de la République du Tadjikistan. Tout se passe au cours des deux premiers jours du printemps, et commence par une sorte de demi-finale dans l'ancienne ville de

Gros plan sur une partie de buzkachi (littéralement « attrape-chèvre » en Turc), le sport le plus sanglant et le plus anarchique pratiqué par l'espèce humaine.

garnison de Hissar puis par une finale à l'hippodrome de Douchanbé. Officiellement, ces brutes aux costumes flamboyants risquent leur vie et leurs membres pour un tapis, un téléviseur ou parfois une voiture, mais en fait, tout le monde le sait : c'est une question d'orgueil, orgueil national et personnel, alimenté par cette bravoure aveugle que seule la testostérone peut procurer.

Des milliers de personnes se sont rassemblées pour les deux jours de championnat lors du festival de printemps en mars 2002. Les rues des villes et des villages de cette ancienne république soviétique montagneuse se sont vidées de leurs hommes, des plus jeunes aux plus vieux. Bien que certaines femmes y assistent, on les considère généralement comme trop délicates pour supporter le spectacle brutal qui va s'y dérouler.

En direct de Hissar

Cette année, l'attente est particulièrement forte, et ce pour plusieurs raisons. Les Talibans, si stricts, qui avaient interdit le buzkachi en Afghanistan voisin prétextant qu'il s'agissait d'une coutume païenne et préislamique, viennent alors de perdre le pouvoir, chassés par une coalition dirigée par les États-Unis. On se souvient ici avec émotion des Afghans des années 90, comme de joueurs ineptes mais extrêmement vicieux, et on a hâte de voir ce qu'ils vont donner cette année. Et puis, l'an dernier, en 2001, vingt-deux joueurs ont été tués et des centaines ont perdu un membre ou des fonctions motrices. Mais surtout, cette année, il s'agit d'un match de revanche à l'ancienne.

« Depuis les années 70, nous autres Tadjiks, nous sommes devenus les meilleurs joueurs de buzkachi du monde, » remarque Mousso Ahyoev, président de la Fédération de Buzkachi du Tadjikistan alors que nous marchons à l'ombre des cimes enneigées du Pamir. 1998 marque le début d'une longue et humiliante série de victoires de cavaliers venus du Kirghizistan voisin. « Les Kirghiz sont les meilleurs, admet cet homme de quarante-trois ans natif du village de Karatigen, mais ce n'est pas juste ».

Que s'est-il réellement passé en 1998 ? Certains fans estiment que le dopage a transformé les chevaux en monstres. « Les chevaux kirghiz sont devenus plus forts, » insinue Ahyoev. « Avant, les chevaux tadjiks et les chevaux kirghiz étaient de la même taille et de la même force. Qui sait ce que ces gens-là leur donnent à manger ? » Une expression de dégoût menaçante obscurcit son visage quand il prononce « ces gens-là ».

Les spécialistes s'accordent à dire que la puissance du cheval, savant mélange d'agilité, de vitesse et de force brute, est un facteur déterminant, sinon le seul, pour remporter la victoire dans cette empoignade sans règles qui se joue à plein galop. Tout se résume à deux objectifs essentiels : saisir le buz et l'amener dans le but. Dans ce genre de tactique, un cheval puissant peut faire la différence entre la victoire et la mort. Que les Kirghiz aient ou non gonflé la partie chevaline de l'équation à coup de stéroïdes reste une question ouverte.

Les règles (ça sera court)

Les experts sont d'accord pour dire que l'histoire du buzkachi remonte à des milliers d'années, mais comme l'écriture de la plupart des cultures d'Asie centrale ne remonte qu'aux années 1920, son histoire exacte reste inconnue. Ce sont les armées de Ghengis Khan qui ont répandu ce sport dans toute l'Asie centrale. Pour jouer, la Horde d'Or préférait utiliser, comme buz, le cadavre décapité d'un soldat ennemi. Cette pratique sanguinaire est restée en vogue dans certaines parties d'Asie centrale jusqu'au XIXe siècle, et d'après certains témoignages, elle aurait refait surface dans la partie nord de l'Afghanistan quand des milliers de Talibans capturés ont mystérieusement disparu des listes de prisonniers de l'Alliance du Nord. Aujourd'hui, on se contente de décapiter une chèvre, de la vider de son sang et de la laisser macérer dans le sel toute une nuit avant la partie. Une carcasse de mouton ou de veau peut aussi bien faire l'affaire.

La foule s'entasse sur les bords d'un terrain de buzkachi. La trouée à gauche est le but à travers lequel il faut faire passer la carcasse de chèvre, ou buz, en la portant ou en la traînant..

Pour le reste, le buzkachi représentait ce déploiement de violence extrême qui brisait la monotonie quotidienne des Mongols du XIIIe siècle. Le terrain de la plaine de Hissar est un carré standard d'un peu moins de deux cents mètres de large, entouré de talus de trois mètres de haut inclinés à quarante-cinq degrés. Des centaines de cavaliers se regroupent du côté opposé au but, une trouée de dix mètres au milieu des spectateurs. Un officiel lance le buz sur le terrain et les participants forment un cercle autour de lui.

Si vous vous retrouvez embarqué un jour dans une partie de buzkachi, évitez de prendre trop vite la tête. Le premier sur le buz doit le saisir en mettant presque pied à terre et en gardant une de ses bottes montantes à hauts talons coincée dans l'étrier, puis il faut soulever une des pattes du buz d'une main. Tout autour de ce brave, des dizaines de cavaliers dressent leurs montures sur leurs pattes arrières dans le but de se frayer un passage jusqu'au centre. L'idée consiste à utiliser le poitrail de son cheval comme bélier lorsqu'il retombe pour écarter les chevaux qui se trouvent devant soi, à la manière d'un brise-glace. Tout le monde donne des coups de cravaches frénétiques sur leur monture, la tête de leurs voisins et surtout sur le type qui tient le buz dans l'espoir de lui faire lâcher. À l'extérieur, un second cercle parfait de cinquante cavaliers cravachant et de chevaux en pleines ruades, est formé par les joueurs frustrés de ne pas avoir pu approcher. Personne ne sort vivant de ça. En tout cas, pas en emportant le buz. Le Buzkachi est essentiellement un sport où chacun joue pour soi, mais il arrive que des cavaliers se regroupent pour former une alliance. Il arrive qu'un joueur protège le porteur du buz ou que plusieurs d'entre eux se regroupent pour en attaquer un autre.

Installés sur une plate-forme située sur la ligne des 100 mètres, deux douzaines de dignitaires locaux conduits par Abdurohid Karimov, chef de la tribu Tadjik de Hissar, surveillent la mêlée. En théorie, les assistants de Karimov sont là pour couper court à toute flambée de violence. « Ils n'ont que le droit de saisir le cadavre », annonce Karimov d'un ton solennel. « Pas de coups de pieds, pas de bagarre, sinon la partie est interrompue ». Dans les faits, le buzkachi ne s'arrête pour personne. Karimov remet les plus beaux prix aux participants les plus sanguinaires, pendant qu'un officiel s'égosille dans un mégaphone en direction d'un groupe de cavaliers arrêtés dans un coin, car occupés depuis dix bonnes minutes à mettre une raclée au porteur obstiné du buz. « Arrêtez tout de suite ! Allez ! Attrapez-le ! Arrêtez de vous branlez et chopez le buz ! »

Plus tard dans l'après-midi, un homme perdra la vue en raison d'un coup porté par un type réputé pour planter une fourchette dans les yeux de ses adversaires. Un peu plus tard, celui que j'ai surnommé le fléau, en souvenir d'une nouvelle de Stephen King, sera récompensé d'un tapis vert tout neuf. Il n'y a pas de règles au buzkachi, tout est bon pour attraper le buz : coups de poing, coups de cravache, coups de dents, coups de couteau. Les Afghans sont connus pour porter des Kalachnikov, et s'il est généralement considéré que seuls les joueurs à petits bras utilisent les armes à feu, ce n'est pas forcément un motif de disqualification. Dans ce mélange de polo, de stock-car et de pogo de la mort d'Asie centrale, la victoire est tout ce

Une mêlée se forme autour du buz. Beaucoup de participants arborent un casque de tankiste datant de l'époque soviétique pour se protéger. En vain. Il n'est pas rare que des joueurs meurent ou restent handicapés.

qui compte. La rangée d'ambulances garées derrière les spectateurs envoie un message clair : avant la fin de la journée, elles auront beaucoup de clients.

Soudain, aussi incroyable que ça puisse paraître, quelqu'un fend la foule. Légèrement penché en arrière sur sa selle ouvragée pour compenser le poids du buz et cravachant son cheval comme un fou, il se dirige droit vers un des talus pour se débarrasser de ses adversaires. Le public s'écarte pour sauver sa peau tandis que des centaines de sabots attaquent la pente à la poursuite du fugitif à travers l'espace laissé par la foule, avant de revenir sur le terrain. Parfois, le fuyard est intercepté et la mort fond alors en cercle sur lui, mais un autre finit par prendre le buz et franchit le but. Une fois le buz récupéré, tout le monde retourne à l'autre bout du terrain, et la partie recommence.

Les dignitaires des tribus « officient » sur la partie, même s'il est rarissime que des pénalités soient demandées.

À Hissar, le prix minimum pour avoir franchi le but avec le buz est un tapis vert en synthétique. Les performances exceptionnelles, laissées à la seule appréciation des juges un tantinet vacillants, sont récompensées par un tapis de laine du Turkménistan ou d'Afghanistan tissé à la main. Les vainqueurs récidivistes obtiennent divers appareils, comme des télévisions ou des machines à laver fabriquées dans les usines datant de l'époque soviétique de la région. Les champions rentrent chez eux avec des veaux ou des mulets. Une Volga flambant neuve attend le vainqueur du grand prix.

Ce que c'est, ce que ce fut

De bien des manières le monde devient plus homogène. Que vous traîniez à Istanbul, Pékin ou Chicago, vous pouvez manger un Big Mac, écouter les Back Street Boys ou acheter le dernier film de Mel Gibson dans une galerie marchande identique à celles que l'on trouve dans les banlieues américaines. Le côté pile de la mondialisation, c'est l'entropie. Il n'y a jamais eu autant de pays sur la planète qu'aujourd'hui. En Asie, l'effondrement de l'Union soviétique a libéré des dizaines de pays qui peuvent enfin explorer leur propre culture. La transition entre l'oppression soviétique et l'indépendance anarchique n'a été nulle part aussi chaotique que dans les républiques du sud de l'Asie centrale. De ce chaos resurgissent alors d'anciens spectacles étouffés sous le communisme, comme le buzkachi.

Près de la mer Caspienne, dans la partie ouest de l'Asie centrale, se trouvent deux dictatures, le Turkménistan et l'Ouzbékistan, toutes deux dominées par un désert terrible.

Au milieu se trouvent les steppes grasses du Kirghizistan et du Kazakhstan, endroits qui vous sembleront familiers si vous avez traversé l'Idaho ou le Montana. Enfin, nichés dans les montagnes abruptes et enneigées proches de l'Himalaya, nous avons le Tadjikistan et

TADJIKISTAN

Capitale : Douchanbé
Forme de gouvernement : dictature
Dirigeant : Président Emomali Sharopivich (né Rahkmonov. Les suffixes slaves sont interdits par un décret présidentiel de 2007.) Né en 1952.
Population (juillet 2005) : 7 163 506
Principaux groupes ethniques (2000) : Tadjiks 79,9 % ; Ouzbeks 15,3 % ; Kirghiz 1,1 %
Surface (km2) : 141 000 (quatre fois et demi la Belgique)
Relief : Les monts du Pamir et Alay dominent le paysage. Vallée de Ferghana au nord, vallées de Kofarnihon et Vakhsh au sud.
Monnaie/Taux de change (somoni) :
1 EUR = 5,2 somoni
Réserves de pétrole (avérées) : 12 millions de barils.
Réserves de gaz naturel (avérées) : 124,3 milliards de m3.
Le truc le plus cool du Tadjikistan : la chaîne du Pamir
Le pire truc du Tadjikistan : Tadjik Air. Sa flotte de Tupolev 154 rouillés pilotés par des pilotes ivres est le principal moyen d'accès au pays.
Le meilleur moyen de se faire jeter en prison : sympathiser avec les passeurs de drogue afghans.
Taux de chômage : 50 %
Espérance de vie : 65 ans

Le Tadjikistan, couvert à 93 % de pics montagneux, est le pays le plus pauvre et le plus isolé de l'Asie centrale et un cas d'école de la négligence internationale. Après la chute du communisme, le pays est ravagé par la famine et une guerre civile atroce opposant le régime communiste postsoviétique et les moudjahidins entraînés par les Afghans qui contrôlent alors la partie tadjike de la vallée de Fergana. Cette guerre civile se termine lorsque les factions, épuisées et démoralisées, déposent les armes pour accepter un accord de partage du pouvoir en 1997. Au moins cinquante mille Tadjiks sont tués et huit cent mille autres doivent trouver asile dans des camps de réfugiés. Aujourd'hui encore, de nombreuses mines jonchent le pays. Les militants du Mouvement Islamique du Turkestan (anciennement Mouvement Islamique de l'Ouzbékistan) sont installés dans le sud du pays et lancent régulièrement des raids au Kirghizistan et en Ouzbékistan. En 2001, les Tadjiks affamés voient passer sans rien pouvoir y faire des convois entiers d'aide alimentaire à destination de l'Afghanistan que les États-Unis ont envahi à l'automne. « Ce qui frappe le plus, c'est la vitesse à laquelle un pays, autrefois puissance capable d'envoyer des hommes dans l'espace tombe dans la forme la plus ignoble des pauvretés, » fait remarquer à l'époque un reporter de la BBC. Le Tadjikistan est extrêmement difficile d'accès, même à partir de pays voisins comme le Kirghizistan ou l'Ouzbékistan, et il ne possède de représentation consulaire que dans dix-sept pays. Il se pourrait cependant que la misère du Tadjikistan trouve une solution dans les cinquante-cinq pour cent de l'eau douce d'Asie centrale que rencense le pays. Le Pyanj, l'Amou-Daria et d'autres grands fleuves prennent leur source dans les monts du Pamir. Tôt ou tard, le gouvernement tadjik finira par vendre des concessions ou exiger un paiement pour ne pas fermer le robinet. Le gouvernement chinois courtise le Tadjikistan en mettant en avant les liens ethniques et culturels ancestraux qui lient les deux pays depuis l'époque de la Route de la Soie. La Russie, dont les militaires gardent la frontière tadjike, maintient une forte présence militaire seulement contrebalancée par celle des États-Unis et de la France, qui y ont ouvert une base militaire secrète en préparation de l'attaque contre l'Afghanistan qui a suivi le 11 septembre.

Au coup d'envoi, les participants chargent à travers le terrain.

l'Afghanistan. Dans ces pays, on parle des dizaines de langues et on y pratique autant de religions, mais tous ont une chose en commun : leurs cavaliers. En dehors des grandes villes, le cheval reste le moyen de transport principal. En 2001, en Afghanistan, les chevaux ont encore une telle importance qu'une bataille pour la prise de contrôle de Mazar-e-Sharif, centre stratégique, a été remportée par une charge de cavalerie de l'Alliance du Nord contre des chars talibans.

Créer une identité nationale pour chacun de ces « Stans » après leur indépendance en 1991 est l'une des premières tâches qui attendent les dirigeants. A l'époque, pour ces nouvelles entités nationales, la monnaie, les timbres et les personnages historiques sont tout aussi essentiels que les frontières, une armée ou un passeport. Nous en sommes maintenant à la phase deux : ces nouveaux pays se définissent eux-mêmes par la comparaison et la compétition avec leurs voisins. C'est là que le buzkachi devient une sorte de baromètre de l'identité nationale.

Le Tadjikistan, comme les autres républiques d'Asie centrale, célèbre la fête de Navruz du calendrier zoroastrien pour marquer l'arrivée du printemps les 21 et 22 mars. Si l'on excepte l'Afghanistan, le Tadjikistan est le plus pauvre des pays de la région. La guerre civile entre le vieux régime communiste et un mouvement islamiste radical soutenu par les Talibans ne fait qu'empirer la situation : le peu d'infrastructures que compte alors le pays dans les années quatre-vingt-dix est détruit.

Depuis l'indépendance, le pays se forge une réputation de 'trou perdu' du quart monde, ce qui accentue davantage son isolement. À l'époque, et jusqu'à très récemment, un seul et unique avion de la compagnie Tadjikistan Airlines, échappé de l'Aeroflot, relie Douchanbé au reste du monde. Il y a alors un vol chaque samedi au départ d'Istanbul et un vol quotidien au départ de Moscou, le mien. Tadjik Airlines ne décollant pas de l'aéroport international Cheremetyevo 2 de Moscou, vous devez payer un visa de transit de six cents dollars rien que pour avoir le droit d'embarquer dans votre avion. Les vieux Tupolev 154 datant des années 50 de la Tadjik Airlines ont innové le peu de place pour les jambes dans les avions. Si vous mesurez plus de 1,50 m, vous êtes obligé de garder les jambes sur votre siège sous peine de vous briser les genoux. La plupart des sièges sont cassés et de la glace se forme sur les hublots. À votre arrivée à Douchanbé, vous ne trouverez que des hôtels soviétiques minables. Il n'est donc pas surprenant que peu de touristes souhaitent faire le voyage pour assister aux fêtes de Navruz et son buzkachi. Ils ont tort. Le championnat de buzkachi vaut largement les puces et la diarrhée qu'on attrape pour y assister.

Les Tadjiks, 'les éternels fauchés', arrivent toujours à récupérer assez de dons de la part de fans fortunés pour organiser la plus grosse compétition de buzkachi d'Asie centrale. Les chevaux dits de buzkachi coûtent très cher. Il est impossible de rencontrer un cheval digne de ce nom à moins de dix mille dollars. Les organisateurs sponsorisent des joueurs, entretiennent et remplacent les chevaux et proposent des prix assez alléchants pour attirer des participants qui doivent traverser des

L'âge n'est pas un handicap pour jouer au buzkachi. En fait plus un joueur est vieux et expérimenté, plus il est dangereux.

zones de guerre, des cols situés à cinq mille mètres d'altitude ou des déserts dont la température atteint les soixante degrés. Le message des Tadjiks semble être le suivant : nous n'avons pas les réserves de pétrole du Kazakhstan ou de l'Ouzbékistan, mais nous arrivons quand même à rassembler les cent mille somoni (trente-cinq mille dollars) nécessaires pour organiser une rencontre de buzkachi et, de surcroît, pour vous mettre la pâtée.

Du moins, tel est le cas jusqu'en 1998.

Parmi les joueurs et les fans de buzkachi, les clichés nationaux sont au cœur de toutes les discussions. Les Kazakhs et les Mongols, cavaliers réputés, n'occupent respectivement que la troisième et la quatrième place du classement mondial car leur façon de jouer est considérée comme un peu plouc au regard du lyrisme déployé par les Tadjiks et les Kirghiz. Les Ouïgours de l'ouest musulman de la Chine sont respectés. Chez eux, ils utilisent des bébés chameaux et le buz tadjik, plus léger, est relativement facile à porter pour eux, mais peu d'entre eux parviennent à franchir la frontière très bien gardée (et ouverte depuis) entre le Xinjiang et le Tadjikistan. « Les Turkmènes ont les meilleurs chevaux. Il n'y a que les pur-sang arabes qui sont meilleurs que leurs Akhal-Tekes », me dit Junadulo Telove avec un petit

Un petit groupe s'échappe de la mêlée et se rue vers le but, le reste des joueurs à ses trousses...

sourire en coin. C'est un jeune Ouzbek de vingt-deux ans qui remporte toutes les compétitions locales de Douchanbé depuis qu'il a quinze ans, avec Zychik (« lapin » en kirghiz), son petit cheval. « Mais les Turkmènes ne sont pas assez malins pour les monter correctement. » Je suggère que les Turkmènes sont peut-être les plus fatigués parce qu'ils ont le plus de distance à parcourir pour arriver à Douchanbé. « Les Kirghiz viennent de moins loin, mais leur route à travers la chaîne de Tian Shan est bien plus rude, réplique-t-il. Ça ne les empêche pas d'être en forme ». Le plus beau compliment qu'un membre de n'importe quelle tribu puisse faire à des rivaux, c'est cette forme de respect contraint.

Cette année, l'homme à battre est Ahmon Khalimov, un Kirghiz de soixante-deux ans qui ne paie pas de mine et prétend avoir gagné les trente-six championnats nationaux de buzkachi. Le buzkachi est un sport de jeune, et l'an dernier la plupart de ceux qui se sont fait piétiner avaient plus de trente ans. Mais avec son mètre 45, Khalimov rentre tous les ans au Kirghizistan avec voitures ou chevaux depuis le bouleversement de la hiérarchie mondiale de 1998. Il passe tant de temps à cheval qu'il peut à peine marcher. On lui donnerait facilement quatre-vingt-dix ans.

Et il a un don.

Khalimov se tient entre les deux cercles quand le buz est jeté à terre au début de la partie, conservant les forces de son cheval pour le combat qui va suivre. Les autres cavaliers l'évitent. « Ce vieil homme, il n'a l'air de rien, mais l'année dernière, son cheval a tué trois types » frissonne Yormakhmat Yonosov, débutant de vingt et un ans venu d'un bled appelé Nagorne.

Khalimov reste en retrait, à l'affût d'une occasion de frapper. C'est un voleur. Plutôt que de taper comme un sourd sur ses adversaires, il attend que quelqu'un sorte de la mêlée avec le buz. Il est bien plus facile de s'attaquer à un homme seul chargé de la carcasse de la chèvre qu'à une centaine d'adversaires. Tout à coup, il surgit sur le côté tel un ange exterminateur, frappe l'oreille ou le nez avec une précision diabolique et arrache le buz à sa victime ensanglantée alors qu'il part au galop, bondissant de son cheval. Il lui arrive même de franchir la ligne de but avant que sa victime ne se rende compte qu'elle a perdu ses cinquante kilos de chèvre. Khalimov tient son fouet entre ses dents afin d'avoir un poing libre pour écarter toute velléité de lui prendre son bien, tandis qu'il fend la foule déchaînée au galop. Il est plein de grâce, de fantaisie et très mauvais joueur. Genghis Khan l'aurait adoré.

« Je suis souvent tombé de cheval, mais en vingt-deux ans, je n'ai jamais été blessé », se vante Ahyoev, l'organisateur Tadjik. Ce n'est pas le cas de Khalimov. « Je me casse la

Au buzkachi, les lots ont de la valeur. En plus du droit si convoité de se ramener pour la tribu, on gagne des voitures, des moutons (ci-dessus), des tapis (ci-dessous). À noter qu'une chèvre vaut plus qu'un tapis...

jambe presque tous les ans », grimace-t-il. « Toujours au même endroit, juste au-dessus du genou. » Cela vaut la peine de prendre des risques : en 2001, Khalimov bat Ahyoev d'un buz. Cette année, c'est le Kirghiz qui quittera Hissar avec une berline Volga.

Il n'y a pas de morts et à part le type rendu aveugle par le Fléau, personne n'est mutilé. Pour Homid Lugayev, un jeune de Hissar d'une vingtaine d'années, c'est à cause du temps magnifique que le taux de mortalité reste aussi désespérément bas cette année. « Il avait tellement plu que les chevaux n'arrêtaient pas de glisser et de tomber. C'est pour ça qu'il y a eu vingt-deux morts l'année dernière. Aujourd'hui il fait sec et il n'y a même pas de tempête. » Il livre son observation avec un parfait détachement.

Mais Hissar, c'est de la roupie de sansonnet à côté de l'événement majeur du lendemain. Cette fois, ce ne sont pas moins de cinq cents cavaliers qui se réunissent sur l'hippodrome de Douchanbé. Le président Emomali Rahkmonov préside en personne cet événement incontournable de l'année retransmis dans plusieurs pays.

Un joueur courageux s'empare du buz abandonné, pendant qu'un groupe de cavaliers fond sur lui.

Les Tadjiks contre-attaquent

Des rumeurs courent qu'un groupe islamiste extrémiste, Le Mouvement Islamique d'Ouzbékistan, connu pour lancer des incursions audacieuses depuis le sud du Tadjikistan, à travers le Kirghizistan et jusqu'aux faubourgs de Tachkent, s'apprêterait à lancer une attaque terroriste ou à commettre un assassinat à l'Hippodrome lors du deuxième jour. L'atmosphère est tendue. Les véhicules de pompiers sont alignés sur la piste qui entoure le terrain. Tous les spectateurs sont contrôlés et fouillés et un millier de soldats de la police militaire lourdement armés sont chargés d'empêcher la foule, composée à quatre-vingt-dix-neuf pour cent d'hommes, d'approcher du terrain. Les gradins sont à moitié terminés et les équipements datant de l'époque soviétique sont abondamment rouillés.

Au point de contrôle, on fait signe de passer à tous ceux qui se présentent à cheval. Même une femme Tatar maquillée est autorisée à participer. Il ne viendrait à l'esprit de personne qu'un terroriste du MIO puisse oser salir le buzkachi en se faisant passer pour un joueur.

La petite pluie intermittente et la longue file d'attente à l'entrée rendent la foule irritable. Le terrain est nul. Contrairement au terrain de Hissar, qui est parfait, celui de l'hippodrome est plat. Il n'y a pas de talus pour séparer les spectateurs des cavaliers et aucun point surélevé permettant d'assister au spectacle dans de bonnes conditions. Pire encore, la police maintient la foule si loin qu'il est presque impossible de voir le terrain ou le président, qui se trouve dans une tribune à l'autre bout de l'hippodrome. Régulièrement, la foule

UN BEAU JOUR POUR MOURIR

se presse contre la rangée de *militsia*, qui riposte à coups de matraque sur les têtes.

À l'autre bout du terrain, là où la plupart des participants font leur petite démonstration devant le président Rakhmonov, l'action se précipite. Un homme - c'est Ahyoev !- parvient à s'extraire du cercle qui n'a alors pas bougé depuis un bon quart d'heure. Son allié écarte un Kazakh immense de son fouet, la terre tremble alors que des centaines de cavaliers se ruent dans ma direction. Il n'y a nulle part où fuir, alors je décide de rester parfaitement immobile.

La foule pousse un grand rugissement quand les chevaux nous passent au travers, au milieu et par-dessus. Le Buzkachi a quitté le terrain, la police ne sait plus quoi faire et la foule suit les chevaux au pas de course. Les gens deviennent fous. Un type vole la casquette d'un policier et s'enfuit en courant. Quelques personnes gisent au milieu du champ de bataille, tout sourire. Dans cette dictature du parti unique dirigée par le même chef qu'au temps des Soviétiques, où le KGB existe encore et la police omniprésente contrôle et réclame des pots-de-vin à tout bout de champ, où le chômage est endémique et l'espérance de vie inférieure à soixante ans, tous ces gens ont respiré le petit air de liberté qui accompagne ce non-respect des règles. Deux gosses ont trouvé une patte du buz et aspergent les spectateurs et la police de sang en la faisant tournoyer dans tous les sens. Les flics essaient de rétablir l'ordre. Peine perdue, c'est l'anarchie totale.

Finalement, si la journée appartient au peuple, le grand prix reviendra à un nouveau venu, un certain Farydun Zangynov. Sa technique est banale, méthodique, d'une

Les tournois durent plusieurs jours et sont l'occasion de se rassembler pour les tribus et les familles. Ici, à côté du stade, des femmes tadjikes sont installées dans un stand de la foire toute proche.

L'art de s'amuser en Asie centrale

Descendants des tribus nomades qui échappaient à une misère endémique en pillant les villages de sédentaires et en détroussant les voyageurs sans défense, les habitants actuels de l'Asie centrale trouvent encore plaisir à pratiquer des passe-temps traditionnels où le danger se mêle à la violence gratuite. En plus du mélange détonnant constitué par le berserker mongol et de l'esprit guerrier développé dans le buzkachi perse, on trouve également les activités suivantes dans toutes les campagnes des républiques d'Asie centrale :

Si les joueuses de buzkachi sont rares, les femmes participent à de nombreux autres sports.

Le *Kyzku* (ou *kesh-kumay*, « Embrasser la fille ») est, comme le buzkachi, un jeu pratiqué par les cavaliers des steppes sur de vastes terrains avec de gros enjeux à la clef. Une jeune femme en âge d'être mariée débute le match en frappant un prétendant, lui aussi à cheval. Puis elle se lance au galop en direction d'un poteau situé à l'autre bout du terrain. S'il parvient à la rattraper avant qu'elle n'atteigne le but, il gagne le droit de l'embrasser, toujours à cheval. Si la jeune fille n'est pas insensible aux avances du jeune homme, elle ralentira assez pour lui laisser l'occasion de lui rouler une pelle. Le mariage est célébré peu après, parfois même immédiatement. Lors de certains matchs, une yourte est dressée aux abords du terrain pour accueillir la consommation de la cérémonie. Si la fille décide de jouer les difficiles, elle peut utiliser tous les moyens possibles, y compris mortels, pour repousser les avances du prétendant. Le *Kyzku* se joue principalement dans la région appelée Kirghizie à l'époque tsariste, aujourd'hui séparée entre le Kirghizistan, le Kazakhstan, une partie de la Mongolie et le Tadjikistan.

Parmi les autres jeux équestres kazakhs, on peut citer l'*Audaryspak* (ou *Kurosh* « Lutte à cheval »), savant mélange de catch et de Grand Prix d'Amérique. Il s'agit pour les cavaliers de se taper dessus jusqu'à ce que l'un d'eux tombe de cheval. On trouve aussi le *Kumis Alu* (ou *Tyiyn Enmei* « Ramasser la pièce »). Il s'agit pour le cavalier lancé au galop de ramasser une pièce par terre. Aujourd'hui, dans l'esprit d'austérité qui caractérise la période postsoviétique, la pièce a été remplacée par un mouchoir.

Ce n'est ni un sport organisé ni une partie de plaisir pour nombre de participantes, mais le *Ala-Kachuu* (« Attraper et s'enfuir »), qui se pratique chez les Kirghiz, est une forme ritualisée d'enlèvement de la mariée. *Le New York Times* affirme que près de la moitié des femmes mariées du Kirghizistan ont été enlevées par leur mari. Cette pratique est clairement voisine du *kyzku*. (L'*Ala-Kachuu* se pratique également dans d'autres pays d'Asie centrale, mais à moins grande échelle.) « Des enquêtes récentes indiquent que le taux d'enlèvement a augmenté significativement au cours des cinquante dernières années et qu'au moins un tiers des femmes ainsi enlevées, le sont contre leur gré. » rapporte le journal. « Les hommes disent préférer enlever les femmes parce que c'est plus facile et moins cher que de payer une dot pouvant aller jusqu'à huit cents dollars plus une vache. Souvent, c'est sa famille et ses amis qui poussent le fiancé à l'enlèvement en l'imbibant de vodka et de bière... » Quand une femme est amenée chez l'homme qui l'a enlevée, sa future belle-famille essaie de la calmer et lui met un châle de mariage blanc sur la tête. Ce châle, appelé *jooluk* est le symbole de sa soumission. Beaucoup de femmes luttent farouchement, mais environ quatre-vingt pour cent d'entre elles finissent par se résigner, souvent sur l'injonction de leurs parents. Il y a un dicton kirghiz qui dit : « Un bon mariage commence par des larmes. » Certaines femmes préfèrent se suicider plutôt que de se soumettre à ses kidnappeurs de beaux-parents.

Un autre passe-temps à déconseiller aux âmes sensibles est la chasse à l'aigle. Très nombreux dans la région où les montagnes de l'ouest de la Mongolie rejoignent les chaînes du sud-est du Kazakhstan et du nord-est du Kirghizistan, les berkoutchis (chasseurs à l'aigle) utilisent des aigles royaux adultes dont l'envergure peut atteindre deux mètres pour chasser des proies, allant du renard ou du blaireau au loup ou au mouton de Marco Polo. Quand il est jeune garçon, le futur berkoutchi va voler un oisillon dans l'aire pendant que maman aigle est absente. Ensuite il l'affame pendant une semaine pour briser sa volonté avant de le nourrir personnellement pour créer un lien. Les berkoutchis, qui considèrent la fauconnerie comme un jeu pour les enfants, passent en général toute leur vie avec un seul et même aigle.

Un des aigles royaux utilisés par les berkoutchis du Kirghizistan.

L'implication est tellement forte que certains renoncent à se marier. Mukhamed Isabekov, président adjoint de l'association kazakhe des propriétaires d'oiseaux de chasse affirme que leur nombre décroît de plus en plus par manque de courage. « Il faut être sage pour pouvoir s'occuper correctement d'un aussi gros oiseau. Il faut être fort et patient. C'est pour cela qu'il y a si peu de chasseurs à l'aigle. Beaucoup voudraient le devenir, mais ils se rendent compte que ce n'est pas pour eux. »

Le *buzkachi* : joyeuse - et sanglante - anarchie.

brutalité presque ennuyeuse, mais très efficace. Inlassablement, il se jette dans la foule, massacre le porteur du buz et franchit la ligne de but avec l'objet de toutes les convoitises. « J'ai joué pour gagner », me dit Zangyrov du haut de ses vingt ans et de Malesh (« *bébé* »), son cheval arabe. « Alors, j'ai gagné. » Sous sa chemise blanche le sang coule, mais je ne dis rien. Pourquoi gâcher son bonheur ? Les spectateurs se rassemblent tandis qu'il conduit Malesh vers la tribune où il va recevoir le bon pour sa voiture. Un assistant du président demande au champion de l'année « D'où viens-tu ? Je suis de Douchanbé ! » Un cri de triomphe traverse la foule alors que la nouvelle se répand.

La longue et humiliante série de défaites est terminée. Un Tadjik vient de récupérer le titre volé depuis si longtemps. Ahmon Khalimov, l'ancien champion kirghiz remarque : « Il a bien joué, ce gamin. Mais l'année prochaine, je serai là pour lui régler son compte. »

Du sang coule de son cuir chevelu pendant qu'on l'installe dans une ambulance.

Turkménistan 2000

En septembre 2000, le Département d'État m'invite au Turkménistan afin de rencontrer des dissidents turkmènes et de leur expliquer les fondements de la liberté de la presse telle qu'elle est pratiquée aux États-Unis. C'est mon unique voyage dans la région par des circuits officiels et, du coup, l'occasion de faire pas mal de découvertes.

EN L'AN 2000, MA RÉPUTATION D'AFICIONADO DE L'ASIE CENTRALE S'ÉTAIT PROPAGÉE EN TOUT LIEU, Y COMPRIS AU DÉPARTEMENT D'ÉTAT AMÉRICAIN. PEUT-ÊTRE AVAIT-IL ÉCOUTÉ « STAN WATCH » À LA RADIO, PEUT-ÊTRE AVAIT-IL LU MES RÉCITS DE VOYAGE DANS P.O.V. QUI SAIT ? TOUJOURS EST-IL QUE, À L'AUTOMNE 2000, L'AMBASSADEUR AMÉRICAIN A DÉCIDÉ DE M'INVITER AU TURKMÉNISTAN AUX FRAIS DU CONTRIBUABLE.

MA MISSION ÉTAIT SIMPLE ET MYSTÉRIEUSE : JE DEVAIS CONSTITUER UN CAS D'ÉTUDE POUR LES ÉTUDIANTS ET LES DISSIDENTS TURKMÈNES AFIN DE LEUR FAIRE COMPRENDRE COMMENT FONCTIONNAIT LA LIBERTÉ DE LA PRESSE AUX U.S.A.

MAIS POURQUOI LE TURKMÉNISTAN, UNE DES DICTATURES LES PLUS RÉPRESSIVES AU MONDE, PERMETTRAIT-ELLE UNE TELLE INITIATIVE ?

EN PLUS DU BILLET D'AVION GRATUIT, J'ÉTAIS IMPATIENT DE PROFITER DE L'OPPORTUNITÉ QUI M'ÉTAIT OFFERTE : VOIR LE TURKMÉNISTAN DU POINT DE VUE D'UN VOYAGEUR BÉNÉFICIANT DE PRESTATIONS HAUT DE GAMME. PLUS DE RACKETS POLICIERS OU D'EMPOIGNADES POUR MONTER DANS L'AVION. SANS DOUTE L'ÉCART DE PERCEPTION ENTRE MES DEUX VOYAGES - CELUI DE 97 ET CELUI-CI, PROTÉGÉ PAR LA SUPERPUISSANCE À LAQUELLE MON ÉTAT HÔTE EST INFÉODÉ - SERAIT-IL RICHE D'ENSEIGNEMENTS.

*Vada : « eau » en russe (NDT).

JE SUIS PARTI 3 NUITS.

C'ÉTAIT MARRANT ET INTÉRESSANT MAIS L'IRAN N'EST PAS L'ASIE CENTRALE. LE MOYEN ORIENT, CE SERA POUR UN AUTRE LIVRE.

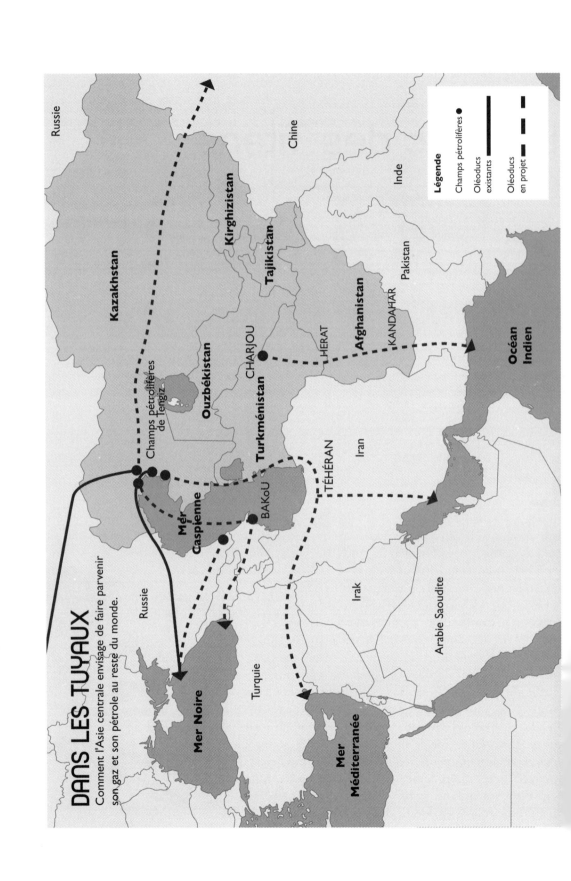

Le Choc des Titans

Pour la plupart des pays du Moyen-Orient, le pétrole s'est révélé être plus une malédiction qu'une bénédiction. Il a alimenté des régimes tyranniques et empêché le développement d'économies diversifiées pouvant produire des marchandises et des services divers. Au Moyen-Orient, le pétrole, c'est la monnaie de la tyrannie.
Léon de Winter, Die Welt

Aujourd'hui, dans le Grand Jeu, l'enjeu principal est le gaz et le pétrole de la Caspienne. Sur ses rives et sous ses fonds se trouve la plus vaste réserve d'énergies fossiles inexploitées. Les estimations varient entre 110 et 243 milliards de barils de pétrole pour une valeur allant jusqu'à 4 billions de dollars.
Lutz Kleveman, The Guardian, octobre 2003

Le bassin de la mer Caspienne, entouré par l'Azerbaïdjan, l'Iran, le Turkménistan, le Kazakhstan et la Russie, est depuis longtemps exploité pour ses réserves de pétrole et de gaz naturel. Dans son étude sur la politique du pétrole intitulée « *Les hommes du pétrole* », Daniel Yergin note que « des affleurements de pétrole sont d'abord découverts sur la péninsule d'Asphéron, extension rocheuse et stérile des monts du Caucase qui se jette dans la mer Caspienne. Au XIIIe siècle, Marco Polo rapporte des rumeurs selon lesquelles une source y produit de l'huile, qui, si elle n'est pas comestible, s'avère « bonne à brûler » et utilisée pour débarrasser les chameaux de la gale. À Bakou se trouvent les « piliers de feu éternels » qu'adorent les Zoroastriens. Dit de manière plus prosaïque, il s'agit de gaz inflammable s'échappant de fissures dans le calcaire.» Les premiers vrais forages débutent il y a un siècle de cela, près de Bakou. Ce sont ces champs pétrolifères azéris, convoités par Hitler quand il décide d'envahir l'Union soviétique au cours de la Deuxième Guerre mondiale. Mais les soupçons des géologues qui pensent alors qu'une bonne partie du pétrole de la région demeure inexploitée sont confirmés en 1999, quand un consortium kazakh tombe sur la manne pétrolière en forant dans la zone de la Caspienne appartenant au Kazakhstan. Du jour au lendemain, le pays devient l'heureux propriétaire du plus vaste gisement de pétrole inexploité au monde.

« La taille du champ pétrolifère récemment découvert d'une surface de plus de 1 200 kilomètres carrés, que l'on appelle le champ de Kashagan, est considéré comme étant si vaste qu'il pourrait dépasser les réserves de la mer du Nord » écrit Richard Girasorian du Central Asia-Caucasus Institute. Une telle découverte pourrait placer le Kazakhstan au rang de premier producteur d'énergie de la région, devant l'Azerbaïdjan et accroître la surenchère internationale sur le choix des tracés et la construction des nouveaux pipelines permettant l'exportation. Avec une ressource estimée entre huit et cinquante milliards de barils, cette découverte replace la région au coeur des préoccupations géostratégiques des grandes puissances. » Les géologues ne tardent pas à confirmer le second rang mondial du champ de Kashagan en matière de réserves, et ce, bien avant de nouvelles découvertes des années 2002 et 2003.

Les médias occidentaux taisent cette découverte, mais le petit monde du pétrole, lui, est sens dessus dessous. La soudaine richesse en pétrole du Kazakhstan devient très vite le centre d'attention principal des décideurs américains, de leurs alliés comme de leurs rivaux. « Kashagan » rédige alors Paul Brown dans *The Guardian*, « dans lequel British Gas et Shell possèdent 16,6 pour cent de parts, devrait mettre un terme à la domination de l'OPEP et du Moyen-Orient sur la production pétrolière mondiale. »

Le président Nursultan Nazarbaïev n'est désormais plus le seul kazakh à rêver de transformer son pays en émirat d'Asie centrale. Le problème de ce pays enclavé est de réussir à amener son gaz et son pétrole vers un port de haute mer où il pourra être chargé sur des tankers à destination des pays grands consommateurs de pétrole. Certains analystes estiment d'ailleurs qu'à long terme, c'est le gaz et non le pétrole qui sera l'acteur principal de la grande foire à l'énergie de la mer Caspienne. Nazarbaïev a un problème, certes enviable mais qui n'en demeure pas moins un problème : quel que soit le pays qui acceptera de construire un pipeline sur son territoire pour laisser passer le brut kazakh, il en contrôlera le débit et pourra exercer une pression économique sur le Kazakhstan.

« Le Kazakhstan a quatre options pour un pipeline, explique le consultant en énergie, Ariel Cohen. D'abord la Russie, vers laquelle il a déjà un pipeline jusqu'à Orenburg et un gazoduc relié au réseau russe. » Mais dans les années 90, la Fédération Russe a trompé le Turkménistan en détournant pour sa consommation intérieure du gaz et du pétrole destinés à l'exportation via la mer Noire qu'elle a ensuite 'oublié' de payer. Les gouvernements d'Asie centrale s'inquiètent qu'une Russie économiquement instable puisse leur refaire le coup. Il y a aussi le pipeline Bakou-Tbilissi-Ceyhan, actuellement le deuxième plus long au monde. Il démarre dans la raffinerie portuaire datant de l'époque soviétique de la capitale azérie et débouche sur la côte méditerranéenne turque. Nazarbaïev annonce, à l'époque, la construction rapide d'un pipeline transcaspien afin de relier Kashagan à Bakou. Mais il ne peut pas dépendre uniquement du pipeline Bakou-Tbilissi-Ceyhan, car celui-ci traverse des régions de la Géorgie ravagées par une guérilla opposant deux armées séparatistes ainsi que par le Kurdistan turc où des velléités séparatistes se sont réveillées à la suite de l'invasion de l'Irak par les États-Unis. De plus, ce projet est financé par les Américains et donc contrôlé par eux.

« La troisième option, ajoute Cohen, c'est la Chine. Ils ont commencé par ouvrir un pipeline pouvant transporter deux cent cinquante mille barils par jour, de l'ouest du Kazakhstan vers la Chine. Il a été construit rapidement et les Chinois ont énormément

KAZAKHSTAN

Capitale : Astana
Forme de gouvernement : Dictature
Dirigeant : Président Nursultan Abichouli Nazerbaïev. Né en 1940.
Population (juillet 2005) : 15 185 844
Principaux groupes ethniques (2003) :
Kazakhs 53,4 %
Russes 30 %
Ukrainiens 3,7 %
Ouzbeks 2,5 %
Allemands 2,4 %
Tatars 1,7 %
Ouïgours 1,4 %
Surface (km2) : 2 685 000 (cinq fois la France)
Relief : s'étend de la Volga à la chaîne de l'Altaï et des plaines de la Sibérie occidentale aux oasis du désert d'Asie centrale.
Monnaie/Taux de change (2008) :
1 EUR = 190 tenge
Réserves de pétrole (avérées) : 26 milliards de barils.
Réserves de gaz naturel (avérées) : 3 billions de m^3.
Le truc le plus cool du Kazakhstan : les plus grands espaces dont vous puissiez rêver.
Le truc le pire du Tadjikistan : les casinos-boîtes de nuit cafardeux.
Le meilleur moyen de se faire jeter en prison : mentir à un douanier.
Revenu annuel moyen : 2 260 $
Taux de chômage : 8 % (officiellement, en réalité, sans doute plus proche de 30 %)
Espérance de vie : 67 ans

Si le Kazakhstan devenait une société civile dont le gouvernement représenterait le peuple, il deviendrait l'un des pays les plus riches au monde. En 1999, une découverte fait du Kazakhstan la plus grande des anciennes républiques soviétiques d'Asie centrale, le grand gagnant à la loterie du pétrole de la mer Caspienne. Les géologues pensent que ses réserves dépassent de plusieurs fois celles de l'Arabie Saoudite, pourtant premier producteur mondial. Cette nation composée de vastes steppes balayées par les vents et du début de la toundra, au nord se distingue par sa culture de cavaliers héritée des Mongols, son héritage de poubelle nucléaire (stockage de déchets, test de bombes) et son président autocrate dont l'allure désinvolte masque son habitude de faire torturer et exécuter ses adversaires politiques. Dans le Nouveau Grand Jeu, le Kazakhstan joue le rôle de la belle. Les États-Unis envahissent l'Afghanistan en partie pour permettre l'acheminement du brut kazakh vers les ports de haute mer, la Chine y construit le plus long oléoduc au monde et la Russie veut convaincre Nazerbaïev de rejoindre le réseau énergétique hérité de l'ère soviétique. La corruption est en déclin, après un grand nettoyage organisé quand les autorités ont compris qu'elle tenait les investisseurs étrangers à l'écart. La steppe, pourtant immense surface avec rien du tout dessus, est l'attrait principal du Kazakhstan. Une autre attraction est l'ancienne capitale d'Almaty, à l'est de Bichkek au Kirghizistan, une oasis de vie nocturne plutôt chaude, libre et détendue et de bonne bouffe.

investi dedans, ce qui en dit long sur la stratégie chinoise vis-à-vis du pétrole kazakh. Le Kazakhstan et la Chine se sont mis d'accord pour la construction d'un gazoduc en conjonction avec l'Ouzbékistan et sans doute plus tard, le Turkménistan. Cela fera de la Chine un acteur encore plus important qu'elle ne l'est déjà dans le développement gazier de l'Asie centrale. »

Le trajet, de loin le plus logique pour un oléoduc, part de Neka, port de la Caspienne, traverse l'Iran pour atteindre le golfe Persique. Ce tracé à travers l'Iran est plus court et induirait des taxes de passage moindres. En outre, contrairement à l'Afghanistan, par exemple, l'Iran bénéficie d'une relative stabilité politique intérieure. Mais les Américains maintiennent leur régime de sanctions économiques initié après la révolution islamique de 1979, afin de contenir le régime des mollahs. « [Les Iraniens] font déjà transiter le pétrole kazakh par barges et entendent bien développer ce système. Ils vont chercher le pétrole au Kazakhstan, le vendent dans le golfe persique et rendent l'argent aux Kazakhs. Les États-Unis font tout ce qu'ils peuvent pour empêcher le projet iranien de se développer » affirme Cohen.

Il est à noter qu'un oléoduc traversant l'Afghanistan, une des raisons de l'invasion de 2001, reste une alternative viable.

Le Turkménistan et l'Ouzbékistan, respectivement deuxième et troisième acteurs dans le domaine des énergies fossiles de la Caspienne, font face aux mêmes choix que le Kazakhstan pour le transit de leur production. Nazarbaïev hausse d'un cran la politique étrangère de « neutralité » de Niyazov, en encourageant autant de tracés de pipelines que possible afin de pouvoir jouer les concurrents les uns contre les autres et augmenter ses solutions de repli si un ou plusieurs des acteurs venaient à faire défaut. Les présidents Berdimuhammedov et Karimov ont toutes les chances d'appliquer la même politique.

Et jouer les prétendants les uns contre les autres, ça marche. Quatre jours après que les premières bombes américaines tombent sur Kaboul à l'automne 2001, Wendy Chamberlain, ambassadeur américain au Pakistan d'l'époque, préside une rencontre avec le Turkménistan et le Pakistan pour relancer le projet controversé d'Unocal, le Trans Afghanistan Pipeline (TAP) datant des années 80. Après la signature par les trois pays d'une série de déclarations formelles destinées à financer le projet, la Asian Development Bank, l'équivalent asiatique du Fond Monétaire International, donne son feu vert au projet TAP (désormais acronyme de Turkménistan-Afghanistan-Pakistan) en le jugeant « économiquement et financièrement viable ». Dans le même temps, le premier tronçon du projet de pipeline Chine-Kazakhstan, sans doute le plus difficile à réaliser en raison des difficultés géographiques, mais politiquement faisable grâce à la nature autocratique de la gestion des hommes et des ressources en Chine, ouvre fin 2005. En avril 2006, Turkmenbachi s'envole pour Pékin afin d'y signer un accord portant sur un gazoduc Turkménistan-Chine. Bientôt, le Kazakhstan et ses voisins auront le choix entre trois axes majeurs pour l'exportation de leur production.

Le Grand Jeu, le retour

Les manoeuvres autour des droits de transit du pétrole d'Asie centrale deviennent tellement exacerbées, que la situation affecte les régions frontalières. En 2006, George W. Bush ordonne aux gouvernements pakistanais et indiens de rejeter un projet de pipeline de l'Iran au Pakistan. « Notre différend avec l'Iran ne porte pas sur le pipeline », déclare-t-il à Islamabad avant de brandir des sanctions si l'Inde ou le Pakistan passent outre. « Notre différend porte sur le fait qu'ils veulent développer l'arme nucléaire. » La véritable raison des inquiétudes de Washington, c'est qu'avec ce projet Iran-Pakistan-Inde, le TAP risque de faire double emploi. « D'autres projets d'oléoducs », ajoute le secrétaire à l'énergie américain Samuel Bodman avec un clin d'œil, « sont très bons et nous sommes prêts à les appuyer. » Le président afghan Hamid Karzaï, ancien Taliban et ancien consultant d'Unocal installé par les États-Unis après 2001, propose de transformer le TAP en TAPI en ajoutant une branche indienne à ce qui devait déboucher à l'origine dans un port pakistanais de la mer d'Arabie.

En 2005, l'*Asia Times* résume la situation ainsi : « Si ce projet d'Unocal (le TAP soutenu par les États-Unis) qui vise à transporter autant d'hydrocarbures que possible du Turkménistan, de l'Ouzbékistan, du Kirghizistan et du Kazakhstan voit le jour, les États-Unis auront atteint leur objectif, qui est de s'assurer l'accès à la majeure partie du pétrole des ex-républiques soviétiques d'Asie centrale, réputées plus sûres que le Moyen-Orient, et qui n'impliquent pas de subventionner implicitement des fanatiques islamistes. Ces projets de pipelines illustrent la rivalité géopolitique qui existe entre l'hyperpuissance américaine et les deux géants d'Asie : la Chine et la Russie ».

Le « Grand Jeu » du XIXe siècle, compétition farouche opposant la Russie tsariste à la Grande-Bretagne (ainsi que la Chine dans une moindre mesure), se définit par beaucoup de bravade diplomatique et un peu de pétarade dans des endroits reculés. La Grande-Bretagne lance des incursions du Raj indien, la Russie tente de s'installer en Asie en tirant les ficelles à Téhéran. Alors que la Russie s'empare des khanats de Khiva et Boukhara, et

Rencontre en 2001 du président kazakh Noursultan Nazarbaïev et de Georges W. Bush. Les deux pays viennent d'entamer de nouvelles relations s'appuyant sur un « partenariat stratégique à long terme ».

que la Grande-Bretagne envahit l'Afghanistan en 1839, l'Asie centrale, jusque là perçue comme une zone tampon de trois mille kilomètres, ressemble alors de plus en plus à l'endroit d'où peut venir l'invasion, du sud ou du nord, suivant le point de vue pris en considération. La première guerre d'Afghanistan s'achève en 1842 par le massacre des vingt-deux mille hommes de l'armée britannique et de leurs porteurs alors qu'ils battent en retraite. Il ne reste qu'un seul survivant, sans doute épargné pour pouvoir prévenir les autres de ce qui les attend.

Cette nouvelle version du Grand Jeu pour prendre le contrôle de l'Asie centrale, implique les mêmes acteurs, la Chine étant plus présente. Seuls les objectifs changent. Cette fois-ci, l'Asie centrale n'est plus un enjeu stratégique par ce qui l'entoure, mais par ce qui se trouve dans son sous-sol.

Les stratèges de la politique étrangère américaine adhèrent à une stratégie de « domination énergétique totale », développée en réaction à la crise pétrolière de 1973. Les États-Unis et toute l'économie mondiale étant particulièrement tributaires d'un accès fiable à du gaz et du pétrole bon marché, ces stratèges se disent que le déploiement des ressources militaires, économiques et diplomatiques du pays pour assurer la continuité des approvisionnements est essentiel à la survie du pays. À une extrémité de l'échelle de cette stratégie de « domination énergétique totale », on trouve l'invasion de pays riches en ressources comme l'Irak ou lieux de passage d'oléoducs comme l'Afghanistan. À l'autre bout, on trouve le soutien financier ou les prêts à taux réduits du FMI à des pays comme le Kazakhstan. Au milieu de l'échelle se trouvent une multitude d'initiatives variées, de l'opération de « maintien de la paix » en Somalie du président Clinton en 1993 pour contrôler le trafic du Golfe d'Aden, jusqu'à la tentative du président Bush de faire déposer Hugo Chávez, président du Venezuela, premier pays producteur de pétrole d'Occident, en passant par le coup de gueule à propos du pipeline Iran-Pakistan-Inde ou l'installation de bases militaires américaines dans ou à proximité de pays disposant de champs pétroliers, d'oléoducs ou de ports.

Dans sa quête pour la domination énergétique, l'Asie centrale est appelée à devancer le Moyen-Orient dans la liste des priorités américaines. Alors futur vice-président, Dick Cheney explique à ses amis pétroliers en 1998 qu'il ne voit pas « d'autre exemple d'une région qui ait aussi soudainement émergé comme enjeu stratégique que la Caspienne. » Des opérations militaires coûteuses comme l'invasion de l'Irak en 2003 ou le renversement du régime taliban en Afghanistan en 2001 ne sont pas nécessaires en Asie centrale tant que les dictateurs dociles de la région maintiennent l'ordre et accordent des concessions favorables pour leur pétrole ou leur gaz. Mais les planificateurs américains veulent anticiper d'éventuelles interventions futures. C'est pourquoi l'installation de bases qui servent à « placer des bottes sur le terrain » à proximité ou à l'intérieur de points vitaux potentiellement explosifs est devenue le dernier champ de bataille pour le contrôle de l'Asie centrale.

Les bases militaires américaines après le 11 septembre

Au cours des années 90, au début de l'indépendance des républiques d'Asie centrale, les États-Unis n'ont même pas à lever le petit doigt pour que l'Asie centrale se dérussifie. La Fédération Russe qui souffre alors des convulsions engendrées par des réformes économiques de choc, se replie sur elle-même et perd tout intérêt pour ces « Stans ». Les dirigeants communistes de la Chine ne voient pas l'intérêt de s'occuper des barbares vivant de l'autre côté du Tian Shan. À part quelques déploiements de troupes effectués en secret pour protéger les dictateurs locaux de la menace des islamistes et autres groupes dissidents, l'Amérique assure sa domination sur la région en fermant les yeux sur les violations des droits de l'homme et sur les arrangements avec la Banque Mondiale.

Mais en 2000, tout change. Bien que le Russe moyen vive toujours dans la pauvreté, le gouvernement reprend la main sur l'économie du pays. Les grèves dans le Kashagan et d'autres gisements de la Caspienne font regretter la perte de l'Asie centrale au président Poutine ainsi qu'à d'autres nationalistes postsoviétiques. L'économie chinoise connaît un essor sans précédent, son appareil de production a besoin de nouvelles et importantes sources d'approvisionnement énergétique.

Le Nouveau Grand Jeu, alors devenu inévitable quand des terroristes bombardent New York et Washington avec des avions de ligne le 11 septembre 2001, s'intensifie quand Washington exploite ces attaques, d'abord pour occuper l'Afghanistan, puis pour construire des bases militaires dans la région.

Pour commencer, les États-Unis exigent des pays d'Asie centrale qu'ils acceptent des bases sur leur sol et qu'ils autorisent les avions américains à survoler leur espace aérien pour les besoins de la guerre contre les Talibans en Afghanistan. Mais comme le fait élégamment remarquer Chalmers Johnson dans son livre *The Sorrows of Empire*, une présence militaire américaine « temporaire » ne l'est en fait jamais. Hamid Karzaï est nommé chef de l'Afghanistan post-taliban en décembre 2001. L'Afghanistan redevient, sur le papier, un État libre et souverain. Pourtant en février 2002, Colin Powell, alors secrétaire d'État, témoigne devant le congrès américain que « l'Amérique conserverait une présence et un intérêt continus en Asie centrale, d'une nature dont on n'aurait pas imaginé rêver avant »

Des soldats américains inspectent une zone de stockage de carburant sur la base de Karshi-Khanabad en Ouzbékistan.

et ce dans un avenir proche. Les États-Unis entament, alors, déjà la construction de leur base aérienne sur l'aéroport international de Manas, à trente kilomètres de Bichkek, capitale du Kirghizistan, où doivent stationner en permanence trois mille hommes et plus d'une vingtaine d'appareils. « Je pense qu'il est exact d'affirmer que notre présence ici perdurera après la fin du conflit, » annonce le colonel de l'Air Force Billy Montgomery au *Washington Post*. Le journal remarque la « construction d'un village de tentes, d'un bloc opératoire, d'un gymnase, de douches chaudes et de cuisines sur l'aéroport. » Le ministre kazakh des Affaires Étrangères, Kassymzhomart Tokaev reconnaît dans le même temps que son pays est en pourparlers avec les États-Unis pour l'établissement d'une base sur son territoire, mais les pressions exercées par la Russie font que la discussion est au point mort jusque dans un avenir proche.

A la suite du 11 septembre, deux cents militaires français sont déployés au Tadjikistan et, en dépit de la tension entre la France et les États-Unis au sujet de l'Irak, ceux-ci font fonction de mandataires des États-Unis, sous commandement de l'OTAN. Les Tadjiks ouvrent leurs terrains d'atterrissage aux avions militaires américains. Trois sites sont proposés pour l'établissement de bases permanentes, mais ceux-ci sont rejetés car considérés comme inadéquats. Le Turkménistan « neutre » autorise le survol de son territoire par les bombardiers américains. Le 11 septembre a aussi pour effet d'accélérer la construction d'une grande base militaire à Karchi-Khanabad en Ouzbékistan (aussi connue sous le nom de K-2, Camp Stronghold Freedom). D'après *Globalz Security.org*, « Les tentes équipées de l'air conditionné sont arrangées suivant un plan géométrique reprenant le nom des grandes rues de New York : Cinquième Avenue, Long Island Expressway, Wall Street. En août 2002, près de mille soldats américains y gèrent des tonnes de matériel destinées à la guerre en Afghanistan. » En 2004, les relations entre les États-Unis et l'Ouzbékistan deviennent si cordiales que le régime de Karimov offre à l'administration Bush de faire de Karchi-Khanabad une base permanente. Et puis, dans un geste rare, même pour un dictateur du tiers monde, le président ouzbek Islam Karimov prend des mesures de représailles contre les critiques américaines du massacre d'Andijan et aussi parce qu'il touche trois fois moins que son homologue du Kirghizistan pour une base de même taille. Il chasse officiellement les Américains de Karchi-Khanabad à compter de janvier 2006.

Mille huit cents soldats sont en garnison dans des bases qui semblent de plus en plus permanentes à Bagram, Kandahar et Mazar-e-Sharif en territoire afghan. En 2005, l'*Asia Times* révèle que les États-Unis ont commencé des travaux à Hérat, ville frontière d'importance stratégique par où l'oléoduc Trans-afghan doit entrer dans le pays du Turkménistan. Il s'agit de travaux d'une base militaire centrale de l'OTAN destinée à des opérations en Asie centrale et du Sud.

« Le périmètre de l'Empire s'élargit en Asie centrale, » s'extasie Thomas Donnelly du *Project for a New American Century*, cercle de réflexion néoconservateur auteur de la politique du « changement de régime » en Irak de l'administration Bush. Le Grand Jeu peut reprendre. À ce moment-là, les néoconservateurs se mettent à croire que l'Asie centrale n'est rien qu'à eux.

La Russie contre-attaque

Que la Fédération Russe veuille s'établir de nouveau dans ses anciennes républiques d'Asie centrale est historiquement inévitable, même sans la menace géopolitique de la présence américaine dans la région. L'existence de bases permanentes américaines au Kirghizistan, en Afghanistan et encore récemment en Ouzbékistan, amplifie grandement un sentiment anti-américain qui culminera par une déclaration conjointe de la Russie et de la Chine en 2005 qui « constatent que la phase active des opérations militaires antiterroristes en Afghanistan est terminée, [nous] considérons comme primordial que les participants à la coalition anti-terroriste fixent une date butoir pour l'utilisation temporaire de [bases militaires en Asie centrale]. » Ce que Sergei Prikhodko, conseiller du président russe Vladimir Poutine reformulera de façon plus simple en déclarant : « La Russie veut savoir quand les militaires [américains] rentreront chez eux. »

Que ce soit sous la Russie d'avant 1991 ou les États-Unis ensuite, les pays faibles s'en tirent beaucoup mieux quand de grandes puissances se chamaillent entre elles pour eux, plutôt que sous l'hégémonie d'une seule superpuissance. Juste après le 11 septembre, les gouvernements d'Ouzbékistan et du Kirghizistan autorisent la présence américaine comme un contrepoids à leur maître historique, la Russie. Alors que le balancier penche un peu trop du côté de la domination américaine, ils invitent les Russes à revenir.

Au moment du 11 septembre, la Russie compte entre six et sept mille hommes de la 201e division motorisée soviétique postés à Douchanbé, ainsi que vingt mille hommes du Service Fédéral des Frontières dans la zone spéciale entre le Tadjikistan et l'Afghanistan. Après l'indépendance, l'histoire du Tadjikistan connaît deux périodes : la guerre civile jusqu'en 1997 puis, à partir de 1998, le dépôt des armes russes destinées au gouvernement fantoche de l'Alliance du Nord, juste de l'autre côté de la rivière Pyanj, au nord-est de l'Afghanistan. En dehors de ces forces stationnées au Tadjikistan, la présence militaire russe est inexistante dans toute l'ex-Union soviétique.

Inquiets du déclin de leur influence, symbolisé par la base américaine permanente de Manas, les Russes font pression sur le Kirghizistan pour qu'il leur donne accès à une base aérienne à Kant, contre argent et livraisons d'armes et de matériel. Tout comme les Américains, ils n'ont aucunement l'intention de partir une fois installés. « Nous avons investi beaucoup d'argent dans la base de Kant et il s'agit pour nous d'un projet à long terme » déclare Sergeï Ivanov, alors ministre de la défense russe, au président en exercice du Kirghizistan, Kourmanbek Bakiev, après la révolution des tulipes de 2005. « Notre base est là pour toujours » affirme le général Vladimir Mikhailov, chef des forces aériennes russes.

La base de Kant pousse Bakiev à demander aux Américains un loyer multiplié par cent pour la base de Manas, qui passe ainsi de deux millions à deux cent sept millions de dollars par an. Veut-il vraiment cet argent ? Ou veut-il pousser les Américains dehors ? Nul ne le sait, mais dans les deux cas, les Russes mettent la pression sur les États-Unis.

Les Russes copient astucieusement la rhétorique américaine en menant leur propre « guerre contre le terrorisme ». La présence russe au Tadjikistan, que l'on pensait voir décliner puis disparaître, est au contraire formalisée et renforcée. La plus grande base russe en dehors de son territoire national y ouvre en 2004. D'après le président russe de l'époque, Vladimir Poutine, il s'agit de « neutraliser les attaques de terroristes extrémistes. » Lors de la cérémonie d'ouverture, Ivanov fait remarquer : « Ici, nous disposons légalement d'une présence militaire de taille suffisante. Si nous parlons de déploiement, ce sont plus de cinq mille militaires russes qui sont installés à Douchanbé, Kargan-Tube et Kulob. Tous les bâtiments sont mis à la disposition de la Russie gratuitement. »

Quand Islam Karimov annonce la fermeture de la base américaine K-2 en Ouzbékistan, les diplomates russes se précipitent pour le courtiser. « Ce revirement contre les États-Unis avait déjà commencé avant les événements d'Andijan, » remarque Frakod Inogombaev, un intime de Karimov. « Mais cette tendance atteint son apogée après ces événements. » Sergei Mikheev, du centre de réflexion Centre pour les Technologies Politiques basé à Moscou, déclare que « La Russie est le seul pays auquel [Karimov] pouvait faire appel [après les événements d'Andijan et la fermeture de la base K-2]. Il est absolument évident que la Russie n'a aucun intérêt à voir les États-Unis s'installer en Asie centrale. »

Ce réalignement se résulte par une défaite cinglante des États-Unis : la signature d'un traité de défense mutuel entre la Russie et le pays le plus influent de la région. Si les États-Unis osaient, aujourd'hui, tenter un « changement de régime » contre Karimov, ils risqueraient de déclencher la troisième guerre mondiale. « La Russie, dit avec justesse Karimov lors de la signature, est notre alliée et notre partenaire le plus fiable. Deux ans plus tôt, il chantait la même chanson aux Américains.

Fin 2005, une tentative cousue de fils blancs de la Russie illustre bien à quel point le Kremlin prend au sérieux la question des bases militaires en Asie centrale. Il s'agit de ce qui ressemble à une campagne de désinformation au sujet des intentions américaines au Turkménistan. Le 6 septembre, la Pravda rapporte que « plusieurs sociétés de construction des Émirats Arabes Unis ont remis en état la base aérienne Mary-2 » au Turkménistan. Le journal affirme faussement que les États-Unis veulent utiliser la base afin de remplacer la perte de K-2. Pourquoi ce mensonge ? « Moscou est très fâché de la décision turkmène de quitter la Communauté des États Indépendants. Les officiels russes mènent une campagne

diplomatique et médiatique destinée à les faire changer d'avis », explique le professeur Stephen Blank du U.S. Army War College sur *EurasiaNet*.

La Russie adopte une approche plus globale dans ses tentatives de rapprochement avec ses anciennes républiques du sud. Elle rejoint l'Organisation de Coopération en Asie centrale, l'organisme de coopération économique local, ainsi que l'Organisation du Traité de Sécurité Collective et l'Organisation de Coopération de Shanghai. Ensuite, elle transforme rapidement ces trois groupes, afin de contrebalancer les Chinois et les Américains. Elle renouvelle son bail de cinquante ans pour le cosmodrome de Baïkonour et enfin, elle convainc les membres de l'OCS (Ouzbékistan, Kirghizistan, Tadjikistan, Kazakhstan et Chine) de présenter une demande formelle aux États-Unis, afin qu'ils ferment leurs bases d'Asie centrale. Le message est on ne peut plus clair : c'est la Russie, et non les États-Unis qui sont chez eux en Asie centrale.

Le petit nouveau : la Chine

Passez quelques heures dans la capitale du Tadjikistan et vous remarquerez quelque chose de frappant : les bus ont des textes en chinois sur les flancs, et sont ornés de drapeaux chinois. La flotte de bus de Douchanbé est un don de la République Populaire, et la République Populaire tient à ce que les Tadjiks le sachent. Des diplomates chinois font sans cesse la navette entre Pékin et Bichkek ; à Almaty, située non loin d'une province frontalière kazakhe où les gens mangent avec des baguettes, le bazar chinois de Ya-Lian est un des marchés les plus importants et les plus vivants.

La stratégie chinoise dans la région s'appuie sur une puissance économique plutôt que sur une puissance militaire. Cependant, l'exception confirme la règle : l'accord de coopération militaire entre Pékin et le Tadjikistan ne permet guère plus que l'entraînement des officiers tadjiks dans les écoles militaires chinoises. Quand le Congrès américain tenu par les Républicains bloque la vente d'Unocal, maître d'œuvre du projet d'oléoduc TAP à travers l'Afghanistan, à la Chine en 2005, la Société Nationale de Pétrole de Chine (SNPC) investit 4,2 milliards de dollars dans Petrokazakhstan, société dirigée par des Canadiens et qui est l'ancienne plus grande compagnie pétrolière indépendante d'Union soviétique. Cela suit les sept cents millions de dollars investis dans la construction d'un oléoduc entre le Kazakhstan et la Chine pour acheminer le pétrole kazakh de la région de Karaganda jusqu'au nord-ouest du Xinjiang capable de couvrir huit pour cent des besoins énergétiques chinois. « La Chine dépend de plus en plus du pétrole du Golfe et voudrait disposer de sources d'approvisionnement qui resteraient accessibles en cas de conflit à propos de Taïwan », explique Thierry Kellner de l'Université Libre de Bruxelles, spécialiste des relations entre la Chine et les pays d'Asie centrale. « C'est la nouvelle Route de la Soie », exulte Zhou Jiping, vice-président de la SNPC.

Sur cette nouvelle Route de la Soie, l'argent coule vers l'ouest tandis que le pétrole coule dans l'autre sens. La Chine propose des prêts à taux réduits dans le style du FMI à tous ceux qui en font la demande en Asie centrale. Elle écrase les prix des centrales pour le Kazakhstan et promet au Turkménistan un pipeline de quatre mille kilomètres afin de résoudre son difficile problème d'enclavement. Elle promet aussi d'investir quatre milliards de dollars dans les infrastructures de la région, soit la moitié du PIB du Turkménistan. En 2004, la Chine rouvre les discussions portant sur le passage de frontière entre l'Oblast Autonome de Gorno-Badakhshan, région la plus perdue d'un Tadjikistan lui-même bien isolé, et la partie ouest, très sauvage du Xinjiang. Les Chinois construisent également une route d'un milliard et demi de dollars à travers le Tian Shan pour relier le Kirghizistan et le Tadjikistan au Xinjiang. Un autre projet porte sur une ligne de chemin de fer Xinjiang-Kirghizstan-Ouzbékistan. Dans une région qui repose énormément sur le commerce, la promesse de voies de communication améliorée crée beaucoup de bonne volonté.

Niklas Swanstrom, de l'université d'Uppsala en Suède, explique la stratégie chinoise. « La Chine est en train de devenir une puissance mondiale. Dans dix ou vingt ans, elle sera en mesure de rivaliser avec les États-Unis, le Japon ou l'Europe. Mais avant cela, Pékin essaie de créer une ceinture de pays stables et bienveillants autour de ses frontières, ce qui lui assurera un soutien politique et des moyens de pression économiques pour l'avenir. »

Les pays voisins peu peuplés de la Chine que sont le Kirghizistan, le Tadjikistan ou le Kazakhstan restent méfiants des intentions véritables du pays le plus peuplé du monde. Mais la menace d'expansion territoriale est faible, du moins pour l'instant. Pour l'heure, comme le dit Niklas Swanstrom, la Chine est la bienvenue dans un Grand Jeu dont la règle principale se limite à la surenchère d'offres : « Du point de vue des pays d'Asie centrale, il est de leur intérêt de voir décroître l'influence russe et de voir arriver les Chinois, peut-être même l'Inde, les États-Unis ou l'Europe. Au fil des ans, ils ont compris qu'il n'était pas bon qu'une seule puissance dominante soit présente dans la région. »

Un cauchemar écologique

La réalisation de ce projet grandiose n'aura pas seulement un impact socio-économique et écologique colossal sur les citoyens du Turkménistan indépendant et neutre, mais il établira aussi les fondations solides de l'avenir de notre pays, tel qu'il a été conçu par le grand inspirateur de ce miracle de l'Âge d'Or, Saparmourat Turkmenbachi le Grand, notre président à vie.

Télévision publique turkmène, 24 juillet 2002

Certains historiens font valoir que la fusion du réacteur de Tchernobyl et plus particulièrement la décision de Mikhail Gorbatchev de rendre compte aux médias internationaux de toute l'étendue de la catastrophe, sont les événements qui marquent le début de la chute de l'Union soviétique. Les pressions historiques qui mènent à 1991 auraient pu être supprimées ou indéfiniment contenues, ajoutent ces spécialistes, si le système communiste n'avait pas éclaté au grand jour comme inepte et malhonnête et donc indigne de respect ou de peur. Ce qui est ironique puisque c'est le renversement de la politique du gouvernement soviétique qui est à l'origine de cette révélation.

Très vite, il est apparu que le désastre de Tchernobyl n'est pas le seul que les Soviétiques laissent derrière eux. Une dizaine de nations fraîchement indépendantes, soutenues par des groupes écologistes étrangers, dressent un sombre tableau : des usines datant de la Deuxième Guerre mondiale crachant leur brouet de sorcière toxique dans l'atmosphère des grandes villes, des mines abandonnées dont les résidus toxiques s'infiltrent dans les nappes phréatiques, des centres de recherche militaires secrets où carburants et composants d'armes de destruction massive sont laissés à l'abandon et à la rouille. Une centaine des plus grandes villes de l'ex-Union soviétique ont des taux de pollution de l'air dix fois supérieurs aux normes internationalement autorisées.

C'est en particulier au cours de la période stalinienne des années 30 et 40 que les dirigeants russes voient, pour une certaine raison, leur territoire si vaste qu'il en devient alors presque infini. Nulle part ce sentiment d'immensité n'est aussi fort que dans les steppes d'Asie centrale. Associé à ce réalisme politique qui dit que ce qui va en Asie centrale a peu de chance de revenir à Moscou, la mentalité gaspilleuse des dirigeants soviétiques conduit à des politiques désastreuses, dont le prix commence à se faire sentir et qui pourtant continuent après l'indépendance. Le 20 mai 1998, un camion de la compagnie minière canadienne Cameco s'écrase dans la rivière Barskoon, qui alimente le vaste lac d'Issyk-Koul au Kirghizistan. Vingt tonnes de cyanure de sodium se répandent dans la rivière. On jette alors des agents blanchissants dans la rivière pour tenter de neutraliser le produit. Néanmoins, neuf jours plus tard, environ deux cent quarante habitants de la région tombent malades. Ce genre d'accident est monnaie courante dans des pays où les lois de protection de l'environnement sont inexistantes.

La connaissance des Américains en matière de désastre écologique avec le détournement des eaux du Colorado vient d'une attitude qui considère que la terre, l'eau et les ressources naturelles en général ne valant rien, on peut en disposer comme bon nous semble. Cette mentalité conduit à des projets grandioses d'agriculture et d'irrigation développés sur des dizaines d'années pour faire de l'Asie centrale le grenier à blé de l'URSS. Et ce contre l'avis des fermiers locaux qui savent parfaitement que la couche de terre arable y est trop fine et trop sensible à l'érosion pour supporter ce type de culture.

La disparition de la mer d'Aral

Contre toute logique et contre l'avis de leurs propres experts en agriculture, les Soviétiques détournent la mer d'Aral et la mer Caspienne pour irriguer champs de coton et rizières du Turkménistan, de l'Ouzbékistan et du Kazakhstan, via des projets comme le canal du Karakum. De plus, entre trente et soixante-dix pour cent de l'eau du Karakum est perdue par évaporation et fuites diverses. La mer d'Aral, autrefois si vaste qu'elle aurait été le deuxième plus grand lac des États-Unis, a vu son niveau baisser à toute allure, laissant des ports encore actifs en 1973 à une distance variant entre cinquante et quatre-vingts kilomètres du rivage. Ces « ports » sont devenus des villes fantômes balayées par les tempêtes de poussière du nouvel Aral Kum (*Kum* signifie « désert » en turc). Le niveau continue à descendre. Une île se forme au milieu de la mer, la séparant en deux en 1987, avec la mer d'Aral du nord et la mer d'Aral du sud. La descente continue. Un canal construit pour relier les deux parties finit par s'assécher. En 1999, la mer d'Aral est anéantie.

En 1959, les pêcheurs sortent environ cinquante mille tonnes de poisson de la mer d'Aral, profitant d'un mode de vie que leur gouvernement sait condamné. Les scientifiques expliquent alors au gouvernement, certains considérant même la mer d'Aral comme une « erreur de la nature », qu'elle est condamnée à l'assèchement. « Il est clair pour tout le monde que l'évaporation de la mer d'Aral est inévitable, » déclare un ingénieur en 1968. Le port ouzbek de Moynaq, qui emploie, à l'époque, jusqu'à six mille pêcheurs, est aujourd'hui à des kilomètres de la côte. Chalutiers et tankers y rouillent au milieu du désert. Ils sont devenus le symbole du cauchemar de la mer d'Aral. La pêche et le transport maritime, anciennes sources de travail de trois millions de personnes et en particulier de la minorité pauvre des Karakalpak d'Ouzbékistan, disparaissent en 1987. Cela pousse le gouvernement Gorbatchev à déclarer la mer d'Aral zone écologique sinistrée. Les plans du Premier Secrétaire de renverser le cours des eaux et d'abandonner la culture du coton s'avèrent trop coûteux et politiquement impossibles après la chute de l'URSS. « L'Amu-Darya et le Syr-Daria [qui alimentent la mer d'Aral] traversent les territoires de six pays d'Asie centrale (Afghanistan, Kazakhstan, Kirghizistan, Tadjikistan, Turkménistan et Ouzbékistan) et chacune d'elles essaie de puiser le plus d'eau possible en fonction de ses besoins, » remarque Rafael Matevosyan, peintre ouzbek de quatre-vingt-deux ans qui utilise son art pour dresser une chronique de la tragédie. « Si tout le monde prend un seau d'eau dans le même tonneau, il finit par se vider. Nous ne pouvons pas sauver la mer d'Aral et bientôt il ne restera d'elle que des images. »

UN CAUCHEMAR ÉCOLOGIQUE 249

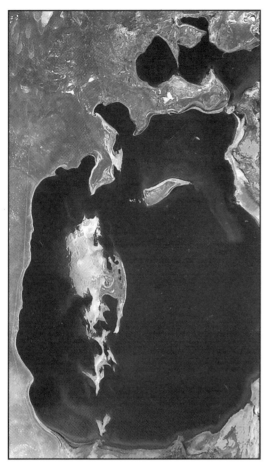 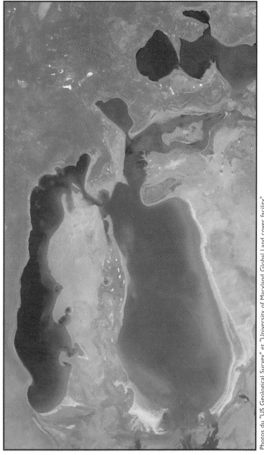

L'image satellite de gauche montre la mer d'Aral à l'été 1989. Celle de droite a été prise quatorze ans plus tard, en août 2003.

En 1917, la mer d'Aral est la quatrième mer intérieure du monde. Quand les deux fleuves qui l'alimentent alors, l'Amu-Darya et le Syr-Daria sont détournés pour l'irrigation en Asie centrale, le niveau de l'eau commence à baisser au rythme moyen d'un mètre par an. La surface totale a été réduite de soixante-dix pour cent dans les années quatre-vingt-dix. Entre 1960 et 2000, son volume diminue de quatre-vingts pour cent. Elle n'est plus que le sixième plus grand lac du monde au tournant du siècle. L'Ouzbékistan reste un des premiers producteurs d'« Or blanc », le coton, grâce à l'exploitation de l'Aral, mais les conséquences écologiques sont dramatiques. Les dépôts des anciens fonds marins sont emportés par les vents, détruisant les récoltes au travers de la contamination des sols par le sel et faisant même fondre des glaciers situés à des milliers de kilomètres de là. Les pesticides et les engrais chimiques utilisés par l'agriculture sont dispersés par les vents. Les polluants se trouvant sur les anciens fonds marins contaminent la population locale, dont la mortalité infantile a atteint le taux le plus élevé de l'ancienne URSS. Même le climat change : une mer d'Aral plus petite veut dire moins d'évaporation.

« Ce qui paraît être de la neige sur cet ancien fond marin est en réalité du sel que les vents balayent jusque dans l'Himalaya, » explique Paul Welsh aux téléspectateurs de la *BBC* en 2000.

Les naturalistes soviétiques avaient identifié cinq cents espèces d'oiseaux, deux cents de mammifères et cent de poissons, ainsi que des milliers d'insectes et d'invertébrés spécifiques à la région de la mer d'Aral. Toutes ont aujourd'hui disparu. Des soixante-dix espèces de mammifères et des trois cent dix-neuf espèces d'oiseaux natives des deltas des Darya, moins de la moitié subsistent. Les écologistes considèrent que la mer d'Aral est la pire catastrophe écologique de l'histoire de l'humanité. Pourtant, jusqu'à récemment, personne n'y a changé quoi que ce soit.

Le gouvernement kazakh procède à la construction de digues pour augmenter l'afflux d'eau douce dans la petite mer d'Aral, située au nord. L'île de Korakai deviendra une digue permanente, alors que la mer d'Aral du sud, aussi appelée, la « grande mer d'Aral » est condamnée à disparaître, victime des choix budgétaires et environnementaux. Au rythme actuel d'évaporation, elle aura totalement disparu vers 2020. Même si l'on parvient à sauver la petite mer d'Aral, le désastre est irréversible. « [Ils] laissent entrer plus d'eau du Syr-Daria et ils construisent des digues pour séparer la petite mer de la grande de façon à faire remonter le niveau de la petite mer et espérer ainsi restaurer l'écosystème qui existait avant dans l'ensemble de la mer, » explique Sandra Postel du *Global Water Policy Project*. Les premières tendances sont encourageantes, la nouvelle digue de treize kilomètres a permis, jusqu'alors, un relèvement des eaux de plus de trois mètres la première année. Mais l'échelle colossale de la catastrophe reste décourageante. Ce qui rend le défi encore plus difficile à relever, c'est en fait le refus du gouvernement ouzbek de coopérer à ce projet du Kazakhstan. « Pour moi, c'est une tentative de sauver quelque chose. Mais il est certain que nous ne reverrons jamais la mer d'Aral comme nous l'avons connue. »

Aussi incroyable que ça puisse paraître, tout le monde n'est pas convaincu que la mer d'Aral a besoin d'être laissée en paix. En février 2006, la compagnie ouzbek d'énergie, Uzbekneftegaz annonce son intention d'exploiter les richesses en pétrole et en gaz de ce qui est aujourd'hui le dixième lac du monde. Et si cela ne suffisait pas, la mer d'Aral abrite également « Voz ».

L'île de Vozrozhdeniye

Le Principal centre de recherches sur les armes biologiques d'URSS, l'île de Vozrozhdeniye (Renaissance) a été choisie pour son climat sec et chaud et son sol sableux. Le site est abandonné en 1992. La frontière entre le Kazakhstan et l'Ouzbékistan sépare la mer d'Aral en deux, tout comme « Voz », qui se trouve au milieu. Des années de tests sur les armes biologiques et chimiques ont fait de l'endroit un enfer, en particulier depuis une certaine opération datant de 1988, durant laquelle, rapporte le *New York Times*, « les spécialistes russes ont transféré des centaines de tonnes d'anthrax, assez pour tuer plusieurs fois la population du globe, contenues dans des citernes en acier inoxydable. Ils ont ensuite déversé de l'eau de javel dedans pour décontaminer la poudre rose, chargé les citernes sur une vingtaine de wagons et expédié le tout à [Vozrozhdeniye]. Là-bas, des soldats ont creusé d'immenses fosses et déversé cette bouillie dans le sol pour enterrer les germes. »

UN CAUCHEMAR ÉCOLOGIQUE

L'URSS fait exploser sa première bombe atomique en 1947. Au cours des quarante années suivantes, des centaines d'autres essais auront lieu sur le polygone d'essais nucléaires de Semipalatinsk au Kazakhstan. La contamination radioactive qui en résulte mettra des milliers d'années à disparaître.

D'autres saletés, comme une variété de peste bubonique résistante aux antibiotiques modernes, y sont testées en 1986 et 1987.

Beaucoup de ces spores sont encore vivantes. Encore plus drôle, du fait de la disparition en cours de la mer d'Aral, « cette île isolée et déserte est passée d'une surface de près de 200 kilomètres carrés à 435 et sera bientôt reliée à la terre ferme. Les experts kazakhs et ouzbeks craignent que les spores d'anthrax enterrées puissent échapper à leur tombeau de sable et ne viennent contaminer les territoires d'Ouzbékistan et du Kazakhstan, transportées par les rongeurs, les lézards ou les oiseaux... Dans certaines fosses, la bouillie d'anthrax commence à suinter à travers le sable. » Les gouvernements kazakhs et ouzbeks affirment ne pas avoir les moyens de nettoyer Vozrozhdeniye et les États-Unis suppriment leur budget pourtant déjà infime, alloué à ce genre de projets, quand George W. Bush entre en fonction en 2001.

Dix cas de peste (dont on dit qu'elle serait apparue sur la Route de la Soie) sont signalés au Turkménistan en 2004, ainsi que trois autres dans la province de Mangistauskaya au Kazakhstan. L'oblast de Manguistauskaya se trouve entre la Caspienne et la mer d'Aral.

Le polygone d'essais nucléaires de Semipalatinsk

Le Kazakhstan, est, à l'époque, le Nevada de l'Union soviétique. C'est d'ailleurs toujours le cas, la Russie poursuivant son programme spatial au cosmodrome de Baïkonour, situé au sud-ouest du pays. On commence à prendre conscience des risques environnementaux lorsqu'en 1999, une fusée russe Proton explose et s'écrase près de la ville d'Atasu, éparpillant son carburant sur une vaste zone. En 2005, la Fédération Russe reconnaît que ses tirs de fusées provoquent des maladies endocriniennes et du sang chez les enfants de l'Altaï, et paye au gouvernement, plutôt qu'aux victimes, deux cent soixante-dix mille dollars de compensation. Aussi effrayant que cela puisse paraître, les dangers de Baïkonour ne sont rien comparés à ceux de Semipalatinsk.

Des explosions nucléaires en surface ou en sous-sol ont lieu durant toute la guerre froide, de 1947 à la fin des années 80. On y mène des expériences plus que douteuses d'un point de vue éthique, en exposant volontairement des Kazakhs aux radiations de certaines des quatre cent cinquante-six explosions nucléaires officiellement enregistrées. Les populations locales sont encore plus exposées car, depuis la fermeture du site, les gens privés des revenus qu'il engendrait y font paître moutons, vaches et autres animaux domestiques. Semipalatinsk, dont le nom vient de la ville toute proche de Semij se trouve dans une région de steppe très isolée au nord-ouest de ce pays lui-même à l'écart, près de sa frontière avec la Sibérie. Le site a laissé vingt-cinq mille kilomètres carrés de terres inhabitables et pourtant habitées.

Les habitants de la région vendent de la ferraille irradiée et du poisson pêché dans le lac d'Atomkul, résultat pour le moins bizarre d'une explosion de deux cents mégatonnes qui crée un barrage sur la rivière Shagan en 1965. Les Kazakhs de la région de Semipalatinsk souffrent d'un taux de malformations des nouveau-nés sept fois supérieur à la moyenne de l'ex Union soviétique.

Kaicha Atakhanova, biologiste kazakhe ayant reçu en 1994 une bourse de la fondation Mac Arthur pour étudier les incidences des essais nucléaires soviétiques, ajoute : « En plus de tout le reste, notre monstre nucléaire, tout en dévorant des milliards de roubles, a créé une zone de danger sismique. D'après une étude de l'écologie de quarante-cinq cratères de bombes situés près de veines de charbon, dix présentent un taux de radioactivité dangereux et trois libèrent des gaz radioactifs. De plus, la couche superficielle du sol, fragilisée, est emportée très loin par les puissants vents dominants qui dispersent des particules radioactives dans l'atmosphère. Cinq pour cent de la région sont contaminés par des radiations alpha et bêta. »

Curieusement, le gouvernement kazakh envisage une solution démentielle : financer le nettoyage du secteur en transformant Semipalatinsk en site d'entreposage de déchets nucléaires venus du monde entier. « Les scientifiques pensent que des importations massives sont indispensables au Kazakhstan pour lever les fonds nécessaires au programme national d'enfouissement de ses propres déchets nucléaires et au nettoyage du site. » annonce la chaîne de télévision publique Kazakh *Today* en 2001.

Dans une région où la majorité des problèmes sont dus à la folie des hommes, seule une punition divine particulièrement ironique peut expliquer le fait que le pire de tous les scénarios catastrophe soit dû à une conjonction d'événements naturels aléatoires :

une proéminence rocheuse, une zone sismique active et la haute altitude.

Le pire cauchemar de l'Asie centrale...

... c'est le lac Sarez, formé lorsque la rivière Murgab, affluent de l'Amu-Darya qui marque la frontière entre le Tadjikistan et l'Afghanistan, est bloquée par un glissement de terrain colossal qui se produit en 1911, à la suite d'un puissant tremblement de terre dans les monts du Pamir au Tadjikistan. Le lac Sarez, qui tient son nom d'une ville toute proche, fait soixante kilomètres de long, et grandit encore. « Si le barrage naturel vient à céder » explique le journal professionnel américain U.S. Water News en 1998, « les experts prédisent qu'une muraille d'eau viendrait menacer une partie du Tadjikistan, de l'Afghanistan, de l'Ouzbékistan et du Turkménistan. Le Département des Affaires Humanitaires de l'ONU, installé à Genève, qui coordonne des opérations de secours, déclare que cet événement pourrait être le pire désastre naturel de l'Histoire. »

Le barrage naturel d'Usoi né d'un glissement de terrain, est le plus grand

Le lac Sarez (ci-dessus), s'est formé en 1991 par un glissement de terrain provoqué par un tremblement de terre qui a bloqué la rivière Murgab. Les autorités s'inquiètent quant à une rupture du barrage naturel (ci-dessous, en bas à gauche) qui provoquerait des inondations menaçant des centaines de milliers de personnes dans quatre pays.

du monde : cinq cents mètres de haut et plus d'un kilomètre et demi de long. Le fait qu'il retienne autant d'eau (dix-sept kilomètres cubes) à une telle altitude (3 200 mètres au-dessus du niveau de la mer) représente un énorme potentiel d'énergie qui serait libérée en cas de rupture. Le docteur Arkady Shenko de l'Académie des Sciences de Russie et chef du département de géologie à l'Institut russe de géologie et des sciences de l'ingénieur explique : « Si le barrage cède, c'est tout le lac qui risque de se répandre. Il menace une zone de plus de cinquante mille kilomètres carrés peuplée de cinq millions de personnes... Environ mille cinq cents personnes vivent au pied du lac, dans la gorge de Murgab. Les villages les plus proches étant à trente kilomètres de Sarez, une vague se déplaçant à cinq mètres par seconde les atteindrait en moins d'une heure. » Un torrent de cent mètres de haut inonderait les vallées de la Bartang, de la Pyanj et de l'Amu-Darya et déferlerait sur des centaines de kilomètres avant de se perdre dans les sables du désert ouzbek, ou, comme le disait la BBC dans un reportage de 2003 : « elle irait aussi loin que la mer d'Aral, à plus

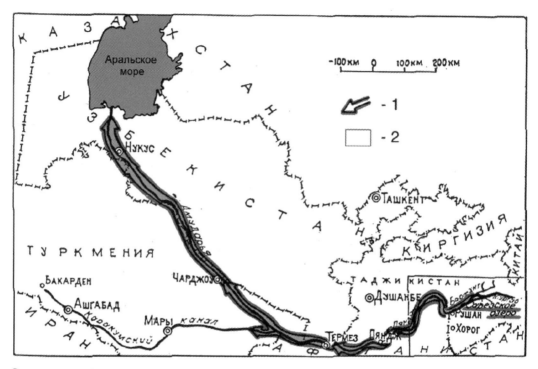

Carte montrant le trajet probable de la vague si le barrage d'Usoi venait à céder. Le pire scénario prévoit un mur d'eau de huit cents mètres de haut, balayant tout sur près de mille kilomètres.

de mille kilomètres de là. »

Même si l'on mettait en place un système d'alerte, il serait impossible d'évacuer la zone menacée à temps. « Ils seraient tous tués. Tout serait balayé, tout ce qui se trouverait sur le passage de l'eau » affirme le professeur Sheko.

Les gros tremblements de terre sont fréquents dans la région du Pamir. Il existe plusieurs scénarios possibles pour la destruction du barrage d'Usoi. Celui que les experts jugent le plus plausible concerne une vaste proéminence rocheuse surplombant le lac. Si cette formation venait à tomber dans le lac, cela générerait une vague assez haute pour franchir le barrage. C'est le même phénomène qui s'est produit lorsque les digues de la Nouvelle-Orléans ont cédé lors du passage de l'ouragan Katrina en 2005. Seulement ici, le phénomène serait d'une toute autre ampleur.

Si la plupart des géologues s'inquiètent de ce que certains appellent l'épée de Damoclès de l'Asie centrale, d'autres en revanche doutent que ce désastre puisse atteindre de telles proportions. « Les dernières études montrent que seule la partie supérieure du barrage pourrait être emportée... Les conséquences seraient sérieuses mais pas au point relaté par certains journaux ou d'autres sources, » affirme en 2004 Rustam Bobojonov, coordinateur à la Banque Mondiale. Mais la pression sur le barrage augmente. Le niveau du lac monte de vingt centimètres par an, et cette montée va en s'accélérant.

Si le barrage d'Usoi lâche, le Projet de réduction des risques du lac Sarez prévoit cent trente mille morts rien qu'au Tadjikistan, la partie la moins peuplée de la zone inondable. Une expédition lancée par le ministère des Urgences du Tadjikistan et la Fédération

Internationale d'Alpinisme russe « a découvert qu'un tremblement de terre dont l'épicentre serait situé en Afghanistan pourrait créer des coulées de boue et des avalanches qui tomberaient directement dans le lac », rapporte alors la télévision tadjike. La vague qui en résulterait pourrait atteindre deux cent cinquante mètres de haut et pousserait l'eau contre le barrage naturel... le torrent provoquerait d'autres glissements de terrain en contrebas dans la vallée [et] pourrait être responsable de la pire inondation jamais vue. »

Le président tadjik Emomali Rahmonov demande, en 2000, une aide pour le lac Sarez aux Nations Unies. Pour l'instant, seul un million et demi de dollars a été débloqué pour un projet qui en demanderait des centaines, en raison des difficultés de transport de matériel de construction à des milliers de mètres dans la chaîne du Pamir. Pourtant, la menace que représente toute cette eau a un bon côté : des années après que le pétrole et le gaz auront cessé d'être un enjeu, en Asie centrale, la demande pour l'eau fournie par le Tadjikistan continuera d'augmenter. Au cours des années 90, le Tadjikistan et dans une moindre mesure le Kirghizistan sont des nations extrêmement pauvres. Couverts de montagnes, éloignés de tout et surtout dépourvus des ressources fabuleuses de la mer Caspienne, ces pays sont considérés, par nombre d'observateurs, comme fichus. Maintenant, et bien qu'ils sachent que le président ouzbek entrerait en guerre s'ils venaient à le fermer, ils ont conscience d'avoir la main sur le robinet d'eau. L'eau devient une sorte d'or transparent et l'équilibre des pouvoirs commence à bouger.

Le Turkménistan

Alors que la mer d'Aral se réduit comme peau de chagrin et que l'Aral Kum progresse, le nord de l'Ouzbékistan et l'ouest du Kazakhstan se dessèchent peu à peu. Dans un même temps, dans un acte de nationalisme imbécile, d'égoïsme et de mépris pour le moindre bon sens écologique, le Turkménistan tente de transformer son désert, le plus chaud du monde selon certaines mesures, en zone tempérée.

Dans le Karakum (« désert de sable noir »), les températures peuvent frôler les 60° pendant des mois. C'est pourtant dans ce four à ciel ouvert, à des centaines de kilomètres des principaux foyers de population, que le pays est en train de construire le lac Turkmen, d'une surface de plus de trois mille trois cents kilomètres carrés. Il sera bien entendu inauguré en même temps que la nouvelle forêt artificielle de vingt kilomètres sur cinquante voulue par le défunt Turkmenbachi près d'Achgabat.

« Je vais bâtir le lac Turkmen », se vante Niyazov. « Je vais le construire pour les générations futures. Il coûtera huit milliards de dollars, dont une partie est déjà disponible. Les eaux salées du Dashoguz s'écouleront dans le lac et s'y mêleront à l'eau déjà présente. Ce lac sera comme une grande mer. Il résoudra les problèmes d'eau des générations futures. Si nous ne réglons pas ce problème, nous subirons des pénuries d'eau. »

Radio Free Europe décrit comme suit les ambitions turkmènes : « Les planificateurs affirment que le lac permettra la création de quatre mille kilomètres carrés de fermes, soit vingt pour cent de terre arable en plus pour le pays. On pourra y faire pousser cinquante mille tonnes de coton et trois cent mille tonnes de céréales. »

Des scientifiques aussi bien turkmènes qu'étrangers s'inquiètent de ce que le projet va polluer une vaste zone et préparer le terrain pour une catastrophe à petite échelle du type de la mer d'Aral. « Le lac peut polluer d'énormes surfaces de terrain avec son sel, et de toute façon, l'essentiel de l'eau sera perdu par évaporation, » prévoit Michael Wilson, du programme d'aide Tacis de l'Union Européenne.

Il est difficile de savoir où en est aujourd'hui ce projet annoncé en 2000, car le Turkménistan s'est massivement fermé aux étrangers depuis 2004, date à laquelle il est devenu presque impossible d'obtenir un visa touristique ou de journaliste. Le projet du lac Turkmen, lancé en 2000, est apparemment intégralement financé en 2004, comme l'annonce la télévision publique *Watan* le 3 avril de cette même année : « L'entreprise de construction du lac Turkmen de l'Association de production et d'administration de l'eau de Lebap a construit le canal de drainage allant au lac Turkmen et met la dernière main aux branches additionnelles des canaux de drainage de Sedarabat. Treize des quinze kilomètres du canal sont terminés. L'achèvement du canal de drainage permettra l'amélioration conséquente des conditions de culture dans les régions de Garashsyzlyk et Galkynysh de la *welayat* (province) de Lebap. En plus des travaux d'excavation, la construction de ponts au-dessus de la rivière est également en cours. Il reste encore deux kilomètres à creuser. Le canal de drainage s'étend maintenant au cœur de la rivière Karakum. »

En mars 2006, Niyazov achète pour trente millions de dollars d'équipement de construction afin d'accélérer le projet : « Nous devons achever la construction du lac Turkmen et le mettre en eau. Cela changera la flore et la nature et créera un boom dans l'élevage. »

La rivière « Karakum » censée alimenter le lac Turkmenbachi est en réalité un canal datant de l'ère soviétique qui court de l'Amu-Darya vers le Sud aride du Turkménistan et sa capitale de plus en plus assoiffée, Achgabat. Chaque goutte d'eau déversée dans le canal de Karakum hâte un peu plus la destruction de la grande mer d'Aral et retarde d'autant les efforts pour sauver la petite mer d'Aral, au nord.

À l'occasion du soixante-sixième anniversaire de Turkmenbachi en février 2006, une rivière artificielle de treize kilomètres de long est inaugurée dans le centre d'Achgabat. L'eau provient alors du canal de Karakum.

Le ground zero du réchauffement climatique

Les fragiles prairies d'Asie centrale sont détruites et par endroits réduites à des déserts aux dunes changeantes avec l'arrivée au XIIIe siècle des cinq millions de chevaux qui accompagnent vers l'ouest les invasions mongoles. Ni le climat, ni les populations locales ne s'en sont encore remis. Sept cents ans plus tard, les zones ayant résisté à Ghengis Khan sont désormais assiégées par le moteur à combustion interne.

Comme l'explique un article de l'*Environnemental Literacy Council* : « Si le climat d'une région est directement sous l'influence de l'océan, elle tend à connaître des extrêmes de température moins marqués que les régions subissant une influence océanique moindre. » Nulle part, l'inverse n'est aussi vrai qu'en Asie centrale avec son climat « continental contrasté ». Cette région est l'endroit sur Terre le plus éloigné de la mer et on y trouve les variations de température les plus fortes. Ürümqi, dans la région chinoise du Xinjiang, est la ville au monde la plus éloignée de la mer. Le record de température la plus froide au Kazakhstan est de −45 °C, tandis que le record de chaleur

UN CAUCHEMAR ÉCOLOGIQUE

Les usines crachent leurs fumées toxiques dans l'atmosphère de la banlieue de Ürümqi, capitale administrative de la Région Autonome Musulmane du Xinjiang, en Chine et la ville la plus distante de la mer au monde. L'Asie centrale, qui connaît déjà les variations de température les plus importantes au monde, subit des modifications extrêmes du climat en raison du réchauffement climatique.

y atteint +45 °C.

Tandis que le monde subit de plus en plus les effets du réchauffement, les régions connaissant déjà des variations importantes de température en subissent les conséquences les plus extrêmes. D'après le *U.S. Geological Survey* : « Au cours du siècle passé, les activités humaines telles que la combustion d'énergies fossiles, la déforestation, la reconversion des pâturages et les autres changements dans l'utilisation des terres ont contribué à une augmentation importante du taux de dioxyde de carbone et d'autres gaz à effet de serre dans l'atmosphère. Les modèles [informatiques] indiquent que certaines parties du monde seront sans doute plus touchées que d'autres. Certaines régions d'Afrique et d'Asie centrale sont repérées comme étant plus particulièrement sensibles aux effets des changements climatiques néfastes qu'apporte le réchauffement. En particulier, ces régions auront à subir une plus grande variation pluriannuelle des précipitations, des événements climatiques de plus grande ampleur, tels qu'inondations ou sécheresses et dans les territoires secs déjà touchés par la dégradation des sols, une désertification irréversible. »

Les projections montrent que les températures augmenteront quarante pour cent plus vite en Asie centrale que sur la moyenne du globe. Les scientifiques prédisent que la peste bubonique, dont des épidémies surviennent régulièrement au Kazakhstan, pourrait bénéficier d'un climat plus chaud et plus humide et ainsi se propager plus vite chez l'homme, ce qui conduirait à une pandémie telle que le Moyen Âge l'a connue. Amankul Bikenov, de l'Institut de Zoologie d'Almaty estime que ce réchauffement pourrait contribuer au déclin du léopard des neiges, espèce déjà menacée. « Sur notre territoire, il ne reste que deux cent cinquante à trois cents [léopards des neiges] », explique-t-il. « Ce phénomène peut s'expliquer par la chute de population d'autres espèces dont ils se nourrissent, comme les moutons de Marco Polo et les chèvres sauvages, entre autres. »

Les zones de collision tectonique du Cachemire, de l'Afghanistan et du Pamir tadjik, ainsi que la faille d'Issyk-Ata sous le Tian Shan kirghiz, connaîtront des tremblements de terre plus fréquents et plus intenses en raison de variations de température plus élevées. Les glaciers de haute montagne fondent et augmentent les risques d'inondations de grande ampleur.

Les effets du réchauffement, que l'on ressent en Occident sans que ce soit encore un désastre à l'heure où sont écrites ces lignes, ont déjà tué des milliers de personnes en Asie centrale, dont la température moyenne a augmenté de 0,8 à 3,6 degrés au cours du XXe siècle. La terrible sécheresse de 1998-2001 force alors 1,4 million d'Afghans et un nombre inconnu de Tadjiks à partir en exil au cours de l'hiver le plus doux jamais enregistré en Asie centrale. Les climatologues soviétiques ont compté la disparition de plus de mille glaciers dans la chaîne du Pamir et de l'Altaï de l'ancienne RSS de Kirghizie entre 1959 et 1988, victimes d'un réchauffement variant entre 0,9 et 2,7 degrés sur les cinquante dernières années, sachant qu'une élévation de température d'un degré est déjà très significative. La fonte des glaciers a pour résultat une montée du niveau des fleuves et des inondations plus fréquentes.

Le réchauffement climatique n'est pas linéaire. Comme une plus grande quantité d'énergie est expédiée dans l'atmosphère, les hivers sont plus rigoureux et les étés plus chauds. Le réchauffement a renversé la tendance du lac Issyk-Koul au Kirghizistan. Historiquement, le niveau du lac baissait. Depuis 1998, le niveau est remonté de trente centimètres. Radzimir Romanovskiy, chef du laboratoire de l'Institut des Ressources en Eau et d'Hydro-énergie de Bichkek annonce : « Nous estimons que le climat de la région s'est modifié au cours des trente dernières années. Il est devenu plus chaud et plus humide. La pluie et la neige sont plus abondantes et cela a des effets sur le lac. Nous avons aussi remarqué un changement de température dans les profondeurs du lac. Par endroits, elle est passée de 3,7 à 4,2 degrés Celsius. »

Étant donné que les régimes autoritaires d'Asie centrale se définissent par un mélange explosif d'incompétence, de corruption et de pauvreté, ils ne pouvaient pas être moins préparés à affronter le réchauffement climatique. Ils ne peuvent pas non plus être plus à même d'être renversés le jour où quelque chose de très grave, sécheresse, empoisonnement de masse, fortes inondations, se passera.

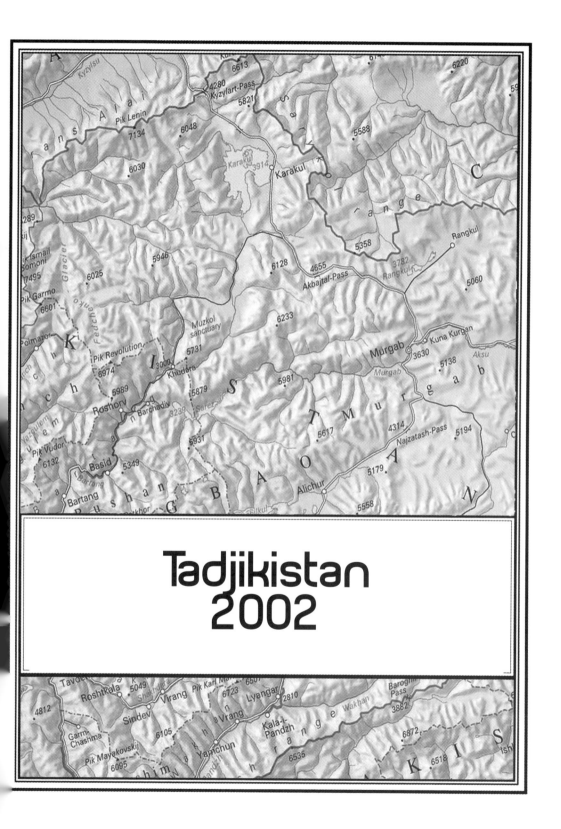

Tadjikistan 2002

Dans mon livre Passage Afghan, je raconte dans quelles circonstances j'ai couvert l'invasion de l'Afghanistan par les Américains pour le magazine "The Village Voice" et pour la radio KFI. Cet automne-là, alors que je traverse le Tadjikistan en direction de la frontière afghane, mon guide me parle du plus grand tournoi international de buzkachi, le sport le plus violent au monde, qui se tiendra au printemps prochain, en même temps que le festival de Navruzin à Douchanbé et dans ses environs. J'y retourne donc en mars 2002 afin de couvrir l'événement pour le magazine GEAR.

TAJIKISTAN 2002

JE M'ÉTAIS RENDU EN AFGHANISTAN, À LA FIN DE L'AUTOMNE 2001, POUR ASSISTER À LA CHUTE DES TALIBANS DEVANT LES TROUPES AMÉRICAINES.

J'AI DÉJÀ ÉCRIT SUR CETTE GUERRE ET CE QUE J'EN AI VU.

JE N'AIME PAS Y REPENSER DÉSORMAIS.

BREF !

LES JOURNALISTES DE LA PLUPART DES GRANDS MÉDIAS AVAIENT ATTERRI AU PAKISTAN POUR APPRENDRE, À LEUR ARRIVÉE, QUE LA PASSE DE KHYBER AVAIT ÉTÉ FERMÉE.

CHRISTIANE AMNAPOUR ET LES AUTRES DURENT COUVRIR L'ÉVÉNEMENT DU TOIT DE LEUR HÔTEL À ISLAMABAD.

REPORTER RUSSE ET VÉTÉRAN DE L'OCCUPATION SOVIÉTIQUE EN AFGHANISTAN

C'EST **GÉNIAL** D'ÊTRE DE RETOUR.

TU PLAISANTES. **POURQUOI** ?!

PARCE QUE CETTE FOIS **TOUTE... CETTE... MERDE,** ELLE EST POUR VOUS, LES AMÉRICAINS !

SEULS LES REPORTERS PASSÉS PAR LE TADJIKISTAN POUVAIENT ENTRER. NOUS AVIONS LA GUERRE POUR NOUS TOUS SEULS.

NOUS VOYIONS LE TADJIKISTAN COMME UN POINT DE DÉPART, UNE BASE PAR LAQUELLE ACCÉDER À LA MISÈRE ET AU CHAOS D'AFGHANISTAN. L'HÔTEL TADJIKISTAN À DOUCHANBE, VESTIGE DE L'ÈRE SOVIÉTIQUE, ÉTAIT DONC DEVENU DE FAIT LE QUARTIER GÉNÉRAL DES DIFFÉRENTS MÉDIAS.

JE SUIS PARTI AVEC L'UN DES DERNIERS CONVOIS DES CORRESPONDANTS DE GUERRE EN AFGHANISTAN. NOUS, REPORTERS, ÉTIONS LA CIBLE DE TOUS : LES AMÉRICAINS, L'ALLIANCE DU NORD ET LES TALIBANS. TROIS, PARMI LES 45 QUE NOUS ÉTIONS, FURENT TUÉS.

NOUS RETOURNÂMES À L'HÔTEL TADJIKISTAN, DÉFAITS, AFFAMÉS, DÉPRESSIFS, REMORQUANT DES CERCUEILS. NOUS N'ARRIVIONS PAS À CROIRE QUE D'AUTRES CONTINUAIENT D'ARRIVER.

QUELLE EST LA SITUATION EN CE MOMENT ? VOUS VENEZ JUSTE DE RENTRER, PAS VRAI ?

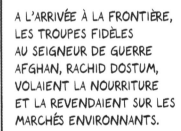

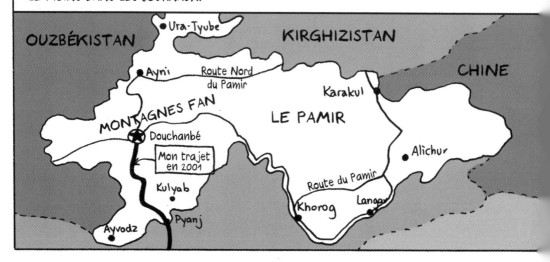

PAR EXEMPLE, LES ENFANTS DE DOUCHANBÉ APPROCHENT SOUVENT LES VISITEURS EN PORTANT UN MYSTÉRIEUX RÉCIPIENT...
QU'EST CE QUE CELA SIGNIFIE ? CETTE ODEUR FÉTIDE VIENT D'UNE PLANTE, **ASPAND**, QUE L'ON FAIT BRÛLER.

LA COUTUME CONSISTE À FAIRE TOURNER AUTOUR DE LA TÊTE DU VISITEUR UN ENCENSOIR DANS LEQUEL BRÛLENT DES FEUILLES DE RUE DE SYRIE, SOUVENT APPELÉES ASPAND EN AMÉRICAIN. CETTE COUTUME VIENT D'UN ANCIEN RITE ZOROASTRIEN. BIEN QUE LE ZOROASTRISME AIT BEAUCOUP PERDU DE SON IMPORTANCE À LA SUITE DE LA CONQUÊTE DU MONDE PERSE PAR LES MUSULMANS, SES PRATIQUES CULTURELLES ET SOCIALES PERDURENT DANS DES ENDROITS COMME LE TADJIKISTAN, JADIS BASTION ORIENTAL DE L'EMPIRE PERSE ET DÉSORMAIS LE SEUL ÉTAT D'ASIE CENTRALE NON TURQUISANT.

RÉCIPIENT CONTENANT CES FEUILLES

LE RITE ASPAND, DÉDIÉ À L'ANCIEN ROI PERSE NAQSHBAND, EST SUPPOSÉ ÉLOIGNER LE MAUVAIS OEIL.

LES RÉCIPIENDAIRES DES BÉNÉDICTIONS SONT CENSÉS MONTRER LEUR GRATITUDE EN DONNANT UNE PETITE OBOLE. MAIS EN PRATIQUE, LE RITE DE L'ASPAND EST DEVENU UN MOYEN DE MENDIER PLUTÔT AGAÇANT. LES TOURISTES SONT SI SOUVENT ACCOSTÉS PAR TELLEMENT D'ENFANTS, QU'ILS ONT DU MAL À LES DISTINGUER DE LA MILITSIA. IL N'Y A AUCUN MOYEN D'ÉCONDUIRE GENTIMENT CES GAMINS. MÊME EN HURLANT "NE", ÇA NE MARCHE PAS.

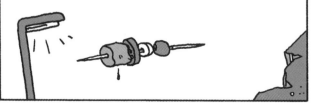

ET C'EST AINSI, ARMÉ D'UNE SOMBRE DÉTERMINATION ALIMENTÉE PAR L'IDÉE QUE J'AVAIS PEUT-ÊTRE TRAVERSÉ LA MOITIÉ DU GLOBE POUR RIEN, QUE JE ME SUIS LANCÉ À LA RECHERCHE DU BUZKACHI AVEC SADULLOH. À CE MOMENT-LÀ, J'AVAIS FAIT UNE CROIX SUR LA PROMESSE DE SADULLOH DE ME FAIRE ASSISTER À UN CARNAGE À L'OCCASION DE MATCHS INTERNATIONAUX. N'IMPORTE QUEL MATCH DE BUZKACHI DE SECONDE ZONE AURAIT À FAIRE L'AFFAIRE.

SADULLOH SAVAIT QUE J'AVAIS LES BOULES. COMBIEN DE FOIS L'AVAIS-JE APPELÉ ? COMBIEN DE MAILS LUI AVAIS-JE ADRESSÉS ? JE N'AURAIS PU ÊTRE PLUS CLAIR EN LUI TATOUANT LE MOT BUZKACHI SUR LE CUL.

NOUS PARTÎMES À LA CHASSE AU BUZKACHI EN UTILISANT UNE MÉTHODE QUI A FAIT SES PREUVES : TOURNER EN VOITURE ET À DEMANDER VOTRE DIRECTION AUX PASSANTS. C'EST MAL ÉLEVÉ ET EMBARRASSANT D'ADMETTRE QUE VOUS N'ÊTES D'AUCUNE AIDE, ALORS CHACUN INVENTE UNE RÉPONSE. VOUS SUIVEZ LEURS INDICATIONS QUI S'AVÈRENT INVARIABLEMENT FAUSSES. PUIS VOUS RECOMMENCEZ EN DEMANDANT À QUELQU'UN D'AUTRE.

IL EST VRAI QUE CETTE MÉTHODE PEUT PRENDRE DU TEMPS. QUOI QU'IL EN SOIT, ÇA FINIT TOUJOURS PAR MARCHER. APRÈS TOUT, AU PIRE, VOUS FINIREZ PAR AVOIR COUVERT CHAQUE CENTIMÈTRE CARRÉ DE LA SURFACE DU GLOBE. EN PARTANT DU PRINCIPE QUE L'OBJET DE VOTRE QUÊTE EXISTE OU QU'IL A EXISTÉ PAR LE PASSÉ SUR LA PLANÈTE, VOUS FINIREZ PAR LE TROUVER.

ET LE TEMPS PERDU ? C'EST L'ASIE CENTRALE, ICI ! LE TEMPS N'A AUCUNE IMPORTANCE..

NOUS AVONS SILLONNÉ TOUT DOUCHANBE.

FINALEMENT, DES HEURES ET DES HEURES APRÈS LE DÉBUT DE NOTRE QUÊTE SACRÉE, NOUS RENCONTRÂMES UN CAVALIER À LA PÉRIPHÉRIE DE LA VILLE, AU DÉPART DE LA ROUTE DE SAMARKAND.

SADULLOH NE LE CROYAIT PAS PLUS QU'IL N'AVAIT CRU NOS INFORMATEURS PRÉCÉDENTS. MAIS J'AVAIS UN BON PRESSENTIMENT. NOUS SUIVÎMES SES INSTRUCTIONS ET QUITTÂMES LA VILLE. NOUS ARRIVÂMES DANS LA VILLE D'HISSAR, PASSÂMES DEVANT QUELQUES BÂTIMENTS, TOURNÂMES DANS UNE RUE ET... IL ÉTAIT LÀ ! LE BUZKACHI ! ET PAS JUSTE UN PETIT BUZKACHI DE MERDE, EN PLUS. IL Y AVAIT DES CENTAINES DE PARTICIPANTS VENUS DE TOUTE L'ASIE CENTRALE, PARMI LESQUELS DES AFGHANS ET DES OUÏGOURS. NOUS AVIONS DÉNICHÉ LA DEMI-FINALE DE LA COMPÉTITION INTERNATIONALE QUE SADULLOH M'AVAIT PROMISE L'AUTOMNE PRÉCÉDENT.

LE COMPORTEMENT DE SADULLOH ME FIT BOUILLIR.

C'ÉTAIT LE GARS QUI M'AVAIT PARLÉ LE PREMIER DU GRAND TOURNOI DE BUZKACHI DU TADJIKISTAN. S'IL NE L'AVAIT PAS MENTIONNÉ, JE N'EN AURAIS RIEN SU. JE NE SAVAIS MÊME PAS QU'ON JOUAIT AU BUZKACHI AU TADJIKISTAN. ENSUITE JE LUI AI ENVOYÉ UN NOMBRE INCALCULABLE D'E-MAILS EXPLIQUANT QUE JE VOULAIS VENIR AU TADJIKISTAN POUR COUVRIR L'ÉVÈNEMENT.

JE LUI DEMANDAIS QUELS JOURS ÇA AVAIT LIEU. IL ME CONFIRMA LES DATES À PLUSIEURS REPRISES. MAIS QUAND, FINALEMENT, J'ARRIVAIS SUR PLACE, IL FAISAIT COMME S'IL N'AVAIT PAS LA MOINDRE IDÉE DE LA RAISON DE MA PRÉSENCE. POURTANT, IL NE S'ÉTAIT PAS TROMPÉ : NON SEULEMENT IL Y AVAIT BIEN UN MATCH DE BUZKACHI, MAIS C'ÉTAIT PRÉCISÉMENT LE TOURNOI INTERNATIONAL QU'IL M'AVAIT PROMIS AU DÉPART.

ALORS, C'EST DONC ÇA QUE TU CHERCHAIS ?

OH ! OUI, TOUT À FAIT ! C'EST EXACTEMENT CE DONT TU... CE QUE JE VOULAIS VOIR.

EST-CE QUE SADULLOH SE MOQUAIT DE MOI ? NON. IL PARAISSAIT SINCÈREMENT SOULAGÉ QUE NOUS AYONS TROUVÉ HISSAR. ÉTAIT-IL SÉNILE ? IL N'Y AVAIT AUCUN (AUTRE) INDICE PERMETTANT D'ÉTAYER CETTE HYPOTHÈSE. JE NE COMPRENDS TOUJOURS PAS.

JE N'AI PAS PRIS LA PLUPART DES PHOTOS DU BUZKACHI.

UNE FOIS, LES JOUEURS SONT RESTÉS AGGLUTINÉS PENDANT AU MOINS UN QUART D'HEURE AUTOUR DE LA CHÈVRE MORTE. PENSANT QUE C'ÉTAIT L'OCCASION RÊVÉE D'AVOIR UNE VUE D'ENSEMBLE DU CHAMP DE BATAILLE, JE ME DIRIGEAI VERS LE TALUS PENTU QUI SERVAIT DE TRIBUNES AFIN D'Y PRENDRE UNE PHOTO.

JE VENAIS JUSTE D'ARMER MON APPAREIL QUAND UN JOUEUR S'EMPARA DE LA CHÈVRE MORTE ET COMMENÇA À GALOPER DANS MA DIRECTION.

à ses trousses, plusieurs cavaliers galopaient également vers moi à toute allure. je pris la photo et me mis à courir.

VOUS VOYEZ COMMENT, DANS LES FILMS D'HORREURS, LES FUYARDS SE RETOURNENT POUR APERCEVOIR LEUR POURSUIVANT ? C'EST DE LA FICTION. DANS LA RÉALITÉ ON N'OSE PAS PRENDRE LE RISQUE DE TRÉBUCHER. ON COURT AUSSI VITE ET AUSSI BIEN QU'ON PEUT.

J'AURAIS PU MOURIR POUR CETTE PHOTO. MAIS SI C'ÉTAIT À REFAIRE, JE LE REFERAIS.

LORSQUE J'EMBARQUAI DANS L'AVION DU RETOUR, JE CHERCHAI VALENTINA TERESHKOVA DU REGARD.
ELLE N'ÉTAIT PAS LÀ.

Que Faire ?

Jusqu'en septembre 2001, les États-Unis en particulier, et l'Occident en général, prêtaient très peu d'attention à la région. Il n'était alors question que de son énorme potentiel énergétique, et rares étaient les actions en faveur des quelques dissidents locaux. Encore récemment, la coopération économique et militaire de Washington avec ces pays s'appuyait sur un maximum d'avantages unilatéraux pour un coût minimum. Les États-Unis poursuivent leur stratégie sur plusieurs niveaux. Ils flirtent avec les plus hauts échelons des pouvoirs locaux en leur promettant l'aide nécessaire à la résolution de leurs problèmes intérieurs les plus urgents, tout en faisant un geste en direction des oppositions locales plus proches de l'Occident en les finançant au travers d'O.N.G., afin de se constituer une sorte de force de « réserve ». Les États-Unis renforcent leur influence économique dans la région en s'appuyant sur leurs toutes nouvelles bases militaires.

Andrei Grozin, United Press International, 5 avril 2006

Les États-Unis affirment que la défense des droits de l'homme est leur grande priorité dans leurs rapports avec les autres pays. « Un des objectifs centraux de la politique étrangère des États-Unis est la promotion du respect des droits de l'homme, tels qu'ils sont définis dans la Déclaration Universelle des Droits de l'Homme, » est-il écrit dans la déclaration de mission du Département d'État. « Pour les États-Unis, il est clair que les droits de l'homme aident à assurer la paix, réduisent les risques d'agression, promeuvent l'état de droit, combattent le crime et la corruption, renforcent la démocratie et empêchent les crises humanitaires ». Le gouvernement américain publie régulièrement des rapports appelant à des sanctions économiques voire à des « changements de régime » dans les pays qui ne respectent pas la liberté de parole et de culte de leurs citoyens ainsi que leur droit à des élections libres. Pourtant, même après qu'il ait personnellement supervisé le massacre de centaines de manifestants à Andijan, les responsables américains se donnent toutes les peines du monde pour protéger le dictateur Islam Karimov.

Karimov a alors déjà riposté contre des critiques formelles antérieures de l'administration Bush, en réduisant le nombre de vols américains autorisés sur la base aérienne U.S. de Karshi-Khanabad (K-2). Les relations entre l'Ouzbékistan et les États-Unis continuent à se refroidir dans les mois qui suivent, le plus bas étant l'éviction des Américains de la base K-2. Dans

l'intervalle, la réponse initiale des États-Unis à ce massacre d'Etat le plus important depuis le Rwanda révèle leurs véritables priorités d'alors. « Le Pentagone ne souhaite pas fâcher le gouvernement ouzbek, » écrit le *Washington Post* en citant un diplomate d'importance le 15 juillet 2005. L'Ouzbékistan, célèbre depuis fort longtemps pour ses violations répétées des droits de l'homme, fait brutalement massacrer des civils, y compris des femmes et des enfants ? Et alors ? Tant que l'Asie centrale conservera son importance géopolitique, l'Amérique voudra conserver l'accès à la base K-2, et l'Ouzbékistan restera un allié essentiel dans sa lutte contre l'Islam, pardon, le terrorisme.

Ainsi, quand « des diplomates britanniques et européens... lancent un appel à une enquête indépendante [à propos d'Andijan] dans un communiqué des ministres de la défense de l'OTAN et de la Russie », les responsables de la défense américains utilisent leur veto pour bloquer la proposition. « Dans une réunion générale privée... de tous les ministres de l'OTAN, [le Secrétaire à la défense, Donald] Rumsfeld insiste dans son discours sur les risques qu'il y a à provoquer l'Ouzbékistan. », rapporte le *Post*. « Rumsfeld déclare que les ministres devaient savoir que la situation de l'Ouzbékistan a une incidence directe sur les opérations de l'OTAN dans la région. Il fait mention des tonnes d'aide humanitaire qui transitent, à l'époque, par la base de Karshi-Khanabad et prévient que les solutions de rechange à cette base seront plus difficiles et plus coûteuses. »

Le Pentagone exige que le gouvernement ouzbek, responsable de ces crimes soit tenu pour responsable devant... lui-même. « Les États-Unis ont à maintes reprises enjoint l'Ouzbékistan à ouvrir une enquête complète et transparente sur les incidents d'Andijan » déclare le porte-parole Bryan Whitman, visiblement sans se troubler.

QUE FAIRE ?

Un an après cette place Tien An Men d'Ouzbékistan, ni les États-Unis, ni leurs alliés n'ont fait de geste significatif pour tenir le gouvernement responsable. L'Allemagne refuse une requête de Human Rights Watch pour qu'une enquête soit ouverte à propos de l'ancien ministre de l'intérieur d'Ouzbékistan, Zokirjon Almatov, pour crimes contre l'humanité quand il se rend dans le pays pour se faire soigner en 2006. La raison avancée, d'après *Radio Free Europe* est que le « procureur Kay Nhem... ne s'attend pas à ce que l'Ouzbékistan coopère et donc que l'affaire a toutes les chances de ne pas aboutir. »

Le plus surprenant est sans doute la volonté américaine d'oublier Andijan, même après que les Ouzbeks les ont chassés de K-2. Olga Oliker, experte de la RAND Corporation résume ainsi la position de l'administration Bush dans un billet paru quelque temps après l'expulsion dans le Baltimore Sun : « Ce serait une erreur que de couper les ponts entre nos deux nations, » expliquait-elle, « car le pays demeure une plate-forme pour le trafic de drogues, d'armes et de combattants. Cela fait du gouvernement ouzbek un allié précieux dans la lutte contre ces problèmes. » À la vérité, les armes, et les insurgés qui les portent, ont tiré la majeure partie de leur puissance de la campagne de répression contre les musulmans menée par Karimov. Mais il ne faut pas oublier la motivation principale de la politique américaine vis-à-vis de ce pays : l'Ouzbékistan possède une des plus grandes réserves de gaz naturel au monde.

Si les relations États-Unis-Ouzbékistan se sont un peu refroidies, elles n'en demeurent pas moins solides. Aucun ambassadeur n'a été rappelé. Les subventions américaines sont restées à leur niveau d'avant Andijan. Des soldats ouzbeks combattent et meurent sous le drapeau américain en Irak. Finalement, et malgré Andijan, Islam Karimov sait que l'État américain continuera à soutenir son régime. Sans lui, c'est le chaos assuré. « La situation interne en Ouzbékistan est très inquiétante » fait remarquer Youri Federov,

Des écoliers ouzbeks à Samarkand. L'un d'eux exhibe fièrement son sac Tom et Jerry..

Un Hornet FA-18D du corps des Marines américains avance sur la piste à côté de Mirages français après son atterrissage sur l'aéroport de Manas au Kirghizistan.

de l'Institut Royal des Affaires Internationales. « Le régime se maintient au pouvoir par la répression et beaucoup de gens en Ouzbékistan sont persuadés que même la répression ne pourra pas empêcher son effondrement. Cela pourrait conduire à une déstabilisation générale du pays et des régions avoisinantes. »

Ce sont les mêmes principes stupides qui conduisent, à l'époque, Jimmy Carter au désastre en Iran. Nous soutenons un dictateur parce que c'est plus facile de traiter avec lui qu'avec les fanatiques religieux qu'il opprime. Tout le monde le sait, à plus ou moins court terme, le régime de Karimov a autant d'avenir que celui du Shah d'Iran. Un régime islamique ou une guerre civile suivie d'un ou plusieurs régimes islamiques sont presque inévitables. Quand le Hizb-ut-Tahrir ou un autre groupe prendra le pouvoir en Ouzbékistan, le nouveau gouvernement islamiste cherchera à se venger des années que les États-Unis ont passées à lécher les bottes de Karimov. Le nouveau régime s'alignera sur la Russie ou la Chine. Il ira peut-être jusqu'à construire des camps d'entraînement pour les jihadistes anti-occidentaux. Les États-Unis jouent leurs cartes sur un régime honni ancré dans le passé et ratent leur chance d'investir dans un avenir aléatoire mais inévitable.

Et la situation est la même dans toute l'Asie centrale.

Quand le Comité aux Affaires Religieuses du Tadjikistan propose une loi interdisant de culte les minorités religieuses non enregistrées, le gouvernement américain n'émet pas la moindre protestation. En revanche, la liberté religieuse en Iran a souvent été la cible du Département d'État.

Le 3 août 2005, George Bush demande dans une lettre ouverte au président du Kazakhstan, Noursultan Nazerbaïev, des garanties de transparence pour l'élection présidentielle à venir. « Les événements récents dans la région montrent l'importance de l'équilibre entre la croissance économique, une gouvernance responsable et le développement de la démocratie, » dit alors la lettre. « Je vous demande de veiller à ce que les réformes économiques soient soutenues par des réformes démocratiques de grande envergure. » Quatre mois plus tard, Nazarbaïev est réélu dans un scrutin à la Saddam Hussein que les observateurs internationaux estiment sujet à la fraude et aux menaces. Il remporte quatre-vingt-onze pour cent des suffrages, dans la plus pure tradition soviétique.

Avant l'élection, les sbires du gouvernement kazakh battent régulièrement et menacent de mort Svetlana Rychkova, rédactrice en chef du journal d'opposition Assandi Times. A la connaissance des « résultats », le dictateur reçoit une information, censée le rendre plus heureux encore : un de ses opposants politiques les plus virulents vient d'être assassiné à point nommé. Les corps de l'ancien ministre Altynbek Sarsenbaev et de quatre autres hommes, rapporte *Radio Free Europe*, sont découverts sur une route isolée aux abords d'Almaty le 13 février [2006]. Leurs corps sont criblés de balles et leurs mains attachées dans le dos. Le Comité de Sécurité Nationale, successeur de l'ancien KGB, impute le crime à Erzhan Utembaev, ancien vice Premier ministre qui dirige, à l'époque, l'administration du Sénat kazakh. Pourtant des opposants politiques et des sources au sein de la *Militsia*, affirment que c'est Nazarbaïev en personne qui a payé soixante mille dollars pour le faire taire.

Ce n'est pas la première fois qu'un adversaire de Nazarbaïev est victime d'un accident. Quelques semaines avant l'élection de 2005, Zamanbek Nurkadilov, ancien allié et ministre de Nazarbayev ayant rejoint le mouvement d'opposition *Pour un Kazakhstan Juste*, est retrouvé mort à son domicile, un pistolet à côté de lui. Bien qu'il ait reçu trois balles, deux dans la poitrine et une dans la tête, les autorités concluent à un « suicide ». Visiblement, Bush a oublié de faire appliquer sa lettre demandant des élections libres. « Les États-Unis

Des enfants kazakhs font du break dance sur la rue Zhibek Zholy à Almaty. Partout, en Asie centrale, on voit l'influence de l'Occident, et de ses entreprises.

voient dans le Kazakhstan un partenaire stratégique en Asie centrale, » déclare Bush pendant que les opposants à Nazarbayev tombent comme des mouches. « La stabilité et la prospérité dont jouit votre pays est un exemple pour les autres Nations de la région. » Les deux chefs d'état échangent des visites d'État, geste de courtoisie refusé au dirigeant chinois fin 2006.

Le Turkménistan continue à bénéficier de relations chaleureuses avec Washington en dépit de l'escalade répressive de son gouvernement. En mars 2006, la cour de sécurité du Turkménistan condamne deux correspondants de *Radio Free Europe* à deux semaines de prison pour « hooliganisme ».

Meret Khomamadov, un des journalistes de RFE, raconte que lui et un autre homme de quarante-cinq ans sont alors obligés de signer une confession en échange de leur liberté. « Nous avons attendu deux heures au poste de police » se souvient-il. « Ensuite, on nous a emmenés au Hakimlik (le bureau du gouverneur de la province de Mary). Il y avait de nombreux [anciens du village] qui nous parlaient. Ils criaient, nous traitaient de traîtres. Ils étaient très agressifs. Ils promettaient de nous chasser du village et de nous interdire d'y vivre... On nous a enfermés à Mary, ville du sud, dans une cellule de confinement. Il n'y avait pas de toilettes, juste une banquette de fer sans matelas ni draps. Il y avait des cafards, des poux. Vous devez rester enfermé avec des types qui ont la tuberculose ou des toxicomanes. Il n'y avait pour toute nourriture qu'un morceau de pain et le soir un peu de céréales que nous mangions sans cuillère. »

Officiers turkmènes à Achgabat.

Au moment de leur libération, la *militsia* turkmène « nous dit de ne plus critiquer la politique du gouvernement et que si nous n'obéissons pas, ils nous briseraient et qu'ils ne s'arrêteraient pas là et feraient la même chose à nos familles et à nos enfants. »

Les responsables américains passent cet incident sous silence.

Ce genre d'hypocrisie fait partie de longue date de la politique étrangère américaine. N'importe quel gouvernement peut s'en donner à coeur joie en matière de violations des droits de l'homme tant qu'il coopère dans le cadre des objectifs politiques, économiques et militaires des États-Unis. Dès que le chef d'un Etat inféodé commence à n'en faire qu'à sa tête, les communiqués de presse vengeurs du Département d'État et le bavardage menaçant sur les nécessaires changements de régime commencent à pleuvoir dans les pages opinion du *New York Times* et du *Washington Post*.

Les administrations Bush et Clinton choisissent de ne pas prêter attention aux violations des droits de l'homme dans les républiques d'Asie centrale en raison de leur intérêt géostratégique évident. Mais les régimes de ces pays sont fragiles et les États-Unis peuvent s'attendre à des lendemains qui déchantent.

Le Kazakhstan, la meilleure chance de l'Amérique lui échappe

La raison principale du maintien de l'engagement des États-Unis en Asie centrale, c'est le Kazakhstan. Et la principale raison pour que Washington reste au Kazakhstan, c'est le pétrole. Même si Nazarbaïev est détesté de la plupart des habitants du pays, selon les critères locaux, son régime est stable. Ce qui augmente les chances qu'une alliance avec lui finisse un jour par payer. Bien qu'il n'ait pas encore entrepris de réformes politiques significatives, la volonté qu'il montre à libéraliser l'économie et la politique, même si c'est du bout des lèvres, est un cas unique dans la région. William Veale, directeur exécutif de la US-Kazkh Business Association estime que « le Kazakhstan veut vraiment diversifier son économie au-delà du secteur de l'énergie. » Les banques d'investissement occidentales jouent la hausse au Kazakhstan. Leurs prévisions indiquent que le PIB du pays va doubler tous les sept ans à mesure que son pétrole atteindra les marchés internationaux.

Depuis son indépendance, le Kazakhstan est choyé par les États-Unis en raison de ses vastes réserves de pétrole et de gaz. Cependant, au cours des dernières années, comme l'écrit Mevlut Katik pour *EurasiaNet*, « la stratégie définie par le président Nazarbaïev et les responsables gouvernementaux suggère que la Russie, et dans une moindre mesure, la Chine, soient désormais considérées à Astana comme les meilleurs facilitateurs de développement, en lieu et place des États-Unis. Il apparaît donc à présent que plus le Kazakhstan mettra en oeuvre son programme de développement, plus l'influence politique et économique de l'Amérique dans la région ira en s'amenuisant. »

Comme Karimov, Nazarbaïev tient les États-Unis pour responsable de la révolution qui se déroule au Kirghizistan en 2005. Il se sent aussi trahi par le procès aux États-Unis d'un lobbyiste pris dans le filet du « Kazakhgate », un scandale dans lequel des sociétés d'énergie américaines sont accusées d'avoir payé des pots-de-vin à Nazarbaïev et à d'autres officiels en échange de droits de forage. « De fait, [le Kazakhstan] semble plus compter sur la Russie et la Chine, deux pays pour lesquels la stabilité politique a toujours été plus importante que les droits individuels, pour aider le pays à atteindre un développement économique stable », écrit Katik.

Alors que l'influence de l'Amérique décline, il en est de même pour sa stratégie éprouvée se résumant par « diviser pour mieux régner ». Le résultat, c'est que l'Ouzbékistan et le Kazakhstan qui se disputent depuis longtemps sur des problèmes de frontière, les questions d'environnement telles que le nettoyage de la mer d'Aral et les questions de partage de pipelines semblent plus ouverts à la discussion. « [Nazarbaïev comme Karimov] se disputent le leadership de la région, » explique Kamoliddin Rabbimov, analyste politique de Tachkent. « L'un comme l'autre voient leur pays et eux-mêmes comme la puissance hégémonique de l'Asie centrale. Pour l'instant, c'est le Kazakhstan qui a pris une longueur d'avance dans les compétitions économiques, sociales et politiques. Cela irrite manifestement beaucoup le président Islam Karimov. » Ils clôturent leur sommet de Tachkent en 2006 par l'annonce d'une coopération renforcée en matière militaire et politique. Nazarbaïev va même jusqu'à défendre Karimov dans le massacre d'Andijan en affirmant qu'il a « défendu la paix... pas seulement pour les Ouzbeks, mais aussi pour les Kazakhs, les Tadjiks et les Kirghiz » en éliminant « des groupes extrémistes entraînés. »

Ouzbékistan et Kirghizistan, danger immédiat

Moins d'un an après sa révolution des tulipes de 2005 que les médias occidentaux présentent alors comme un triomphe de la démocratie et du « pouvoir au peuple » comparable au printemps de Prague, le Kirghizistan est sur le point d'être déclaré « Etat en faillite », terme habituellement réservé à des sociétés dont le niveau de désintégration n'a été atteint que par l'Afghanistan dans les années 1990. La chute est rude pour les Kirghiz, qui sous la présidence d'Askar Akaïev jouissent de la réputation de vivre dans un pays paisible et peu opaque, et qui, bien que pauvre, soit doté de la seule démocratie d'Asie centrale et d'une presse libre. En décembre 2005, The International Crisis Group considère comme « un risque réel de voir le gouvernement central perdre le contrôle des institutions et du territoire, et de voir le pays sombrer dans une criminalité irréversible et une violence endémique. » Le rapport s'intitule « Kirghizistan : un État à la dérive. »

« Pour éviter que le gouvernement du Kirghizistan n'échoue et ne vienne ainsi renforcer les vues de ses voisins pour lesquels le chemin vers la stabilité ne passe pas par la démocratie mais la dictature, annonce, à l'époque, l'ICG, les États-Unis, l'Union Européenne et les autres donateurs doivent renforcer leur soutien politique et financier au gouvernement en péril. » Rares sont ceux qui pensent que ce conseil sera suivi d'effets.

Le gouvernement intérimaire actuel du Kirghizistan, résultat du refus du précédent gouvernement de maintenir son contrôle par la violence, doit affronter le paradoxe classique de toute révolution. Les hommes qui l'ont mis au pouvoir sont aussi la plus grande menace qui pèse sur lui.

Un de ces personnages est Nourlan Motouiev, un des premiers alliés du premier

Le secrétaire à la défense américain Donald Rumsfeld arrive sur la base aérienne de Karchi-Khanabad (K-2) lors d'une visite aux troupes en décembre 2001. En juillet 2005, l'Ouzbékistan fait savoir aux États-Unis qu'ils doivent quitter cette base datant de l'ère soviétique.

ministre par intérim Félix Koulov. Motouiev s'empare alors des mines de Kara Keche situées près de Naryn, dans la chaîne du Tian Shan au sud du pays. Et se rapproche de la branche kirghize de la mafia russe. Qualifié comme étant « un mélange d'Hitler, Jirinovski et Mussolini » par les autorités locales, il refuse non seulement de payer les taxes sur le charbon mais il se transforme aussi en seigneur de guerre dont le fief n'obéit plus au gouvernement central. Motouiev, qui aime se faire prendre en photo brandissant un fusil à pompe, s'autoproclame chef du Mouvement Patriotique Populaire du Kirghizistan. « J'ai assez d'hommes, d'armes et de grenades pour me défendre au cas où Félix Koulov voudrait reprendre la mine par la force », se vante-t-il.

L'État kirghiz se dégrade à un tel niveau de dysfonctionnement fiscal et politique que le système pénitentiaire passe sous le contrôle de la mafia. « Armes automatiques et couteaux, téléphones mobiles, ordinateurs avec connexion Internet, grosses sommes en dollars ou en euros et même drogues diverses, tout cela est possédé par un *vor v zakone*, un chef de bande, dans les prisons kirghizes », rapporte Gulnoza Saidazimova pour *EurasiaNet* après un soulèvement dans les prisons en 2005.

Aziz Batukaev, alors qu'il est détenu à la prison Moldovanovka N° 31, dispose d'un étage entier pour son usage personnel, comprenant une suite de seize pièces dans laquelle il garde trois chevaux et quinze chèvres et où il vit avec sa femme, sa fille et un garde du corps. Dans le même temps, d'autres détenus meurent de maladie et de malnutrition. Topchoubek Tourgounaliev, dissident politique détenu dans la prison raconte : « les conditions sont extrêmement dures. D'abord du fait du manque de nourriture. On nous donne ce qui s'appelle le balanda. Non seulement cela ne nourrit pas, mais en plus certaines personnes meurent d'en avoir mangé. Dans certaines prisons, les détenus ne reçoivent pas de nourriture du tout ou alors une seule fois par semaine. L'autre problème est la surpopulation carcérale. On étouffe. Je l'ai vécu. On se retrouve entassés à dix-sept ou dix-huit dans des cellules prévues pour cinq ou six. »

Le truculent chef de la mafia Ryspek Akmatbaïev, dont le frère est tué lors d'une émeute en prison, devient le symbole de la déliquescence complète de la société lorsqu'il parvient à se faire élire au parlement en avril 2006. Pour Edil Baisalov, président de la Coalition pour la Démocratie et la société Civile, une ONG kirghize, permettre à des criminels connus d'avoir des mandats électifs prouve que « les gangsters sont maintenant légitimés » au Kirghizistan. « L'incohérence de l'action gouvernementale conduit le peuple à penser que l'État est désormais aux mains des criminels » affirme l'analyste politique Nour Omarov.

Dans un remake de la Russie du début des années 1990, les potentats locaux s'approprient les sociétés publiques, des *biznezmen* forment des bandes pour se protéger et assassiner leurs rivaux, les petits entrepreneurs se font « éjecter » du business. Mais si la Russie parvient à maintenir la mafia en dehors de la politique et à conserver l'intégrité de son territoire, le drame du Kirghizistan s'amplifie non seulement par la corruption mais aussi par l'accès à la sphère politique des mafieux. Si des seigneurs de guerre locaux comme Motouïev continuent à résister au gouvernement central de Bichkek, la république risque de se fracturer en une multitude de zones de non-droit. Des groupes de guérilla extrémistes tel que le Mouvement Islamique du Turkestan s'emparent de villages au Kirghizistan et ils pourraient bien renforcer leur présence en établissant des bases permanentes dans la vallée de Fergana, au sud du pays. Ces bases pourraient ensuite servir de point de départ

La secrétaire d'État Condoleeza Rice s'adresse aux troupes de l'Air Force sur la base de Manas en 2005. Rice s'était arrêtée sur cette base lors d'une tournée en Asie centrale.

Les magouilles de la CIA en Asie centrale soviétique

Le livre de Steve Coll, *Ghost Wars*, paru en 2004, relate l'histoire des opérations secrètes menées par les services secrets américains en Asie centrale dans les années précédant le 11 septembre 2001. Parmi ses révélations, on découvre avec stupeur que les États-Unis mènent des incursions sur le territoire soviétique, risquant par-là de déclencher une guerre thermonucléaire au moment où les tensions de la guerre froide sont à leur comble.

Coll cite Robert Gates, à l'époque assistant du directeur de la CIA William Casey, puis plus tard directeur lui-même, qui confirme que les moudjahidins soutenus par les États-Unis, « commencent des opérations de l'autre côté de la frontière de l'Union soviétique » au cours du printemps 1985. Ces attaques, dit-il, sont menées « avec l'assentiment de Casey. »

Mohammed Yousaf, alors officier du ISI, les services secrets pakistanais, se souvient qu'alors « Casey déclare qu'il y a une population musulmane importante de l'autre côté de l'Amu-Darya, que l'on peut amener à l'action, et qui est en mesure de faire de gros dégâts à l'Union soviétique. » Yousaf prétend que Casey a ajouté : « Nous devrions utiliser [les traductions du Coran en langue ouzbèke réalisées par la CIA] et tenter de soulever les populations locales contre eux. »

En avril 1987, les scandales de l'Irangate et des Contras font rage à Washington. Mais la CIA poursuit son ancien jeu préféré. « Au moment de la fonte des neiges, écrit Coll, trois unités équipées par l'ISI pénètrent secrètement en Asie centrale soviétique en traversant l'Amu-Darya. La première équipe tire une roquette contre un aéroport près de Termez en Ouzbékistan. La deuxième, un groupe d'une vingtaine de rebelles équipés de lance-roquettes et de mines antichars, a reçu comme instructions de l'ISI de monter des embuscades violentes le long d'une route longeant la frontière. Ils détruisent plusieurs véhicules soviétiques. Une troisième équipe frappe un site industriel situé à une quinzaine de kilomètres en territoire soviétique avec un tir de barrage de plus de trente roquettes explosives ou incendiaires de 107 mm. Les attaques ont lieu au moment où la CIA fait circuler les photos satellites d'émeutes à Alma-Ata (aujourd'hui Almaty), capitale d'une république soviétique d'Asie centrale. »

Finalement, « les Russes en ont assez des attaques sur leur sol. Alors qu'ils comptent leurs morts en Asie centrale en ce mois d'avril, ils envoient des émissaires à Istanbul et Washington avec un message très clair dans lequel ils menacent « la sécurité et l'intégrité du Pakistan », en clair, une invasion... les attaques cessent. »

Plusieurs des dirigeants d'Asie centrale actuels sont déjà en poste à l'époque, ils ont tous d'importantes responsabilités dans leurs républiques respectives. Leur souvenir de la campagne des États-Unis visant à mettre à bas l'Union soviétique, au final couronnée de succès, ne doit pas avoir disparu de leur mémoire.

* Selon les enquêtes, Les E.U. ne réussissent pas à expliquer leur politique au monde musulman.
** Foire aux questions (NdT).

pour l'invasion d'autres pays de la région, au premier chef, l'Ouzbékistan.

L'ancien commissaire aux affaires extérieures de l'UE, Chris Patten, estime que le régime d'Islam Karimov, considéré comme « l'épicentre de l'instabilité » en Asie centrale, est condamné à s'effondrer. Dans cet Etat, mosaïque ethnique et culturelle, la guerre civile semble inévitable. La seule chose que le monde puisse faire pour s'y préparer, c'est de se mettre à l'abri. « Les voisins de l'Ouzbékistan, le Kirghizistan, le Tadjikistan et le Kazakhstan, » conseille Patten « doivent demander l'aide internationale pour renforcer leurs frontières et dans le même temps se préparer à l'afflux de réfugiés venant d'Ouzbékistan. »

Tout le monde s'accorde à dire que l'Ouzbékistan court au désastre. La dictature de Karimov, qui se sent assiégée depuis les attentats à la bombe de Tachkent, a fait emprisonner et torturer des milliers de musulmans accusés d'appartenir à des mouvements islamistes antigouvernementaux. Dans le même temps, des organisations extrémistes comme le Hizb-ut-Tahrir recrutent des milliers d'adhérents parmi les Ouzbeks les moins religieux et les plus modérés, dégoûtés de la répression. « Non seulement le mouvement recrute en masse, mais ses idées sont maintenant partagées par de plus en plus de gens, » explique une femme ouzbèke dont les deux fils sont en prison pour appartenance au HUT. « Pourquoi ? Parce que les gens veulent un système juste. Ils veulent vivre dans une société juste et équitable et avoir un bon gouvernement. Aujourd'hui, il n'y a plus de justice. La corruption est partout. Le gros problème des gens, c'est le chômage. C'est pour ça qu'ils lisent la parole de Dieu. Depuis le septième siècle, à l'époque où vivait le prophète Mahomet, la paix soit sur lui, un califat durait quatorze siècles. C'était un système juste. Je pense que si les gens apprennent ça, ils seront plus justes. »

Alors que la menace grandit, la répression d'État aussi. Yevgeny Zhovtis, président du Bureau International des Droits de l'Homme du Kazakhstan, voit que « l'Ouzbékistan évolue de plus en plus vite vers une dictature à la Turkmenbachi. Pas nécessairement en termes de culte de la personnalité, mais en termes de contrôle de la société et de violation des droits civils et politiques. » Karimov en est même à utiliser une des tactiques les plus méprisables de la répression au temps de l'Union soviétique : l'enfermement des dissidents politiques dans les asiles psychiatriques. La militante des droits de l'homme Yelena Urlaeva est emprisonnée, torturée et subit des injections de psychotropes à trois reprises dans des hôpitaux psychiatriques.

Jahongir Mamatov, président du Congrès Démocratique d'Ouzbékistan, organisation dissidente, explique que le gouvernement provoque volontairement de vastes rassemblements d'opposants. « Après chaque événement, la répression est terrible. [Le président] Islam Karimov organise [une manifestation ou une émeute] de façon à éliminer l'opposition. Ensuite, il purge la société des principales forces d'opposition. C'est sa politique. »

Ce qui se passe en Ouzbékistan affecte toute l'Asie centrale. Non seulement ce vaste pays possède d'immenses réserves de gaz naturel, mais il a des frontières communes avec toutes les autres républiques d'Asie centrale et l'Afghanistan. Il possède l'infrastructure de liaisons aériennes internationales, de bases et d'équipements militaires la plus moderne de la région. Si les régions à dominante Tadjik entraient en rébellion, un Etat ouzbek tadjik pourrait déclarer son autonomie et réclamer son rattachement au Tadjikistan. Le Mouvement Islamique du Turkménistan pourrait prendre le pouvoir à Tachkent et y établir une base pour l'instauration du califat dont il rêve depuis si longtemps. Pipelines et raffineries pourraient être bombardés ou pris en otage. Les États-Unis et leurs alliés, qui doivent faire face à un prix du pétrole sans cesse en hausse, pourraient être tentés de lancer une opération de grande envergure auprès de laquelle l'invasion de l'Irak ressemblerait à une simple opération de police.

Équilibrer les risques

Personne ne fait confiance aux États-Unis.

Le Hizb-ut-Tahrir, le mouvement Islamiste du Turkménistan, le Mouvement Islamique du Turkestan Oriental ouïgour et tous les autres groupes qui cherchent à renverser les régimes autocratiques d'Asie centrale se voient tous décerner le titre d'organisations terroristes et leurs membres capturés sont expédiés dans le camp de concentration de Guantanamo Bay pour y être torturés et détenus indéfiniment. Une déclaration du Département du Trésor datant de 2002 cite : « les terroristes et leurs sympathisants associés à Oussama Ben Laden et Al Qaïda maillent le Mouvement Islamique du Turkistan [sic] Oriental (ETIM) » et plaide pour « une plus grande coopération en Asie centrale contre la menace terroriste commune et l'instabilité ainsi que les horreurs qu'elle répand. » Dans cet affrontement idéologique, les États-Unis affichent clairement leur camp, et ce n'est pas celui des musulmans. Pourtant, les dictateurs non religieux de la région ont de bonnes raisons de douter des intentions américaines. Les États-Unis et leurs intermédiaires de droite alimentent en argent et soutien logistique des ONG d'Asie centrale telles que Freedom House, émanation de la CIA. Le mouvement de droite

* La dernière partie de la phrase est tirée de Love Story « Love means never say you're sorry ! » (« L'amour, c'est ne jamais avoir à dire qu'on est désolé ») (NdT).

Freedom House finance alors la presse d'opposition qui aide à la chute du régime, pourtant relativement libéral, d'Askar Akaïev. En Ouzbékistan, Karimov ne prend aucun risque et expulse Freedom House de Tachkent. De l'autre côté de l'échiquier idéologique, des ONG progressistes, telles que l'Open Society Institute, financé par George Soros, encouragent le développement d'une presse libre et de la démocratie. (L'OSI est officialisée quelques semaines avant FH). Certaines ambassades d'Asie centrale contribuent à troubler un peu plus le jeu en rencontrant des militants d'opposition et en développant des programmes comme celui auquel j'ai participé à Achgabat en 2000 qui vise à apprendre aux étudiants turkmènes ce qu'est le journalisme indépendant. Le message est clair. Les États-Unis vous soutiennent pour l'instant, mais nous plaçons nos billes au cas où les choses viendraient à changer. Tenter de jouer sur les deux tableaux avec les dictateurs d'Asie centrale, en les soutenant tout en en cherchant à miner leur pouvoir par des moyens détournés n'a qu'un seul effet, celui de les pousser dans les bras de la Russie et de la Chine.

La politique américaine aurait une chance d'aboutir à long terme s'il existait des mouvements d'opposition modérés et viables à soutenir. Après tout, les membres des partis d'Ouzbékistan Birlik (Unité) ou Erk (Liberté) ne sont pas déclarés terroristes ou déportés à Guantanamo. Les membres du Parti pour le Développement Démocratique du Turkménistan ont peu de raisons de détester les États-Unis. Le problème, pour les tenants de la realpolitik aux États-Unis, c'est que ni le gouvernement turkmène ni celui d'Ouzbékistan ne tolèrent aucun parti politique et qu'aucun de ceux-là ne sont officiellement enregistrés. Étant dans l'incapacité de publier des journaux ou de tenir des réunions politiques, ils manquent cruellement de militants. Certains d'être arrêtés, sans doute torturés ou même assassinés, les sympathisants déclarés préfèrent se cacher ou s'exiler à l'étranger. « Les figures de l'opposition restées au Turkménistan sont soit en prison, soit assignées à résidence, » explique Bruce Pannier de *Radio Free Europe*. En 2005, des représentants de Birlik, Erk, Ozod Dehkonlar (Paysans Libres) et le groupe de défense des droits de l'homme Ezgulik se sont rencontrés près de Washington en vue d'unifier l'opposition ouzbèke. Le chef en exil d'Erk, Mohammed Solih raconte que les différentes factions sont, à l'époque, incapables de surmonter leurs différences. Nombre total de participants : entre dix et douze.

Le Tadjikistan est le seul pays d'Asie centrale où un parti d'opposition est autorisé à siéger au parlement.

Le choix : engagement total ou retrait total

S'il est certes tentant de choisir ses partenaires en Asie centrale, les États-Unis ne peuvent pas contrôler le Kazakhstan sans contrôler l'Ouzbékistan à l'ouest ou le Kirghizistan au sud. Les républiques de la région sont intimement liées par l'Histoire, les ethnies et les infrastructures économiques et de transport. Nous commettons l'erreur d'ignorer ces deux derniers éléments, car à la vérité, la Route de la Soie sera toujours un lieu de passage pour des marchandises fabriquées ailleurs. Le commerce est plus qu'essentiel dans une région qui ne produit que des énergies fossiles. Il n'y a rien d'autre. Qu'il s'agisse des États-Unis, de la Russie ou de la Chine, si une superpuissance veut contrôler l'Asie centrale, elle doit tout prendre ou tout laisser.

Une approche néocoloniale serait très coûteuse, aussi bien financièrement qu'en ressources humaines à mobiliser, sans compter les dégâts occasionnés au prestige international de la puissance qui s'y risquerait. Les mini-super puissances secondaires, comme certains membres de l'UE, prendraient des mesures de rétorsion car elles verraient à juste titre comme objectif d'une telle action le contrôle du marché du pétrole. Il est donc probable que le nouveau Grand Jeu va se poursuivre avec les trois grandes puissances, l'Inde et peut-être quelques autres, cherchant leurs entrées en Asie centrale.

On peut bien sûr imaginer un scénario de prise de contrôle totale : l'Ouzbékistan ou le Turkménistan s'effondrent dans une spirale de violences ethniques et la menace grandit de voir l'arrivée d'un régime islamiste à Tachkent ou Achgabat. Les États-Unis sont alors tentés de mener une opération de « maintien de la paix » pour ramener l'ordre et assurer la continuité de l'approvisionnement de ses raffineries de la Méditerranée ou de l'Océan Indien. Mais il est pratiquement inconcevable d'espérer conquérir la région aussi totalement que l'avait fait la Russie à la fin du XIXe et au début du XXe siècle. On peut aussi imaginer une présence américaine qui ferait de réels efforts pour être perçue sous un bon jour. Financer une solution définitive à la menace posée par le lac Sarez, par exemple, vaudrait aux États-Unis la (nouvelle) réputation d'un pays qui se préoccupe des gens ordinaires. Une autre option consisterait à laisser les peuples d'Asie centrale prendre en charge leur destin, même si cela a pour effet de chasser ceux qui les dirigent depuis la période soviétique.

Une chaîne de montagne près de l'aéroport de Manas vue à travers les barbelés.

Une ignorance béate

Le niveau d'implication américain le plus probable et le plus mal inspiré serait une riposte graduée faite de priorités improvisées et de ripostes désordonnées aux événements comme il est désormais de coutume à Washington. Dans l'état actuel des choses, les États-Unis sont suffisamment attachés à leurs dictateurs locaux pour que les populations civiles qui souffrent depuis si longtemps en conservent un fort ressentiment, mais ne les contrôlent pas suffisamment pour les empêcher d'aller flirter avec la Russie ou la Chine. Les États-Unis sont intéressés par le pétrole kazakh et le gaz ouzbek, mais ils se fichent du Kirghizistan car ce pays ne possède ni l'un ni l'autre. Ce qu'ils ne comprennent pas, c'est qu'un Kirghizistan instable est une menace pour ces deux pays.

Ce qu'ils ne comprennent pas : voilà la phrase qui à elle seule résume les relations de l'Amérique avec l'Asie centrale. Robert Bear, ancien de la CIA aujourd'hui à la retraite, raconte dans ses mémoires les vingt et un ans qu'il a passés dans « la boutique », se souvient de son passage au Tadjikistan au début des années 90. A ce moment-là, des milliers de réfugiés afghans passent la frontière du Tadjikistan, mais la CIA ne peut pas en interroger un seul n'ayant personne dans l'équipe connaissant le Dari ou le Pachto. Quand Baer quitte son poste à Douchanbé en 1992, le bureau de la CIA perd son seul locuteur de langue tadjik et la collecte d'informations cesse immédiatement.

Les attaques du 11 septembre doivent changer tout ça. Les États-Unis envahissent l'Afghanistan, pays où le turkmène, l'ouzbek, le kirghiz, le kazakh, le tadjik et l'ouïgour sont parlées de façon significative et où ils doivent mener une difficile campagne contre les troupes du gouvernement taliban renversé. Quand la Modern Language

Association réalise une étude pour connaître les cours de langue choisis par les étudiants américains trois ans après le 11 septembre, ils découvrent que les langues d'Asie centrale sont statistiquement insignifiantes. Sur le 1,4 million d'étudiants apprenant une langue étrangère, seuls vingt-trois ont choisi l'ouzbek, la langue du pays le plus peuplé d'Asie centrale. Quant au nombre d'étudiants en turkmène, kirghiz, kazakh et ouïgour, il est égal à zéro.

Si notre gouvernement voulait vraiment connaître l'Asie centrale, il ne devrait pas attendre que les étudiants américains s'intéressent aux langues locales. Rien qu'à New York, il y a des centaines d'Ouzbeks. L'un d'eux me coupe les cheveux dans l'Upper West Side, à Manhattan. Je suis sûr qu'il ne refuserait pas une augmentation, sans parler de l'assurance santé.

La couverture médiatique de l'Asie centrale, qui s'est brièvement trouvée dans la lumière après 2001, est retombée à presque rien. Pour la plupart des Américains, Kazakhstan se prononce Kazakhastan et Turkménistan est raccourci en « Turkistan ». Le gouvernement américain se trompe régulièrement en appelant les Ouzbeks « Ouzbekis » ou les Afghans « Afghanis » (afghanis désigne la monnaie et non le peuple). Quant au Kirghizistan, c'est le plein-de-points-au-scrabble-stan, et sûrement pas un vrai pays dont les millions d'habitants ont eu à subir les effets de la politique étrangère américaine et pour laquelle ils éprouvent encore un profond ressentiment.

Il n'y a aucun problème à ce que les États-Unis et le public américain en général se désintéressent complètement de l'Asie centrale et de ses problèmes, ses tribus, ses langues et sa politique, à la condition d'avoir décidé en toute conscience de se désengager de la région. Tant que les États-Unis continueront à renverser des régimes et à en soutenir d'autres, ils ne pourront pas se permettre le luxe sublime de l'ignorance. Avoir un empire suppose de l'entretenir au moins un minimum. Et un bon entretien passe par la connaissance des choses. Parce que nous nous fabriquons de nouveaux ennemis. Ils apprennent à nous haïr et un jour, peut-être pas si lointain dans ce siècle, ils chercheront à se venger. Nous négligeons des problèmes qui ne peuvent que s'aggraver et nous faire beaucoup de mal. Le pire de tout, c'est que nous prétendons que les deux cents milliards de barils de pétrole que l'on estime enfouis dans le sous-sol d'Asie centrale sont plus importants que les quatre-vingts millions de personnes qui vivent dans les villes, les villages, les déserts, les steppes ou les montagnes.

Ryan Edding, un des vingt-trois étudiants américains à avoir choisi d'apprendre l'ouzbek en 2004, explique son choix en ces termes : « Nous sommes tous convaincus que l'Asie centrale va devenir le prochain point chaud du globe. Les États y sont si répressifs. La région est peut-être stable aujourd'hui, cela ne veut pas dire qu'elle le sera dans cinq ou dix ans. »

En Asie centrale, il est très facile d'acheter un billet de train. Il suffit de suivre les instructions affichées !

Si vous y allez

Si votre visa expire le 26 juin, inutile de vous présenter à l'aéroport le 27. Vous serez arrêté, dépouillé et expulsé... beaucoup de sites ou de guides de voyage racontent aux radins qui veulent l'entendre qu'il est possible d'économiser quelques centaines de dollars en baratinant les gardes frontière. Si vous suivez ce conseil, vous serez arrêté, dépouillé et expulsé.

Ted Rall

Vous pensez avoir la carrure pour affronter la rapacité de la militsia, les combattants du MIO et les parasites intestinaux ? La situation politique et militaire là-bas peut rendre caduc le moindre conseil en un instant, mais, en date de parution de ce livre, voici mes principaux conseils* : tout d'abord, il vous faut un visa valide pour chacun des pays que vous souhaitez visiter. La bureaucratie post-soviétique des républiques d'Asie centrale fonctionne exactement comme le test classique de votre capacité à suivre des instructions. Vous savez, celui qui commence par : « Ne répondez à aucune question avant d'avoir lu tout le test. » La *militsia* cherche à se faire payer auprès de tout le monde, mais comme vous le découvrirez très vite, avoir des papiers qui ne sont pas en règle, lui donne un avantage certain dans ce petit jeu psychologique. Quatre-vingt-dix-neuf fois sur cent, si vos papiers sont en règle, le flic corrompu que vous avez en face de vous vous rendra votre passeport avec un grognement dégoûté. Ne croyez surtout pas que vous pourrez éviter le contact avec les autorités dans ces régimes policiers. Et ne vous présentez pas à la frontière en vous disant « on verra bien ». Les routards habitués à baratiner pour obtenir un visa d'entrée à l'aéroport dans d'autres pays, découvrent qu'il se passe trois choses quand ils tentent ce genre de conneries en Ouzbékistan, par exemple. Un, on les arrête. Deux, la militsia les dépouille (les fouilles au corps complètes, inconnues ailleurs sont ici la norme) et trois, on les expulse.

Ne dépassez pas la date de votre visa. Les visas de sortie ayant été officiellement supprimés dans toute la

* *La première édition du livre aux Etats-Unis date de 2006.*

Communauté des États Indépendants, votre visa d'entrée est de facto votre visa de sortie. Si votre visa s'arrête le 26 juin, inutile de vous présenter à l'aéroport le 27. Vous serez arrêté, dépouillé et expulsé. Certains états permettent de prolonger son visa contre une taxe modeste, mais cela peut prendre plusieurs jours et ne peut s'effectuer que dans la capitale du pays, au Ministère des Affaires étrangères. Si vous dépassez votre autorisation de séjour à l'autre bout du pays, vous vous ferez prendre par la militsia avant de pouvoir rejoindre la capitale. Alors, ne le faites pas.

Cole faisant du tourisme à Almaty en 1997. Un petite conseil : quelle que soient les circonstances, demandez toujours un visa touristique pour vous rendre en Asie centrale.

Obtenez le bon type de visa. Vous avez l'intention d'aller en avion jusqu'à Tachkent, puis prendre le bus jusqu'à Almaty et vous arrêter à Bichkek sur le chemin du retour à Tachkent ? Il vous faudra un visa à double entrée pour l'Ouzbékistan et un visa à simple entrée pour le Kazakhstan. Cela parce que même si l'autoroute Tachkent-Bichkek traverse le Kazakhstan, vous êtes considéré comme étant en transit entre l'Ouzbékistan et la république du Kirghizistan. Vous prenez une voiture plutôt que le bus ? Alors il vous faut un visa à double entrée aussi pour le Kazakhstan. Demandez à une personne du coin, mais si vous n'êtes pas sûr, faites une demande pour un visa à double entrée.

Obtenez les permissions spéciales et les visas urbains à l'avance. La plupart des républiques d'Asie centrale vous demanderont quelles villes vous souhaitez visiter lors de votre séjour. C'est tentant d'ignorer cette question. Ne le faites pas. Entrez sur le formulaire le nom de chaque ville, village ou trou perdu auquel vous pouvez penser et indiquez que vous voulez que ce soit mentionné sur votre visa. Ce genre de visa est imparable vis-à-vis de la militsia car cela prouve que vous savez ce que vous faites. Les visites de zones militaires sensibles, comme le cosmodrome de Baïkonour, la ville de Termiz en Ouzbékistan à la frontière afghane, la zone autonome du Badakhchan au Tadjikistan ou le col de Torugart entre la Chine et le Kirghizistan requièrent des "autorisations spéciales". La meilleure solution est de l'obtenir par l'intermédiaire d'une agence de voyage avant votre départ ou au Ministère des Affaires Étrangères si vous êtes déjà dans le pays.

La règle des trois jours, c'est fini. J'ai été retenu par la garde frontière turkmène en essayant de faire jouer un règlement de la CEI qui permettait à un étranger détenant un visa pour un pays membre de traverser un autre pays membre à condition d'en sortir dans les soixante-douze heures. Cette règle était appliquée en 1997. Aujourd'hui, elle n'est plus appliquée, mais beaucoup de sites ou de guides de voyage racontent aux radins qui veulent l'entendre qu'il est possible d'économiser quelques centaines de dollars en baratinant les gardes frontière. Si vous suivez ce conseil obsolète, vous serez arrêté, dépouillé et expulsé.

Ne voyagez pas avec un vieux passeport. La plupart des pays d'Asie centrale ont une réglementation sur les visas extrêmement byzantine mais qui paraît si évidente aux autorités locales que personne ne se donne la peine de mentionner la liste des obligations à remplir :

vous devez avoir un passeport ayant encore au moins six mois de validité à la date de votre voyage. S'il reste moins d'un an de validité à votre passeport, faites-en faire un nouveau.

Ne paniquez pas si vous ne connaissez personne à Achgabat. Beaucoup d'anciennes républiques soviétiques exigent une "lettre d'invitation". Par exemple, le Turkménistan exige une "lettre d'invitation de la personne ou société à laquelle vous rendez visite, certifiée par le Service d'État d'Enregistrement des Citoyens Étrangers du Turkménistan". Ce qu'ils appellent une LdI est obligatoire, mais vous pouvez vous en procurer une auprès d'une agence de voyage pour un prix modeste.

Commencez par les visas les plus faciles à obtenir. Les consulats de la CEI se sentent plus en confiance pour vous laisser entrer si leurs voisins vous ont donné leur feu vert. Si vous projetez d'aller en Ouzbékistan et au Kazakhstan, demandez d'abord votre visa pour le Kazakhstan, qui est plus coulant que l'Ouzbékistan, lequel est moins pénible à obtenir que pour le Tadjikistan ou le Turkménistan. Il est pratiquement impossible désormais de se rendre légalement dans ces deux pays. En comparaison, l'Afghanistan et la Chine sont d'un accès très facile. Un détail cependant, si vous vous rendez dans la région chinoise du Xinjiang, on s'intéressera à vous de plus près qu'il y a quelques années.

Obtenez vos visas en Occident. À l'exception du Tadjikistan qui ne possède pas une très grande représentation consulaire, il est plus simple et plus rapide d'obtenir vos visas avant de quitter les États-Unis ou un autre pays occidental. Sur place, les consulats peuvent être fermés les jours fériés et le traitement des demandes est si lent que vous pouvez rester bloqué pendant des jours ou des semaines.

Vous êtes un touriste. Même, et surtout, si vous êtes journaliste voulant écrire sur la région, demandez un visa touristique. Par contre une carte de journaliste peut faire trembler un agent de la militsia trop entreprenant.

Vous n'y arriverez pas toujours tout seul. La plupart des demandes de visa sont assez simples. Tant que vous êtes poli, concis et que vous n'êtes pas l'auteur d'un pamphlet virulent sur le président, vous aurez votre visa. Cela dit, même les gens qui se rendent régulièrement dans la région font appel à des fixers* ou à des agences de tourisme locales. Leur aide est particulièrement précieuse lors des périodes de tensions politiques. Par exemple, le Turkménistan ne délivre plus de visas de journaliste depuis que Turkmenbachi s'est ému de la mauvaise image donnée de lui en Occident. Si quelqu'un peut mettre de l'huile dans les rouages, c'est bien une agence de voyage réputée.

Ne demandez pas comment ils s'y prennent. Vous le savez déjà.

---

*Une personne native du pays qui sert de guide, d'accompagnateur ou de "facilitateur". (NdT).

Les cartes P17 et 234 ont été réalisées par J.P. Trostle
Les photos des pages 98, 103 et 104 sont publiés avec l'autorisation de la Bibliothèque du Congrès américain, celle P162 en accord avec Human Rights Watch, celle P163 grâce au Service de Presse de la présidence d'Ouzbékistan, P240 en accord avec l'ambassade du Kazakhstan en Amérique du Nord. Les images P11, 16, 100, 102, 105 et 251 sont dans le domaine public.

Remerciements :

Durant toute mon enfance, ma mère, Yvonne Rall, m'a encouragé à ne pas croire aux limites ; elle m'a aussi abonné à National Geographic, c'est ce magazine qui a, en premier, attiré mon attention sur l'Asie centrale en général, et sur le Kazakhstan en particulier. Mes deux premiers voyages sur l'ancienne Route de La Soie ont été écrits à l'occasion de reportages pour Randall Lane, rédacteur en chef du magazine P.O.V. En 2001, Doug Simon et Ted Keller du Village Voice, eux, m'ont envoyé en Afghanistan, via le Tadjikistan, pour couvrir l'invasion américaine. David Hall est, alors, directeur des programmes sur KFI, radio qui a financé à la fois le Stan Trek 2000 et mon voyage en Afghanistan en 2001. Tracy Aguilar, ma productrice sur KFI, m'a accompagné sur le Stan Trek, et m'a aidé à maintenir un niveau de folie furieuse acceptable. A l'époque, Bob Guccione Jr occupe le poste du rédacteur en chef du magazine Gear, qui m'a envoyé couvrir le buzkachi au Tadjikistan, mais qui a mis la clé sous la porte avant que mon article ne soit publié (il l'a été dans le magazine Drill, grâce à David Wallis, rédacteur en chef de Featurewell). Au départ les doubles-strips ont été publiés par Justin Burke sur EurasiaNet.org. Mon épouse, quant à elle, m'a accompagné en Asie centrale à trois occasions, et a corrigé les épreuves de ce livre.

(A)MÈRE
de Raphaël Terrier

Dans la secte
de Pierre Henri, Louis Alloing

Passage afghan
de Ted Rall

Kaboul Disco T.1
Comment je ne me suis pas fait kidnapper en Afghanistan
de Nicolas Wild

Litost
de Domas

46XY
de Raphaël Terrier

Kaboul Disco T.2
Comment je ne suis pas devenu opiomane en Afghanistan
de Nicolas Wild

La Route de la soie... en lambeaux
de Ted Rall

Le Carnet de rêves
de Théa Rojzman

Les belles années
de Bernard Grandjean

Achevé d'imprimer en janvier 2009 par Barnéoud imprimeur (France)